Winterzauber im Garten

Steven Bradley

Winterzauber im Garten

Die besten Ideen und Projekte für die kalte Jahreszeit

Mit Fotografien
von Marcus Harpur

Bechtermünz

Inhalt

Einführung

Der Winter scheint, oberflächlich betrachtet, eine ruhige Zeit im Garten zu sein, doch er ist kein bisschen weniger wichtig als alle anderen Jahreszeiten. Er ist ganz Teil des Balanceaktes der Natur, wobei die sichtbaren Teile der Pflanzen den Anschein erwecken, Winterschlaf zu halten, obwohl für gewöhnlich im Inneren von Wurzeln und Stängeln eine Menge vor sich geht. Leicht vergisst man diese vierte Jahreszeit des Gartenjahres. Allzu oft wird das Winterquartal als „tote“ Zeit im Garten abgetan, doch kann es eine Zeit vielfältiger Aktivitäten und intensiver Anteilnahme sein. Während des Frühjahrs und Sommers sind Pflanzen ständig im Wachsen begriffen um Nahrung zu speichern und Blüten und Samen hervorzubringen, und ein Großteil der jährlichen Aktivitäten ist auf diese beiden Perioden konzentriert.

Die Wintermonate können eine Zeit sowohl für Rückschau als auch für Planung im Garten sein, indem man das Gute und das Schlechte des vergangenen Jahres einschätzt, auf den Erfolgen aufbaut und Änderungen an den Pflanzen oder Plänen anbringt, die nicht in dem Maße Früchte trugen, wie man erhofft hatte. Ein arbeitsreicher Winter kann der Schlüssel zu gärtnerischem Erfolg in der kommenden Saison sein, und wenn auch die Wetterverhältnisse nicht gerade einladend für Tätigkeiten im Freien zu sein scheinen, gibt es doch viele Gartenarbeiten, die man in dieser Zeit des Jahres viel besser erledigt als in jeder anderen. Ein erfahrener Gärtner wird das kalte Wetter als Verbündeten und nicht als Feind betrachten.

Gärtnern im Winter hat nicht nur mit Arbeit zu tun – es gibt viele Pflanzen, die ihr schönstes Aussehen und ihren schönsten Duft während der kurzen Tage im Winter entfalten. Die farbigen Stämme von Bäumen und Sträuchern können eine Farbglut vor einem dunklen Hintergrund aus immergrünen Pflanzen bilden oder ein hübsches Netzwerk aus Schatten, das von der Wintersonne und einem klaren blauen Himmel zur Geltung gebracht wird. Hagebutten und Beeren fügen dem Reize und geschäftiges Treiben hinzu, da Vögel und Kleinsäuger den Garten besuchen, um von den Früchten zu fressen.

Die winterliche Kälte bewirkt gewöhnlich einen Rückgang der überwinternden Schädlinge und Krankheiten, da die Eier der Blattläuse Vögeln als Nahrung dienen und Pilzsporen durch das kalte und nasse Wetter abgetötet werden. Das trägt dazu bei, den Infektionsgrad bei Pflanzen im nächsten Frühjahr zu reduzieren und damit auch die Abhängigkeit von Chemikalien, die zur Einschränkung vieler der häufigen Leiden geschätzter Pflanzen eingesetzt werden. Viele Pflanzen entwickeln sich nach einem kalten Winter besser, da niedrige Temperaturen chemische Veränderungen in den Pflanzen verursachen, die scheinbar stärkeres Wachstum und bessere Früchte und Blüten im nächsten Jahr fördern

Steve Bradley

VORHERGEHENDE SEITE *Die leuchtende* Mahonia × media *'Wintersonne' bringt im Frühwinter duftende gelbe Blüten hervor.*

OBEN *Die lebhaften roten Stängel des Blattmangold bilden einen Farbtupfer im winterlichen Gemüsegarten; er ist eine hervorragende Winterfrucht.*

RECHTS *Im Winter kann man den Garten in seiner elementarsten Struktur sehen, daher ist dies eine unschätzbare Zeit für die Planung und Gestaltung des Gartens.*

UNTEN RECHTS *Ein Nistkasten bietet Vögeln im Winter lebenswichtigen Unterschlupf und Schutz vor Wind und Schnee; alternativ können Vögel auch im Winterlaub Schutz suchen.*

UNTEN *Formschnitt sieht in jedem winterlichen Garten wirkungsvoll aus. Die Umrisse und Formen werden durch dünnen Schneefall noch verstärkt.*

Laubfall

Der Herbst ist überall eine Zeit der nach und nach kürzer werdenden Tage und sinkenden Temperaturen. Diese Veränderungen werden von Pflanzen als das Einsetzen des Winters erkannt, und sie reagieren darauf, indem sie „winterhart“ werden, so dass die Pflanze, wenn die Temperaturen weiter fallen, in der Lage ist, damit fertig zu werden und zu überleben. Dieser Vorgang, den man Akklimatisation nennt, läuft gewöhnlich in zwei deutlich unterschiedlichen Stufen ab.

Bei den meisten Pflanzen, die wir kultivieren, hängt die Steuerung ihrer „inneren Uhr“ von der Länge der Tage ab, so dass sowohl längere als auch kürzere Tage Änderungen in der Pflanze in Gang setzen, darunter das Hervorbringen von Zuwachs, die Bildung von Blüten und eine Steigerung der Nahrungsspeicherung. Von Mitte bis Ende September werden die Tage kurz genug, um fortschreitende Veränderungen in den Pflanzen hervorzurufen, die zur Vorbereitung auf die Winterruhe und Widerstandsfähigkeit gegenüber längeren Kaltwetterperioden führen.

Der Laubfall beginnt eigentlich schon früher, wenn die Pflanze zum ersten Mal feststellt, dass die Tageslichtstunden kürzer als eine festgesetzte Zeit von 12 Stunden innerhalb des 24-Stunden-Zyklus geworden sind. Zu diesem schrittweise ablaufenden Prozess gehört, dass die Blätter der Laubgehölze die Farbe wechseln, von Grün über eine Palette roter, gelber und oranger Schattierungen. Diese erste Phase der Akklimatisation lauft ab, wenn Zucker, Eiweiße und Nährstoffe entzogen und in die verholzten Fasern der Pflanze zurückgeholt werden, zur Speicherung über den Winter und zur Verwendung während des Wachstums im folgenden Jahr.

Die zweite Stufe der Akklimatisation tritt ein, wenn die zeitigen Fröste Veränderungen im Eiweiß- und Zuckergehalt in den verholzten Fasern beeinflussen. Dies trägt wiederum dazu bei, die Toleranz der Pflanze gegenüber Kältegraden zu erhöhen. Selbst die härtesten Pflanzen sind nicht in der Lage, Frostgrade ohne Beschädigung zu überleben, wenn sie diesen zweistufigen Prozess der Akklimatisation nicht durchmachen. Der Toleranzgrad gegenüber niedrigen Temperaturen wächst, wenn der Prozess der Akklimatisation in den Herbst und Winter fortschreitet, von einer Toleranz gegenüber Temperaturen von -5°C im Spätherbst bis hin zum Vermögen, Temperaturen bis zu -30°C im mittleren bis späten Winter zu überstehen. Wie gut eine Pflanze mit der Winterkälte fertig wird, wird ebenso durch den Zeitpunkt im Jahr beeinflusst, in dem das raue Wetter beginnt, wie durch das Stadium der Akklimatisation, das zu diesem Zeitpunkt erreicht ist.

RECHTS *Im Herbst zeigen manche Pflanzen wie dieser* Acer palmatum *lebhafte Farbspiele von Grün und Gelb bis zu leuchtendem Rot.*

Eine Zeit des Überganges

In den Vereinigten Staaten nennt man den Herbst „fall" und beschreibt damit den Vorgang, bei dem Blätter von Laubgehölzen und sommergrünen Kletterpflanzen abgeworfen werden. Bevor die Blätter tatsächlich fallen, durchlaufen sie mehrere Farbveränderungen. Im Norden der Vereinigten Staaten bewegt sich dieser Farbwechsel mit einer Geschwindigkeit von 60 – 70 km pro Tag nach Süden und ist derart deutlich, dass er aus dem Weltall registriert werden kann. Das Fortschreiten der jahreszeitlichen Veränderung spiegelt sich auch in Nordeuropa wider, wo raue Bedingungen und schnell fallende Lichtniveaus um so deutlicher werden, je weiter man nach Norden kommt.

OBEN *Selbst die abgefallenen Herbstblätter werden von den Pflanzen verwendet, da sie nach und nach verrotten und die Nährstoffe im Boden rund um die Wurzeln der Pflanze ergänzen.*

Bei manchen Pflanzen vollziehen sich die Farbwechsel der Herbstblätter langsam und sanft, während bei anderen die Veränderungen viel deutlicher und lebhafter sind, was so weit geht, dass dies für einige Arten die farbigste und schönste Zeit des Jahres sein kann. Die meisten Blätter sind im Frühjahr und Sommer grün gefärbt, doch dieses Chlorophyll verbirgt die vielen verschiedenen Typen und Mengen an Pigmenten, die für die Farben dieser Blätter verantwortlich sind, wenn sie absterben.

Wenn der Herbst fortschreitet, beginnt ein groß angelegter Recyclingprozess, da die Pflanzen nützliche Nährstoffe aus den Blättern zurück in Spross und Äste holen. Sie werden über den Winter gespeichert, um im Frühjahr während des großen Wachstumsaufschwungs verbraucht zu werden. Chlorophyll ist das erste Pigment, das den Blättern entzogen wird, was bedeutet, dass andere Pigmente sichtbar zurückbleiben, wie das rote und orange Carotin, gelbe Xanthophylle und/oder weinrote Anthozyaninpigmente, die dann entstehen, wenn sich Zucker in den Blättern anreichert, statt in die verholzten Fasern der Stämme und Äste abtransportiert zu werden.

Reichtum und Vielfalt der Farben variieren je nach den Wetterverhältnissen, die während der Zeit, in der die Blätter langsam absterben, erlebt werden. Die idealen Wetterverhältnisse für ein schönes Farbspiel sind ein kühler, feuchter Herbst mit sehr wenig Wind oder Frost, da dieses Wetter langsame Farbwechsel bedingt und die Blätter so lange wie nur möglich am Baum hängen bleiben.

Wenn die Pflanze dem Blatt alle Nährstoffe entzogen hat, werden die Verbindungsadern, die das Blatt mit dem Stamm verknüpfen, von der Pflanze geschlossen und versiegelt. Über den Zellen bildet sich eine Schicht, die das Blatt wirksam isoliert und als Schutz dient, damit nicht Wasser und schädliche Organismen durch diese Adern in die Pflanze eindringen. Die Blätter fallen dann innerhalb weniger Tage ab, nachdem sich diese Trennschicht gebildet hat. Diesen Vorgang, durch den sich Pflanzen „abhärten", um den niedrigen Wintertemperaturen zu widerstehen, nennt man Akklimatisation, aber man sollte bedenken, dass er frostempfindliche Pflanzen nicht frosthart macht.

Faktoren wie Temperaturschwankungen oder Veränderungen im Wasser-

OBEN *Die farbenfrohen Früchte und Beeren einiger Pflanzen sorgen sowohl für Farbe im Winter als auch für Nahrung für Vögel und andere Wildtiere.*

angebot sind von Jahr zu Jahr sehr unterschiedlich. Sie sind weniger beständig als Änderungen der Tageslänge im Jahreszyklus, so dass für jede Pflanze eine Veränderung der Tageslänge eine zuverlässigere Warnung vor dem Herannahen kommender jahreszeitlicher Veränderungen bildet.

Vorbereitung auf den Winter

Nicht allein die Blätter sind bei der Vorbereitung auf den Winter Veränderungen unterworfen. Es finden auch andere, weniger deutliche (aber ebenso wichtige) Veränderungen statt, die der Pflanze als Ganzes zu größeren Chancen verhelfen, unbeschadet durch die kalte Periode zu kommen.

Die kürzer werdenden Tage regen eine Abänderung einiger Teile der Pflanze an, um Schutz für empfindliche Stellen wie Triebspitzen und Blütenknospen zu bieten, damit diese im nächsten Frühjahr unbeschadet hervortreten können. Verholzte Triebe hören nach und nach zu wachsen auf und die Blätter, die der Spitze jedes Triebes am nächsten stehen, bringen sehr kleine, verdickte, andersartige Blätter hervor, so genannte Knospenschuppen, die sich eng um die Knospen legen, um sie zu schützen.

Laubgewächse verschließen sich regelrecht während der Wintermonate als ein Selbsterhaltungsmechanismus. Ihre Blätter sind nicht frosthart und daher würden sie im Ergebnis der Einwirkung niedriger Temperaturen schweren Schaden erleiden. Das Fehlen von Blättern hilft auch, den Wasserverlust der Pflanze während der Wintermonate zu verhindern, wenn die Bodentemperatur niedrig ist und es für die Pflanze schwierig wird, mehr Wasser aufzunehmen. Daher können einige Nadelgehölze und andere immergrüne Pflanzen im Winter braune Blätter bekommen, wenn sie nicht in der Lage sind, Feuchtigkeit zu ersetzen, die durch kaltes, windiges Wetter verloren geht.

Bei den meisten Regeln ist es wahrscheinlich, dass Ausnahmen auftreten,

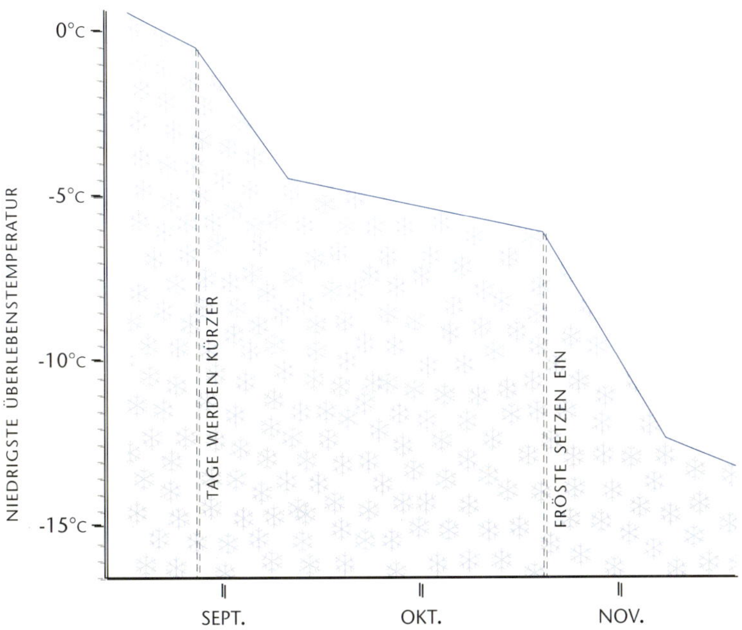

UNTEN *Während des Spätsommers und Herbstes bereiten sich Pflanzen nach und nach auf winterliche Verhältnisse vor. Dadurch ist es vielen möglich, Perioden extremer Kälte im Winter zu überstehen.*

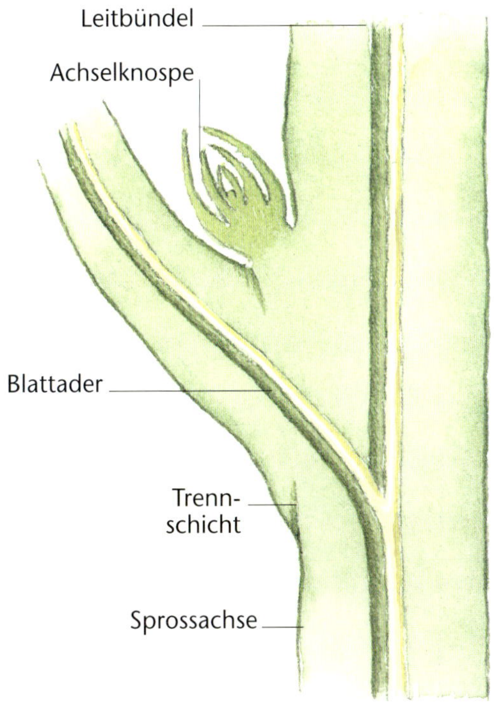

UNTEN RECHTS *Im Herbst entziehen Laubgewächse den Blättern Nahrung, um diese im verholzten Stamm zu speichern. Wenn dies abgeschlossen ist, bildet sich an der Stelle, an der das Blatt am Ast sitzt, eine korkähnliche Schicht. Nachdem das Blatt abgefallen ist, schützt eine wasserdichte Abdeckung die verbleibende Narbe.*

OBEN *Pflanzen wie dieser Prunus können selbst in den kältesten Winterperioden blühen.*

und nicht anders ist es mit der Herbstverfärbung und dem Abwerfen der Blätter. Dies ist nicht nur auf Laubgehölze beschränkt; selbst eine kleine Anzahl von Staudengewächsen wie der Flussampfer *(Rumex hydrolapathum)* und einige winterharte Wolfsmilch- und Storchschnabelgewächse zeigen im Herbst hübsche Laubfarben. Seltsamerweise werfen auch verschiedene Nadelbäume nach beeindruckender Herbstfärbung ihre Nadeln ab, darunter Lärche *(Larix)*, *Metasequoia* und Sumpfzypresse *(Taxodium)*.

Zum Unglück für den Gärtner sind es nicht nur winterharte Pflanzen, die sich für den Winter verschließen. Eine Reihe von Schädlingen und Krankheiten bereiten sich ebenfalls auf das Überleben vor, um dann im folgenden Frühjahr wieder zu erscheinen. Häufige Schädlinge wie Blattläuse legen im Herbst überwinternde Eier mit Schalen, die den winterlichen Bedingungen angepasst sind. Viele bekannte Pilzkrankheiten wie Rost entwickeln zähere Sporen, die den Winter auf abgestorbenem Pflanzenmaterial überstehen. Mehltauarten infizieren die überwinternden Knospen der Wirtspflanze und nutzen den Schutzmantel der Pflanze aus, um zu ruhen und zu überleben, bereit, den neuen Wuchs erneut zu infizieren, wenn die weichen neuen (empfindlichen) Blätter erscheinen.

Vielleicht bemerken wir es nicht, aber der Garten schläft eigentlich nie. Es

OBEN *Die Blätter vieler Bäume und Sträucher durchlaufen in dieser Jahreszeit dramatische Farbveränderungen.*

RECHTS *Eine kahle herbstliche Landschaft täuscht oft über die Tatsache hinweg, dass in der Erde die Wurzeln noch aktiv wachsen.*

gibt keine Zeit im Jahr, in der in der Natur nichts passiert. Zu manchen Zeiten mag die Aktivität minimal sein, sehr langsam, oder in der Erde vor sich gehen, so dass sie nicht gleich sichtbar ist, aber dennoch ist sie im Gange. Die Pflanzen brauchen diese Ruheperiode, dieses einfach „leer laufen", um in der folgenden Wuchsperiode gesunde Triebe und Blüten hervorzubringen.

Tatsächlich ist diese Periode der niedrigen Temperaturen oft ebenso wichtig für die allgemeine Gesundheit und das Wohlbefinden der Pflanzen, wie es Wasser und Sonnenschein sind, denn ohne die chemischen Veränderungen, die nur in der Pflanze auftreten, während die Temperaturen niedrig sind, würde eine große Anzahl der Pflanzen, die in unserem Klima normalerweise im Freien wachsen, schließlich eingehen. Allein die Auswirkungen einer Abkühlung auf Temperaturen zwischen 2 °C und –2 °C können ausreichen, um bestimmte Veränderungen in der Pflanze herbeizuführen und können die letzten Stadien der Blütenbildung, Knospenentwicklung oder das Erscheinen der Samen aus ihrem Ruheschlaf provozieren. Diese Veränderungen können bei höheren oder niedrigeren Temperaturen auftreten, aber die Reaktion der Pflanze erfolgt häufig am schnellsten bei Temperaturen um den Gefrierpunkt, nicht bei Frostwetter.

RECHTS *Viele Arten von Kletterpflanzen und „Mauersträuchern" gedeihen, wenn sie an einer Mauer wachsen, da sie von der Restwärme der Sonne profitieren, die in der Mauer zurückbleibt.*

In einen winterlichen Garten investieren

Der „winterliche Garten“ ist einfach der Garten im Winter – eine der vier Jahreszeiten und eine Phase, die der Garten durchmacht, ob es dem Gärtner gefällt oder nicht. Immer mit Rücksicht darauf, dass der Winter auch eine Zeit ist, in der das Wetter nicht vorhersehbar ist und es möglicherweise schwierig sein kann, im Freien zu arbeiten, sollte es das Ziel jedes Gärtners sein, den Garten zu dieser Zeit des Jahres so anziehend und interessant zu machen wie zu jeder anderen.

OBEN *Manche Bäume und Sträucher wie dieser* Salix alba *var.* vitellina *'Britzensis' wird erst bemerkt, nachdem die Blätter gefallen sind und die farbige Rinde offen liegt.*

NÄCHSTE SEITE *Trotz ihrer geringen Höhe und zarten Erscheinung gehören im Winter blühende Zwiebelgewächse zu den härtesten Pflanzen, die wir in unseren Gärten ziehen.*

Es wird immer noch reichlich zu tun geben - tatsächlich kann der Winter eine der arbeitsreichsten und lohnendsten Zeiten des Jahres im Garten sein, besonders wenn gestalterische oder sanierende Arbeiten zu tun sind. Wenn das Wetter richtig schlecht ist, muss keine Zeit ungenutzt verstreichen, denn es ist immer genug zu planen, indem man ausarbeitet, wie man den Gesamtertrag und das Vergnügen am Garten noch steigern kann und wie man Nutzen aus ihm zieht, nicht nur im Winter, sondern das ganze Jahr hindurch.

Farbe

Jeder Gärtner, der der Winterperiode wirklich ein paar Gedanken schenkt und ihr gegenüber eine positive Haltung entwickelt, wird bald erkennen, dass es eine Zeit der Möglichkeiten ist. Das einzigartige Merkmal des winterlichen Gartens ist die niedrige Temperatur, und statt Kälte und Frost als Feinde zu betrachten, gibt es Situationen, in denen es möglich ist, die Reaktion einer Pflanze auf Kälte in vollem Umfang auszunutzen. Eine Rahmenstruktur aus immergrünen Pflanzen und Nadelgehölzen kann helfen, die Grundlage einer festen Struktur im Garten zu bilden. Hübsche Formen und ausgeprägte Farbvariationen können eingesetzt werden, um feine Wechsel und Variationen zu schaffen. Selbst bunte immergrüne Pflanzen, die das ganze Jahr hindurch Farbe haben, sehen im Winter besser aus. Die Gold- oder Silbermuster auf den grünen Blättern treten deutlicher hervor, wenn benachbarte Laubgewächse ihre Blätter verloren haben und dem Auge weniger Ablenkung bieten.

Manche Pflanzen, die über den größten Teil des Jahres ziemlich gewöhnlich aussehen, zeigen erst dann wirklich, was in ihnen steckt, wenn die Temperaturen in die Nähe des Gefrierpunktes oder darunter fallen. Das Laub der Japanischen Zeder oder Sicheltanne *(Cryptomeria japonica)* wird im Winter wunderschön rotbronzen; viele Formen des immergrünen Staudengewächses Bergenia *(Bergenia)* nehmen an den Rändern ihrer großen, fast runden Blätter eine rote Färbung an, und die Blätter des Flammengrases *(Imperata cylindrica)* werden flammend rot, wenn das Wetter kälter wird. Diese Pflanzen ziehen nur in den kalten Wintermonaten den Blick auf sich und werden dann wirklich bemerkt, wenn sie auf die niedrigen Temperaturen reagieren und den Gärtner mit einem farbenfrohen Anblick belohnen.

OBEN *Die farbige Rinde an den roten Stämmen von* Cornus *spp. und weiße gebogene Äste von* Rubus *spp. setzen einen attraktiven Farbtupfer während der Wintermonate.*

UNTEN *Die Formen und Silhouetten von Pflanzen haben einen Nutzen. Die alten Samenstände von Pflanzen wie der Karden* (Dipsacus) *bieten während der Winterfröste einen reizvollen Anblick.*

Struktur

Andere Pflanzen können über mehr als eine Jahreszeit von Interesse sein, mit Blüten und Laub während des Sommers und Charakteristika, die erst im Winter auffallen, wenn die Blätter abgeworfen sind, wie gewundene oder verdrehte Sprosse. Diese nackten Stämme werden sich an einem sonnigen Wintertag auffallend gegen den blauen Himmel abheben. Die Korkenzieherhasel (*Corylus avellana* 'Contorta') hat wunderbar gewundene Stämme und bringt goldgelbe Kätzchen hervor, bevor die Blätter erscheinen. Es gibt eine ganze Reihe Weiden (*Salix* spp.) und Hartriegelgewächse (*Cornus* spp.), die bekannt sind für ihre leuchtend rot, gelb oder orange gefärbten Sprosse. *Salix* 'Erythroflexuosa' hat von beidem das Beste, nämlich leuchtend orangegelb gefärbte Zweige, die auch spiralförmig gedreht sind und dadurch noch interessanter wirken. Andere Pflanzen haben den zusätzlichen Bonus bunter Blätter, die im Sommer und Winter gleichermaßen hübsch aussehen.

Dichter Winterreif kann selbst abgestorbenes Pflanzenmaterial anziehend aussehen lassen. Pflanzen, bei denen die Spitze abstirbt, wie Bambus, Gräser und Staudengewächse, sehen beeindruckend aus, wenn die alten Stängel bis zum Frühjahr stehen gelassen werden. Pflanzen wie Engelwurz, Hortensie, Zierlauch (*Allium* spp.) und Pampasgras *(Cortaderia)* haben alle auffällige Blütenstände, die bestehen bleiben, wenn die Blüten selbst längst abgestorben sind, und schön aussehen, wenn sie in Tausende funkelnder weißer Eiskristalle gehüllt sind. Tatsächlich hat es für den Gärtner auch einen praktischen Nutzen, wenn er die Blütenstände belässt, da sie die Kälte absorbieren und den Rest der Pflanze mit vor Frostschaden schützen.

Duft

Einen zusätzlichen Bonus für die Sinne während der Winterperiode bietet eine Anzahl duftender Pflanzen, die in dieser Zeit in Blüte stehen. Vielleicht ist es das Fehlen von Konkurrenz oder die Qualität der klaren Luft, oder beides; jedenfalls kann der Duft, der von blühenden Pflanzen in dieser Zeit abgegeben wird, wahrhaft unvergesslich sein. Die immergrüne Mahonie zum Beispiel hat große buschige Trauben schwefelgelber Blüten mit einem Duft, der an Maiglöckchen erinnert, nur viel stärker. Eine andere immergrüne Pflanze, die Ölweide, hat stark duftende, jedoch gut versteckte weiße Blüten, die den Gärtner oft zur Suche veranlassen, um den Ursprung dieses zarten Wohlgeruchs aufzuspüren.

Zu den Laubgewächsen, die im Winter frostharte, aber stark duftende Blüten an nackten verholzten Stämmen hervorbringen, gehören starke Charaktere wie Zaubernuss *(Hamamelis)*, die passend benannte Winterblüte *(Chimonanthus)*, drei Varietäten der winterblühenden aufrechten Heckenkirsche (*Lonicera* spp.) und verschiedene Seidelbastarten für den kleineren Garten oder den vorderen Teil einer Beetkante. Weitere Einzelheiten zu Winterdüften finden Sie auf den Seiten 106–111. Versuchen Sie, ausreichend Platz zwischen stark duftenden Pflanzen zu lassen, um ein Gemisch der Düfte zu vermeiden.

Früchte

Früchte fallen ebenfalls im Winter mehr auf, wenn sie in ihren Farben zu erstrahlen scheinen. An Immergrünen wie Feuerdorn *(Pyracantha)* und Stechpalme (*Ilex* spp.) stehen die roten, orangen oder gelben Früchte in perfektem Kontrast zum glänzenden Laub der Pflanze, besonders wenn die Grundfarbe dunkelgrün ist. Wenn die Zweige kahl sind, treten die Beerenbüschel noch deutlicher hervor, wie das leuchtende Weinrot der Japanischen Schönfrucht *(Callicarpa)*.

Die Fruchtfarben können sowohl in großer Bandbreite als auch lang andauernd auftreten, besonders wenn man ein wenig Sorgfalt auf die Auswahl der Pflanzen verwendet. Berberitzen (*Berberis* spp.) bringen Früchte hervor, die in Schattierungen von orange über rot bis samtschwarz gefärbt sein können. Zwergmispeln bringen rosafarbene, rote oder goldgelbe Beeren hervor. Die Weißdorne (*Crataegus* spp.) können orangefarbene, rote oder goldgelbe Früchte tragen; die verschiedenen Rosenarten haben Hagebutten in Schattierungen von orangerot bis blauschwarz. Die möglicherweise größte Farbpalette findet man bei der Familie der Ebereschen (*Sorbus* spp.) mit roten, gelben, orangen, rosafarbenen und weißen Beeren.

Diese Pflanzen setzen dem Garten nicht nur einen Farbtupfer auf, sie bieten auch Nahrung und ziehen damit eine Menge Vögel und Säuger an. Die Possen dieser Gäste bereiten oft ebenso viel Vergnügen wie die Pflanzen selbst (siehe Seiten 130–139). Bei einigen Pflanzen wie dem Spindelstrauch *(Euonymus alatus)* verbleiben die leuchtend gefärbten Hüllen, die die Früchte halten, noch lange, nachdem die Früchte von Vögeln und Säugern verschlungen wurden, an der Pflanze.

GANZ OBEN *Die gelben, spitzen Blüten von* Mahonia x media *'Lionel Fortescue' erregen Interesse sowohl wegen ihres starken Duftes als auch wegen ihrer hübschen leuchtenden Farbe.*

OBEN *Die tomatenförmigen Hagebutten und geäderten Blätter der Kartoffelrose* (Rosa rugosa) *sehen mit einem Überzug aus Raureif hübsch aus.*

Winterfavoriten

Das Fehlen von Blättern und Krautschicht im Winter bedeutet, dass viel mehr von der Bodenoberfläche sichtbar wird. Das ist kein Nachteil, eher eine Gelegenheit, da man viele kleine, aber hübsche Pflanzen, die zu anderen Zeiten des Jahres unbemerkt blieben, im Winter gut sieht.

Pflanzen, die warme oder schattige Umgebung nicht lieben, kommen in dieser Zeit des Jahres ebenfalls zum Zuge. Für den Gärtner kann dies nützlich sein, da diese Pflanzen im tiefsten Winter blühen und dann für den Rest des Jahres im Boden verschwinden, um im folgenden Winter wieder zu erscheinen. Aus irgendeinem seltsamen Grund gehören viele der kleinsten Pflanzen, die wir kultivieren – oft diejenigen mit der zartesten Erscheinung – zu den härtesten und gelangen zu vollem Wachstum, wenn viele ihrer größeren, stolzeren Gegenstücke ruhen und Schutz vor den Elementen suchen.

Obwohl winterblühende Zwiebelgewächse für gewöhnlich viel kleiner an Blüten und Statur sind als ihre später blühenden Verwandten, sind die meisten stark und kräftig und durchaus in der Lage, einer extremen Kälte bis zu –23 °C standzuhalten.

LINKS *Das passend benannte Schneeglöckchen, in diesem Fall* Galanthus nivalis *'Viridapicis', ist ein blühendes Zwiebelgewächs, das in enge Beziehung zu den kalten, aber sonnigen Mittwintertagen gebracht wird.*

UNTEN RECHTS *Die zähen Nieswurze scheinen im kalten, rauen Winterwetter zu gedeihen, bevor sie von Weihnachten an bis weit ins Frühjahr hinein ihre Blütenpracht entfalten.*

UNTEN *Die Winterblüten der Zaubernuss* (Hamamelis) *und das kontrastierende Laub der Essbaren Nandine* (Nandina) *und der Stechpalme* (Ilex x altaclarensis) *gereichen jedem Garten zur Zierde.*

Obwohl die einzelnen Pflanzen nicht groß sind, können sie doch eine wundervolle Pracht entfalten, wenn sie in Pflanzengruppen zusammengebracht werden. Zuweilen erscheint es selbst für einen erfahrenen Gärtner unglaublich, dass derart kleine Pflanzen durch einen in Frost gehüllten Boden erscheinen und hübsche Blüten bringen oder ihre Köpfchen durch eine Schneedecke in die winterliche Sonne strecken können. Die goldenen, Butterblumen ähnlichen Blüten des Winterlings *(Eranthis hyemalis)* oder die weißen Glocken der Schneeglöckchen (*Galanthus* spp.) sind mitten im Winter ein willkommener Anblick in jedem Garten und eine deutliche Erinnerung daran, dass der Garten nicht schläft, sondern nur ruht.

Wenn Sie aufmerksam hinschauen, können Sie einige Mehrjährige finden, die im Winter am besten aussehen, darunter die großen, starken Blätter und rosa Blüten der Bergenie *(Bergenia)* und, noch auffälliger, die Helleborus Arten (*Helleborus* spp.). Eine Helleborus-Art wird daher auch Christrose genannt. Mit ihrem immergrünen Laub und den kelchförmigen Blüten in Farben von Grün über Weiß und Rosa bis hin zu fast Schwarz scheinen diese Pflanzen das kalte Wetter für ihre Blüte einfach zu ignorieren. Allerdings können die älteren Blätter in längeren Kälteperioden beginnen, sehr abgenutzt auszusehen.

Um einen attraktiven und produktiven Garten zu erhalten ist es unumgänglich, im Winter einige Arbeiten in Vorbereitung auf die kommenden Jahreszeiten auszuführen, darunter Bodenbearbeitung, Schnitt, Pflanzung, Vermehrung und Ernte. Da dies nun einmal so ist, lassen sich diese Aufgaben viel besser in einer farbenfrohen und angenehmen Umgebung ausführen, in der Pflanzen blühen oder die auf andere Weise anziehend wirkt. Wenn Zeit und Geld in einen winterlichen Garten investiert werden, so trägt das dazu bei, dass der Gärtner sich das ganze Jahr hindurch draußen aufhalten möchte, und zwar bei jedem Wetter!

Tagebuch für den Winter *Der Beginn des Winters bietet für den Gärtner eine Vielfalt an Aufgaben. Hier sind einige Tätigkeiten aufgelistet, die der Gärtner in Vorbereitung auf das kommende Frühjahr beachten sollte.*

GARTENAREALE	SPÄTHERBST/FRÜHWINTER	MITTWINTER
BÄUME, STRÄUCHER, KLETTERPFLANZEN	Substratfreie, Laub abwerfende Bäume und Sträucher (einschließlich Laubhecken und Rosen) pflanzen • Wurzeln neuer Rosen beim Pflanzen beschneiden; oberirdische Teile jedoch bis zum Frühjahr nicht beschneiden • Vorhandene Rosen können jetzt geköpft werden; lange Stängel können gekürzt werden um Windbewegung einzuschränken • Pflanzenstützen kontrollieren und ersetzen, falls notwendig • Von stark wachsenden Kletterpflanzen und Mauerbüschen ab jetzt Zweigstecklinge nehmen (bis Ende März fortsetzen).	Bei milderem Wetter Baumbinder kontrollieren und angefaulte Stützen ersetzen • Bäume, die sichtbar vom Wind angegriffen werden, stabilisieren • Schwere Schneedecken von dicht ver-
ZWIEBELN, KNOLLEN UND ZWIEBELKNOLLEN	Zwiebeln wie Hyazinthen, Lilien und Tulpen stecken • Gladiolen ausheben, trocknen und lagern • Dahlien, wenn vom Frost geschwärzt, ausheben. Strünke abschneiden und Knollen kopfüber zum Trocknen aufhängen • Ausgehobene Dahlienknollen auf Faulstellen kontrollieren. Gesunde Knollen mit Schwefel bestäuben und in Trockentorf oder Sägemehl einsetzen. Kühl und frostfrei lagern.	Knollen, die in Töpfen gezogen wurden und abgeblüht sind, können nun vor dem Auspflanzen im Kalten Kasten
RASEN	Regelmäßig Laub harken, damit sich möglichst wenig Moos bilden kann; Laub auf den Komposthaufen werfen oder zur Herstellung von Laubkompost verwenden • Wenn das Graswachstum nachlässt, höher und weniger häufig mähen.	Bei mildem Wetter neue Rasensoden auslegen • Rasenmäher überholen und Schneiden schärfen; bei elek-
TEICHPFLEGE	Teich mit feinmaschigem Netz abdecken, wenn fallendes Laub problematisch ist, damit die Fische möglichst nicht vergiftet werden • Wenn die Unterwasserpumpe über den Winter herausgenommen wird, erst überprüfen, dann säubern, trocknen und schmieren • Uferpflanzen teilen und wieder einpflanzen • Verschmutzte und überspülte Pflanzen ausdünnen, besonders solche, die über den Winter absterben.	Wenn der Teich länger als eine Woche lang zufriert, eine Flasche mit heißem Wasser auf das Eis legen und ein Loch tauen, durch das Fische atmen können • Einen Teich aus Ze-
GEMÜSE	Kartoffeln, Bete und Rüben zum Lagern ausheben • Zwiebeln auf Schnüre binden, sobald die Zwiebeln voll ausgereift sind. Gemüsebeet abräumen und alle Reste entfernen • Saubohnen und winterharte Erbsen im Freiland aussäen – an kalten Stellen mit Hauben schützen • Abgestorbene Blätter von Wintergemüse entfernen, damit die Luft frei zwischen den Pflanzen zirkulieren kann • Weiterhin gelagertes Gemüse kontrollieren – alle Exemplare entfernen, die auch nur die geringsten Anzeichen von Verfall zeigen und nur leicht befallene für sofortigen Gebrauch aussortieren.	Für das nächste Jahr die Fruchtfolge und einen Aussaatplan für Gemüse und Blumen aufstellen • Kohlrüben und spät gesäte Karotten ausheben und einlagern • Eine kleine Menge an Gemüse wie Sellerie, Lauch und Pastinaken ausheben und abgedeckt an einem kühlen, gut
OBST	Weiter Äpfel und Birnen pflücken und gelagerte Früchte kontrollieren. Alle entfernen, die Anzeichen von Verfall aufweisen • Alte tragende Triebe von Brombeeren und Hybridbeeren abschneiden und junge Triebe einbinden • Weiterhin Bäume, Büsche oder Ruten bestellen, die für die Winterpflanzung benötigt werden • Pflanzstellen nach Bedarf vorbereiten • Dies ist eine gute Zeit zum Pflanzen von Obstbäumen, Büschen und Ruten, obwohl bei geeigneten Bodenverhältnissen über den gesamten Winter hinweg gepflanzt werden kann • Alle erkrankten Blätter zusammenharken und vernichten • Neu gepflanzte Obstbäume benötigen Formschnitt • Baumbinder kontrollieren und angefaulte Stützen ersetzen.	Bei mildem Wetter weiterhin verwurzelte Apfel- und Birnbäume schneiden • Wenn die Bodenverhältnisse in Ordnung sind, weiterhin Obstbäume pflanzen • Bei kräftigen, nicht tragenden Obstbäumen kann jetzt die Wurzel beschnitten werden • Dachmaschen vom
GARTEN ALLGEMEIN	Töpfe und Schalen säubern und sterilisieren • Staudenrabatten aufräumen – abgestorbene Stängel können zum zusätzlichen Schutz vor Frost stehen bleiben • Regelmäßig Laub harken • Erkrankte Pflanzen vernichten • Chrysanthemenstängel zurückschneiden; Mutterpflanzen ausgraben, in Kisten mit Kompost oder Torf einsetzen und im kalten Frühbeethaus oder Kalthaus lagern • Bei Schneckenplage Schneckenpellets, gut verwitterte Holzkohle oder groben Kies um die Basis von Pflanzen wie Rittersporne, Lupinen, Primeln, Pyrethrum und *Iris unguicularis* ausbringen • Überall im Garten aufräumen • Geräte für den Winter einlagern.	Samen bestellen • Umgrabearbeiten abschließen, aber nicht auf nassem Boden arbeiten • Auf lehmigen Böden Sand, alte Topfblumenerde oder gut verrotteten Laubkompost verteilen und untergraben, sobald die Bedingungen günstig sind • Wenn der Boden gefroren ist,
GEWÄCHSHAUS, WINTERGARTEN	Beschattung durch isolierende Plaste ersetzen • Grüne Tomaten ernten und zum Reifen im Dunklen lagern • Pflanzsäcke ausleeren und mit Wintersalat, Erdbeeren oder Zwiebeln von Frühjahrsblühern zur Aufzucht von Schnittblumen bepflanzen • Töpfe mit Knollen nach einer Zeit im Kalten Kasten hereinbringen. Für eine Blütenfolge einige der Knollen für weitere 14 Tage im Kalten Kasten belassen • Wurzeln von Schikoree, Rhabarber und Meerkohl zum Vortreiben ausgraben und im Dunkeln lagern • Topfpflanzen zum Frühlingsblühen umtopfen.	Wenn das Blattwerk sich ausgebreitet hat und Blütenknospen sichtbar werden, vorgetriebene Pflanzen in Innenräume bringen • Pflanzen
SCHÄDLINGE UND KRANKHEITEN	Rosen weiter gegen Sternrußtau und Mehltau besprühen • Pfirsiche und Mandelbäumchen gegen Pfirsichkräuselkrankheit besprühen.	Eine Winterspritzbrühe (Teeröl) auftragen, um Bäume von überwinternden Schädlingseiern zu befreien, wenn nicht schon geschehen • Pfir-

		SPÄTWINTER/ZEITIGES FRÜHJAHR		
zweigten Sträuchern und Koniferen abschütteln • Alle abgestorbenen, kranken und unordentlichen Äste entfernen • Sommergrüne Sträucher versetzen, falls nicht zu nass • Vernachlässigte Eiben- und	Ligusterhecken durch Rückschnitt einer Seite erneuern (die andere Seite im nächsten Jahr zurückschneiden) • Glyziniensprosse auf zwei bis drei Knospen zurückschneiden.	Rosen und Sträucher beschneiden, mit Nährstoffen versorgen und mulchen • Sträucher versetzen und pflanzen, bevor sie in volles Wachstum ausbrechen • Sträucher, die wegen der Wir-	kung ihrer Winterrinde gezogen wurden, zum Beispiel *Cornus* und *Salix*; auf 15 cm zurückschneiden • Abgestorbene Äste von früh blühenden Sträuchern sofort nach der Blüte entfernen • Kletter-	rosen beschneiden • Herbstblühende Clematis (*C. texensis* und C. 'Jackmanii'-Typen) auf 30 cm über dem Boden zurückschneiden • Neue Rosen, Sträucher und Heckengewächse pflanzen.
akklimatisiert werden • Knollen und Zwiebelknollen kontrollieren und alle weichen oder erkrankten wegwerfen • Sommer-	blühende Knollengewächse bestellen und an frostfreiem Ort lagern.	Krokusse durch Netze oder mit über die Blüten gespannten Baumwollfäden vor Plünderung durch Sperlinge schützen	• Abgestorbene Blüten entfernen, damit die Nahrungsreserven sich für die Blüten des nächsten Jahres ansammeln,	und einen Allzweckdünger anwenden • Gladiolenzwiebeln setzen.
trischen Mähern Kabel und Verbindungen kontrollieren • Bei Frostwetter oder wenn der Boden gefroren oder mit	Wasser voll gesogen ist, nicht über den Rasen laufen.	Bei mildem Wetter Rasensoden auslegen • Boden zur Aussaat von Grassamen vorbereiten • Vor dem Mähen Regenwurmlosung mit einem Besen vertei-	len • Nicht über das Gras laufen, wenn es mit Reif bedeckt ist • Auf jeden Tritt achten – leicht beschädigt man eingeführte Zwiebeln, die sich durch den Ra-	sen schieben • Die erste Mahd mit hoch eingestellten Messern ausführen • Neue Soden leicht anrollen, wenn sie vom Frost angehoben werden.
ment vor dem Reißen schützen, indem man bei eisigem Wetter einen Plastikball auf der Oberfläche treiben lässt. Wenn die Pumpe im Wasser belassen wurde, wöchentlich einmal kurz	laufen lassen, um Verschlämmung zu verhindern • Wasserpflanzen ausheben, teilen und wieder in Gefäße pflanzen (kein Holz oder Metall).	Wenn die Pumpe im Wasser belassen wurde, sollte man sie weiterhin jede Woche kurz laufen lassen, um Verschlämmung zu verhindern • Pumpe bei Bedarf überholen • Wasserpflan-	zen ausheben, teilen und wieder in Behälter pflanzen (kein Holz oder Metall). Auf die Arme verteilte Vaseline hilft die Kälte abzuhalten und erleichtert das Waschen • Dies ist eine geeig-	nete Zeit um eine neue Wasserfläche anzulegen, wenn es im Garten noch keine gibt, da der Boden noch trocken und fest ist.
zugänglichen Ort lagern, wenn schwere Schneefälle und längere Frostperioden vorhergesagt werden • Saubohnen, frühe Erbsen und Spinat säen • Früh reifenden Kohl und Blumenkohl in Töpfe aussäen • Haupterntekartoffeln in flachen Schalen in Innenräumen lagern • Kohl, Möhren,	Kopfsalat und Radies unter Hauben oder Folie säen • Gemüsezwiebeln in Pflanzsäcken unter Schutz aussäen • Samen von Roten Rüben, Möhren, Kohl, Kopfsalat und Erbsen (Haupternte) säen • Steckzwiebeln pflanzen • Kräuter aussäen.	Saubohnen, Früherbsen und Spinat säen • Frühreifen Blumenkohl und Kohl in Töpfe säen • Haupterntekartoffeln in flachen Schalen in Innenräumen lagern und vor Frost schützen • Kohl,	Möhren, Kopfsalat und Radies unter Hauben oder Folie aussäen • Gemüsezwiebeln in einem Pflanzsack unter Schutz aussäen (um eine frühe Ernte zu erzielen, wenn sie im Laden teuer sind)	• Samen von Kohl, Kopfsalat, Erbsen (Haupternte), Rote Bete und Möhren säen • Kopfsalat unter Hauben oder Folie pflanzen • Steckzwiebeln setzen • Kräuter aussäen.
Obstgatter nehmen, wenn schwere Schneefälle vorhergesagt werden, und sofort wieder auflegen, wenn die Schneegefahr vorüber ist • Erdbeerpflanzen für frühe Ernte mit einer Haube oder niedrigem Polyäthylen-Folientunnel abdecken • Im Obstgarten Kalk aufbrin-	gen, wenn der pH-Wert des Bodens unter 6,7 liegt • Alle neu gepflanzten Himbeeren auf 23 cm zurückschneiden und alle verwurzelten Ruten bis zu Bodenhöhe • Obstbäume, Büsche und Ruten düngen • Organischen Mulch 10 cm tief einarbeiten • Faules Obst entfernen.	Rhabarber und Erdbeeren pflanzen • Vorhandenen Erdbeeren Pottasche zusetzen und sie mit Hauben oder Folie abdecken, um frühen Fruchtstand zu erzielen • Ruten von sommertragenden Himbeersorten ent-	spitzen. Herbsttragende Sorten auf Bodenhöhe zurückschneiden • Schnitt von Äpfeln, Birnen und Weichobst abschließen • Schnitt von Pflaumen, Stachelbeeren und Roten Johannisbeeren abschließen • Schwar-	zen Johannisbeeren einen Stickstoffdünger zuführen • Mulchen von Obst vervollständigen • Ruten von Brombeeren anleiten und anbinden.
Mist und Kompost auf nicht umgegrabene Flächen fahren • Boden auf Einfassungen noch leicht mit der Gabel lockern, Oberfläche grob belassen • Gartengeräte schärfen, säubern und polieren • Sprühgeräte säubern • Abflüsse zur Trockenlegung und offene Gräben freiräumen • Für Feld-	früchte unter Hauben zusätzlichen Schutz bieten, wenn starker Frost vorhergesagt wird • Zäune und andere Einrichtungen aus Holz mit Holzschutz behandeln • Baumschnitt von Apfelbäumen als Kaninchenfutter auslegen – dies hilft zu verhindern, dass sie die Bäume beschädigen.	Rabatten mit einer Gabel auflockern • *Crocosmia* pflanzen und einen Allzweckdünger ausbringen • Spät blühende Wicken in natürlicher Lage pflanzen, wenn der Boden nicht zu feucht	ist • Weiter umgraben, wenn es die Bodenverhältnisse gestatten • Überwinterte Wicken ins Freiland pflanzen • Beete und Einfassungen mulchen, so lange der Boden feucht ist, um später	im Jahr weniger gießen und jäten zu müssen • Rosen beschneiden, bevor der Neuwuchs des Jahres gut entwickelt ist.
nach Bedarf gießen – Überwässerung vermeiden • Verwelkte Blüten und Blätter entfernen • Nachts und bei Frostwetter Pflanzen vom Fensterbrett	nehmen • Lorbeerbaum im Topf an eine frostfreie Stelle bringen	Dahlienzwiebeln in Töpfe oder Kompostkisten setzen, um frühes Wachstum zu fördern, jedoch vor Frost schützen • Samen von Geranien und Begonien säen • Auf Anwachsen der Blattlaus-	population achten, besonders an Gartencinerarien und Pantoffelblumen, und bei Bedarf spritzen • Samen von Sommerbeetpflanzen säen • Stecklinge von Geranien nehmen oder neue Substrat-	pflanzen kaufen, sobald sie in die Gartenmärkte kommen • Treibhauspflanzen mit großen Blättern beschatten, da sie in voller Sonne oft welken • Pflanzen einmal pro Woche flüssig düngen.
sich und Mandelbäumchen gegen Kräuselkrankheit besprühen • Bei trockenem, frostfreien Wetter Äpfel, Kirschen, Pfirsiche, Pflaumen, Stachelbeeren, Wein-	reben, Himbeeren und Johannisbeeren mit Teerölbrühe besprühen.	Ein Sprühprogramm beginnen, um Obstschädlinge und Krankheiten unter Kontrolle zu behalten • Rosen nach dem Schnitt	gegen Sternrußtau sprühen • Kirschen, Pfirsiche und Mandelbäumchen gegen Pfirsichkräuselkrankheit sprühen.	

Einen winterlichen GARTEN GESTALTEN

Ob sich die Wetterlage nun ändert oder nicht, man verbringt heute mehr Zeit im Freien und genießt den Garten. Da immer mehr Menschen in klimatisierten Büros einer sitzenden Tätigkeit nachgehen, wird wahrscheinlich das Verlangen immer größer werden, sich der Natur zuzuwenden. Dies wird seinerseits nicht nur den Gartentyp beeinflussen, den wir wählen, sondern auch die Menge der Zeit, die wir darin verbringen.

In den letzten Jahren ist die Gartengestaltung ebenso von der Mode abhängig geworden wie z. B. die Gestaltung von Textilien und Innenräumen. Das geht so weit, dass bei führenden Gartenshows die am meisten beachteten Ausstellungen von Mode- statt Gartengestaltern eingereicht wurden. Pflanzen und Farben kommen für eine Weile in Mode, nur um zu Gunsten neuer Trends und Stile wieder verworfen zu werden. Das mag bei unbelebten Gegenständen in einem Haus funktionieren, doch ein Garten ist ein lebendiger, sich entwickelnder Ort, der einen längerfristigen Plan verdient. Er sollte entsprechend Ihren persönlichen Bedürfnissen und Ihrem Lebensstil gestaltet werden, denn Sie sind der Mensch, der mit ihm leben wird.

Nicht alle Trends sind kurzlebig; Gartenbeleuchtung zum Beispiel ist bei vielen Gärtnern beliebt geworden, und obwohl sie ursprünglich dazu gedacht war, an einem Sommerabend im Garten Atmosphäre zu schaffen, machen Leuchtkörper im Garten auch im Winter viel aus, wenn das Wetter diktiert, dass wir im Haus sitzen und hinausschauen. Sie setzen frostbedeckten Pflanzen und Rasenflächen ein zusätzliches Funkeln auf oder greifen die Umrisse der blattlosen Äste eines Baumes heraus. Leuchtkörper sind auch von Nutzen, wenn man nachtaktive Wildtiere beim Fressen beobachten möchte, besonders scheue Besucher wie Füchse oder Dachse. Auch praktische Einsatzgebiete gibt es für Gartenbeleuchtung: Niedrige Leuchtkörper können als Markierung an Gartenwegen entlang verwendet werden und gut positionierte Punktleuchten können nach unten gerichtet werden, um aus Sicherheitsgründen Stufen zu erhellen.

Das Schöne an Überlegungen dieser Art bei der Planung eines winterlichen Gartens ist, dass die Nutzung des Gartens sogleich über die Grenzen der Tageslichtstunden hinaus ausgedehnt wird. Denken Sie daran, dass der Garten niemals zweimal genau gleich aussehen wird. Er ist eine lebendige, sich entwickelnde Einheit, in der Blüten und Blätter kommen und gehen.

RECHTS *Die kalten frostigen Morgenstunden des Winters heben Pflanzen und Gartenmerkmale heraus, die zu anderen Zeiten des Jahres unbemerkt bleiben.*

Planung und Gestaltung *Bei der Planung eines beliebigen Gartentyps, nicht nur des winterlichen Gartens, ist es ratsam, einige grundlegende Richtlinien zu befolgen. Das erleichtert nicht nur die Gestaltung und Umsetzung von Veränderungen, sondern hilft auch, später Enttäuschungen zu vermeiden, wenn es viel schwieriger sein wird, den Kurs zu ändern.*

Nehmen Sie sich Zeit, Ihre Bedürfnisse einzuschätzen und genau zu bestimmen, warum der Garten oder ein Teil davon erschlossen wird. Vielleicht gibt es einen einzigen Grund, zum Beispiel um winterlichen Reiz zu bieten, Wildtiere anzuziehen oder künftige Pflegemaßnahmen zu reduzieren. Jedoch ist es am wahrscheinlichsten, dass Sie gleichzeitig eine ganzjährige Reizwirkung und verschiedene Funktionen in die Gestaltung einbringen wollen.

Listen Sie schriftlich auf, was Sie genau von Ihrem Garten erwarten, damit Sie eine klare Vorstellung davon haben, wie Sie den Garten nutzen wollen. Dies ist zum Beispiel wichtig, wenn Sie den Garten über mehrere Jahre hinweg statt mit einem Mal erschließen wollen. Alles aufzuschreiben ist auch eine gute Möglichkeit, an einem Thema zu bleiben und sicherzustellen, dass Ihre guten Ideen nicht verloren gehen oder, noch schlimmer, dass Sie sich dann daran erinnern, wenn es zu spät ist, sie umzusetzen, weil kein Platz mehr da ist. Achten Sie auf alles, was in die Gartenfläche einbezogen werden muss, wie zum Beispiel ein Wäscheplatz, und wie Sie Zugang dazu haben

UNTEN *Pflanzen und Gartenschmuck können als Blickpunkte eingesetzt werden, um das Auge auf vorbestimmte Stellen im Garten zu lenken. Ziel ist es, den Betrachter weiter in den Garten hineinzuziehen.*

OBEN *Installiert man einen Mähstreifen um die Rasenkante, so trägt dies sowohl dazu bei, die Gartenpflegearbeiten zu reduzieren als auch den Grasschnitt leichter und schneller zu gestalten.*

UNTEN RECHTS *Die Verwendung einer Reihe von Pflanzen mit unterschiedlichen Umrissen und Formen erfreut nicht nur das Auge, sondern verleiht auch einen Reiz, der in jeder Jahreszeit wertvoll ist.*

UNTEN *Eine Mulchschicht ist nützlich, um ein einfaches Sickerschlauch-Bewässerungssystem in Rabatten zu verbergen.*

werden. Die allergrößte Herausforderung ist vielleicht, zu versuchen einen Garten zu schaffen, der ganzjährig interessant ist, so dass mindestens eine (und vorzugsweise mehrere) Pflanze an jedem Tag des Jahres Blüten oder irgendeine andere Form jahreszeitlichen Reizes zeigt.

Planen zur Einsparung von Zeit und Arbeit Bei der Neugestaltung eines Gartens vorauszuplanen kann helfen, die Zeit zu verkürzen, die man im fertigen Garten für all die verzwickten kleinen Arbeiten braucht, die für gewöhnlich ewig dauern und normalerweise solche langweiligen Pflegearbeiten sind, zu denen wir keine Lust haben.

Ein Mähstreifen aus Ziegeln (oder schmalen Wegplatten) rund um die Rasengrenze erspart über das gesamte Gartenjahr Tage, da dadurch keine Notwendigkeit mehr besteht, die Rasenkante drei- bis viermal im Jahr mit einem Halbmond-Kantenstecher in Form zu halten und nach dem Mähen die Ränder mit einer langstieligen Kantenschere sauber zu schneiden. Außerdem wird verhindert, dass die Rasenkante abrasiert wird, wenn der Mäher in die Rabatte abkippt. Achten Sie darauf, dass kein Teil des Rasens oder eines Grasweges schmaler ist als die Schnittbreite Ihres Rasenmähers.

Planen Sie ein, vor Fertigstellung einer Rabatte Sickerschläuche zwischen den Pflanzen zu verlegen und diese dann unter dickem Mulch zu verstecken. Dies gibt ein einfaches eingebautes Bewässerungssystem ab, das nur am Hahn angestellt werden muss, aber Wasserverlust durch Verdunstung verhindert, da der Mulch das Wasser zurückhält. Eine Mulchschicht von mindestens 7 – 10 cm Dicke trägt auch zur Kontrolle des Unkrauts bei, da sie verhindert, dass das Tageslicht die Unkrautsamen erreicht und sie dadurch am Keimen hindert. Wenn an einer Wand oder einem Zaun ein Spalier angebracht wird, so kann es mit Scharnieren versehen werden, damit es frei schwingen kann, wenn Mauer oder Zaun gestrichen oder repariert werden müssen.

Gestaltungsprinzipien

Bei der Gestaltung eines Gartens oder eines Teils eines Gartens ist es wichtig, an die folgenden Punkte bezüglich Maßstab, Struktur und Farbe zu denken. Die Elemente in einem Garten müssen alle zusammenpassen, nichts darf dominieren und vom Gesamtzweck und der Harmonie des Gartens ablenken.

Massstab, Einheitlichkeit und Grössenverhältnisse

Die Komponenten jedes Entwurfs (Pflanzen, Landschaftsgestaltung und Strukturen) sollten in Bezug auf Höhe, Breite und Länge im Einklang miteinander stehen, so dass sie optisch zusammenpassen. Alle verwendeten Materialien sollten in Beziehung zum Platz und seiner Umgebung stehen.

Es kann schwierig sein, die Endergebnisse des Entwurfes schon im Frühstadium vorauszusehen, da es eine Verschiebung gibt zwischen dem Zeitpunkt des Setzens junger Pflanzen und dem Zeitpunkt, da sie angewachsen und groß genug sind, um den Größenverhältnissen des übrigen Gartens zu entsprechen. Eine Lösung kann sein, ein paar große Exemplare zwischen die kleineren zu setzen. Versuchen Sie nicht zu viele unterschiedliche Pflanzen zu verwenden, weil dadurch der Garten unausgeglichen wirken kann.

Stellen Sie Einheitlichkeit her, indem Sie eine Reihe ähnlicher Pflanzen auswählen, wie Schatten liebende Pflanzen oder Waldpflanzen, um im Garten Atmosphäre zu schaffen, oder indem Sie einen Weg oder eine Rasenfläche hindurchgehen und die einzelnen Elemente eines Gartens miteinander verbinden lassen. Das Gleichgewicht kann aufrecht erhalten werden, indem man dafür sorgt, dass jede bepflanzte oder strukturierte Fläche eine entsprechend gleiche offene Gras- oder Kiesfläche hat. Abdeckung mit Bohlen kann Einheitlichkeit erzeugen, wenn sie im passenden Zusammenhang eingesetzt wird; jedoch kann sie auch dominant werden, wenn sie eine zu große Fläche bedeckt.

OBEN *Eine Schicht Raureif verleiht Pflanzen mit Formschnitt eine neue Dimension. Diese Pflanzen bieten kleinen Vögeln Winterschutz.*

UNTEN LINKS *Die Auswahl von Pflanzen mit unterschiedlichen Blattformen und Texturen für gemischte Rabatten kann ein nützliches Verfahren sein, um einen Garten interessant zu machen, selbst wenn es an Blumen mangelt.*

UNTEN *Harte Materialien wie Töpfe oder Kies können eingesetzt werden, um Pflanzen zu ergänzen. Diese Urne ist ebenso Bezugspunkt wie nützliches Gefäß.*

Struktur und Farbe Eine ausgewogene Struktur kann die Wiederholung bestimmter Grundformen (Kreise oder Bögen) erfordern oder ein Thema, wie zum Beispiel Gras, Beplankung oder befestigte Wege. Legen Sie einen dominierenden Stil fest, entweder formal und geometrisch oder unregelmäßig und kurvenreich – dies kann durch die Lage des Gartens und durch umstehende Gebäude vorbestimmt sein. Einmal gewählt, sollte das Thema sich durch die gesamte Gestaltung ziehen.

Verwenden Sie Farbe, um ein Thema oder eine Art der Wahrnehmung innerhalb des Gartens zu entwickeln. Warme Farben schaffen ein Gefühl der Wärme in einem frostigen, nach Norden zu liegenden Gebiet und verkürzen Entfernungen, wodurch ein Gefühl der Nähe entsteht. Kalte Farben lassen einen Abstand nach hinten rücken und den Garten länger aussehen, als er eigentlich ist.

Die Gartenmode beeinflusst Farbschemata. Wenn Sie einen bestimmten Trend mögen, wählen Sie Farben auf Wasserbasis und kurzlebige Pflanzen, wie Beetpflanzen, für Ihr Farbschema, da man diese ändern kann, wenn sich die Mode ändert. Wenn man Bäume, Sträucher und Gartenbauten ändern muss, um den Launen der Mode zu folgen, so kann dies sowohl kosten- als auch zeitaufwendig werden.

Lassen Sie sich nicht von der Aussicht abschrecken, alle Gestaltungselemente in den Garten einpassen zu müssen, denn dies ist eigentlich eine leichte Aufgabe, wenn Sie einmal damit beginnen, die Hauptmerkmale auf einem Blatt Papier zu skizzieren.

OBEN *Um die beste Wirkung für Pflanzen mit farbigen Stängeln zu erzielen, platzieren Sie sie vor einem dunklen Hintergrund, wie diese Koniferen.*

UNTEN *In Form geschnittene Koniferen mit einer dünnen Schneedecke bilden geisterhafte Formen, wenn sie von einer schwachen Wintersonne beleuchtet werden.*

Entwurf und Vermessung

Um mit der ernsthaften Planung zu beginnen, muss der Garten ausgemessen werden, um seine Größe und Gesamtfläche zu ermitteln, und die Messergebnisse müssen aufgezeichnet werden. Vielleicht möchten Sie auch in regelmäßigen Abständen (zum Beispiel aller 3 m) Markierungspflöcke in den Boden schlagen, um einen leichten optischen Bezug zu schaffen. Oft geht das Messen leichter, wenn zwei Personen beteiligt sind – obwohl es nicht schwer ist, das Maßband zu verschieben, ist es doch leichter auszuführen, wenn an beiden Enden jemand steht.

Genaues Messen Bevor man den Entwurf einer neuen Fläche plant, müssen die Grenzen gemessen und aufgezeichnet werden, damit man sie auf dem Papier einzeichnen kann. Notieren Sie auch größere Höhenunterschiede, besonders wenn Sie einen Höhenausgleich oder Stufen einplanen müssen. Notieren Sie die Lage vorhandener Strukturen und Elemente, die bleiben sollen. Diese Planung ist für alle Gärten wichtig, besonders aber für solche, in denen die Entwicklung einzelner Areale Jahre dauern kann. Sie wird in Zukunft als Bezugspunkt dienen, wenn weitere Arbeiten unternommen werden und hilft Pflanzen zu bestimmen, wenn deren Beschilderung verloren gegangen ist.

Geradliniges Messen in regelmäßigen Umrissen wie Kreisen, Quadraten, Rechtecken und Dreiecken oder von einem Punkt zum anderen ist relativ leicht,

UNTEN *Wenn Sie einen Garten planen, versuchen Sie sich vorzustellen, wie groß die Pflanzen werden, wenn sie erwachsen sind. Gewähren Sie neuen Pflanzen viel Platz um später Überfüllung und übermäßigen Konkurrenzkampf zu vermeiden.*

GANZ OBEN UND UNTEN *Wenn Sie im Garten messen, markieren Sie immer an irgendeiner Stelle einen rechten Winkel, damit Sie gerade Linien und genaue Messergebnisse erhalten, und prüfen Sie stets in regelmäßigen Abständen noch einmal nach.*

RECHTS *Zeichnen Sie eine Planskizze von Ihrem Garten, um einen Eindruck von Größe und Maßstab zu erhalten, und markieren Sie vorhandene Elemente auf dem Plan, bevor Sie neue hinzufügen.*

aber was tun Sie, wenn Ihr Garten eine unregelmäßige Form hat (was bei den meisten Gärten der Fall ist)? Das ist keine so furchtbare Aufgabe, wie Sie vielleicht meinen, und die Lösung liegt meist in der Aufteilung des Areals in kleinere, besser zu bearbeitende Segmente, die dann einzeln ausgemessen werden.

Erste Schritte Während gemessen wird, verwenden Sie Markierungen, um die Position bestimmter Merkmale im Garten anzuzeigen. Wenn nur ein Abschnitt des Gartens verändert werden soll, kann man diesen mit Pflöcken markieren. Holzpflöcke lassen sich am leichtesten verwenden; ihre Enden sind in einer hellen Farbe gestrichen, so dass sie leicht ausgemacht werden können. Diese Pflöcke können eingeschlagen werden, um die Abmessungen von Elementen wie einer Terrasse oder dem Verlauf eines Weges anzuzeigen oder verschiedene Höhen zu markieren. Wenn man Pflöcke in unterschiedlichen Farben wählt, um verschiedene Elemente anzuzeigen, bedeutet das, dass jedes einzeln identifiziert werden kann, obwohl die Gefahr besteht, dass der Ort einer großen Dartscheibe gleicht, in der viele farbige Pfeile stecken. Gerade Verläufe oder Grenzen können mit Schnur markiert werden, möglichst in leuchtender Farbe, um zu verhindern, dass man aller paar Schritte darüber stolpert. Denken Sie daran, dass Ihr erster Plan nur eine Anleitung ist und möglicherweise leicht abgeändert werden muss, wenn die Ideen vom Papier auf den Boden übertragen werden, also bereiten Sie sich darauf vor, Flexibilität zu zeigen.

Eine einfache Planskizze verwenden Bringen Sie Ihre Ideen zu Papier, um zu sehen, was wohin passt und die einzelnen Elemente im Garten im Blick zu behalten. Halten Sie den Plan einfach – es besteht eigentlich keine Notwendigkeit, etwas anderes als einfache Formen und Symbole zu verwenden:

Höhenausgleich und Erdbewegungen

Das Ausgleichen von Höhenunterschieden kann so leicht oder so schwer sein, wie Sie es sich machen wollen. Für große Flächen kann man ein Sichtmessgerät samt Stativ mieten, aber für die meisten Gärten sind eine 1 m lange Wasserwaage, ein langes Holzstück mit geraden Kanten, Holzpflöcke und ein Stück Schnur mehr als ausreichend. Der Winter ist die beste Zeit um festzustellen, wo sich Wasser sammelt und um Dränagesysteme zu planen, und vorausgesetzt, dass der Boden nicht gefroren oder mit Wasser voll gesogen ist, ist es auch eine gute Zeit, die Arbeit auszuführen, denn viele Pflanzen, die versetzt werden müssen, werden Winterruhe halten (oder jedenfalls fast).

OBEN *Tragen Sie die Grasnarbe ab, bevor Sie umfangreichere Grabarbeiten oder einen Höhenausgleich durchführen. Die Grasnarbe kann wiederverwendet oder aufgeschichtet werden, damit sie zu Gartenkompost verrottet.*

UNTEN *Tragen Sie bei vorhandenem Rasen die Grasnarbe ab, bevor Sie die Erde darunter ebnen. Soden von guter Qualität können immer aufbewahrt und wiederverwendet werden. Cut-and-fill (Boden lösen und einbauen) ist eine Methode, bei der man Erde von den Unebenheiten abträgt, um damit die Senken auszufüllen und ein Landstück zu ebnen. Tragen Sie zuerst den Mutterboden ab und bringen Sie ihn auf die geebnete Fläche wieder auf.*

HÖHEN FESTLEGEN Am leichtesten legt man die Höhe eines vorbestimmten Areals fest, indem man einen Holzpflock auf der richtigen Höhe einschlägt, zum Beispiel nahe an der Wand eines Hauses oder an einem Weg, der in der neuen Gestaltung bestehen bleiben soll. Nehmen Sie diesen als Hauptbezugspunkt (Höhenmarke) und verwenden Sie eine Wasserwaage, um Messungen von diesem Punkt aus vorzunehmen. Anstatt zu viele Holzpflöcke zu verwenden, kann man ein langes (mindestens 2 m) Holzbrett mit geraden Kanten verwenden, um über größere Entfernungen zu messen. Folgen Sie der natürlichen Lage des Landes und streben Sie lieber an, bestehende Höhen auszugleichen, als das Grundstück zu ändern, da dies nahe gelegene Fundamente untergraben und den natürlichen Wasserablauf des Gebietes stören kann.

An steil abfallenden Stellen werden längere Holzpflöcke benötigt, um eine Höhenmessung den Hang hinunter vorzunehmen. Die Verwendung straff gespannter Schnur von Pflock zu Pflock hilft, die Höhenveränderungen über dem unebenen Boden anzuzeigen. Dies kann hilfreich sein, wenn Erde von den oberen zu den unteren Abschnitten des Gartens bewegt werden muss.

Die gewünschte Höhe festlegen

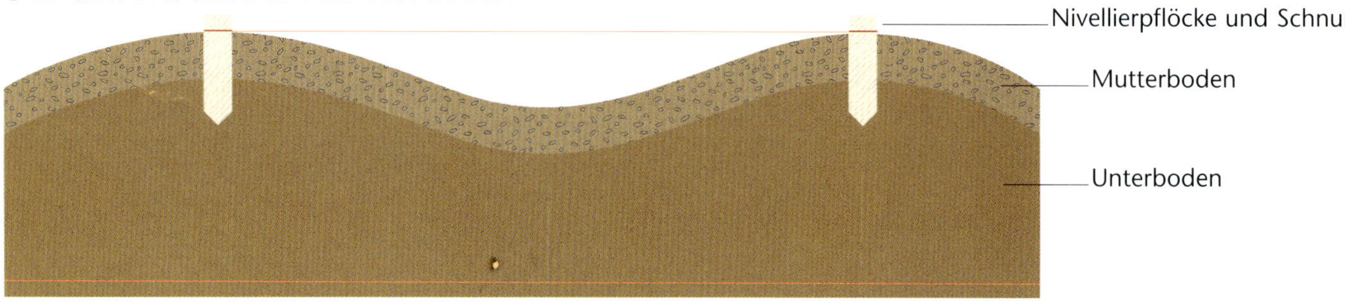

Der geebnete Boden

OBEN *Eine Reihe qualitativ hochwertiger und gepflegter Geräte sind wichtiger Bestandteil des Rüstzeugs eines Gärtners. Größe und Form hängen von persönlicher Vorliebe ab.*

ERDBEWEGUNG Sanfte oder wellige Abhänge können geebnet werden, indem man eine Technik anwendet, die man Cut-and-fill nennt und bei der die Erde von den hohen Punkten abgetragen und zum Füllen der niedrigen Punkte verwendet wird, um eine einigermaßen ebene Fläche zu schaffen. Wenn der Hang steil abfällt, ist Cut-and-fill unpraktisch; stattdessen kann man den Garten in Abschnitte aufteilen und Zwischenebenen oder Terrassen schaffen, um den Höhenabfall stückweise zu meistern.

Wenn große Mengen Erde bewegt werden sollen, tragen Sie den Mutterboden (die oberen 20–25 cm) ab und häufen Sie ihn an einer Seite auf. Mutterboden ist der beste Boden für das Pflanzenwachstum und sollte daher nicht verschwendet werden. Ebnen und befestigen Sie den Unterboden, bevor Sie den Mutterboden wieder aufbringen. Es ist besonders wichtig, den Mutterboden nicht höher als etwa 40–45 cm aufzuschichten, weil ansonsten die tieferen Schichten ihre Fruchtbarkeit verlieren, da aus Mangel an Sauerstoff Würmer und nutzbringende Bakterien sterben. Wenn ferner der Mutterboden beim Anhäufen verdichtet wird, wird die Luft herausgedrückt, was zum selben Ergebnis führt. Nur wenige Gartenelemente oder Strukturen müssen einen absolut ebenen Untergrund haben, und Terrassen und Wege profitieren von einer leichten Neigung (auch „Gefälle“), die das Ablaufen von Oberflächenwasser ermöglicht.

DRÄNAGE Während des Prozesses der Erdbewegung ist es ratsam den Boden zu untersuchen, um herauszufinden, wie schnell oder langsam er abtrocknet. Dazu hebt man aller 100 qm Sichtlöcher aus. Diese sollten ein bis zwei Spaten breit und bis zu zwei Spaten tief sein, um festzustellen, wo der Grundwasserspiegel steht (nämlich wie viel Wasser sich im Loch sammelt).

Das ist von Bedeutung, wenn Höhen beträchtlich verändert werden sollen oder harte Oberflächen wie gepflasterte Terrassen angelegt werden sollen. Es kann notwendig sein, ein einfaches Dränagesystem einzurichten und ein Sickerloch zu bauen, um die Bodenentwässerung zu verbessern. Dies ist ein großes Loch, das am tiefsten Punkt des Gartens gegraben und mit Schotter gefüllt wird, damit sich Wasser darin sammelt, um nach und nach zu versickern.

UNTEN, VON LINKS NACH RECHTS *Die Verbesserung der Bodendränage ist eine der ersten Aufgaben, die beim Anlegen eines neuen Gartens in Angriff zu nehmen sind. Gerade, gut ausgehobene Gräben mit senkrecht abfallenden Wänden sind notwendig für die Schaffung hochwertiger Dränagen. Verwenden Sie eine Gartenschnur als Führung, um die Gräben gerade zu ziehen.*

Was behalten und was herausnehmen

Immer wenn eine neue Gestaltung für einen Garten geplant wird, ist die Versuchung groß, alles herauszureißen, das Grundstück auszuräumen und ganz von vorn zu beginnen. Wie verlockend dieser Ansatz auch ist, so ist er doch eine Verschwendung von Pflanzen, Ressourcen, Zeit und Geld, und wenn radikale Veränderungen nicht absolut notwendig sind, sollte man dies am besten vermeiden.

Bestandsaufnahme Es ist erstaunlich, wie viele der bestehenden Elemente umherbewegt und verwandelt werden können. Pflanzen, die in einer Ecke nicht wirken, können gut aussehen, wenn man sie an eine andere Stelle des Gartens verpflanzt. In einem bereits angelegten Garten ist es sinnvoll, sich die darin vorhandenen Pflanzen und Elemente daraufhin näher anzusehen, was sich zu behalten lohnt. Wenn möglich, beobachten Sie die Entwicklung der Pflanzen während der verschiedenen Jahreszeiten. Das ist zeitaufwendig, besonders wenn Sie es eilig haben, dem Ort Ihren eigenen Stempel aufzudrücken, aber langfristig wird es sich lohnen. Kaufen Sie in der Zwischenzeit Pflanzenschilder und einen Marker, um solche Pflanzen zu bestimmen und zu beschildern, die es sich zu behalten lohnt. Zu diesem Zeitpunkt sind Pflanzennamen nicht so wichtig wie das Aufzeichnen der Blütenfarbe und Blütezeit, was später beim Planen und Arrangieren der Pflanzen helfen kann, wenn

OBEN *Indem man einige der bestehenden Gartenelemente beibehält, ist es möglich, dem neuen Garten einen Eindruck von Reife zu verleihen.*

UNTEN *Lässt man einige ausgewählte ältere Pflanzen stehen, so bietet man dadurch in der Nähe gepflanzten Neuansiedlungen Deckung und Schutz.*

Veränderungen eingeführt werden. Arbeiten Sie Prioritäten und Vorlieben heraus und teilen Sie Pflanzen und Elemente ein nach „unbedingt behalten", „gern behalten" und „muss weg". Einige Einträge in der Kategorie „gern behalten" können sich auf solche Dinge beziehen, die durch Umgestaltung oder Veränderung verbessert werden können, wie zum Beispiel eine Terrasse mit abgenutzter Oberfläche, die als Grundlage für einen hübschen neuen Holzboden verwendet werden kann, oder von der man die Oberfläche abtragen und das Fundament wieder für eine neue Befestigung verwenden kann. Jedes Bauwerk, das abgetragen oder abgerissen werden soll, kann recycelt werden – alte Ziegel und Bodenplatten können zum Bau neuer Wege oder Fundamente verwendet werden. Ausrangiertes Bauholz gibt eine gute Verschalung beim Betonieren von Wegen ab oder dient als Basis für einen Schuppen oder ein Gewächshaus, und kleine Stücke ergeben Holzpflöcke zum Markieren oder Abstecken von Höhen.

OBEN *Baumaterialien retten und wiederverwenden kann sowohl produktiv als auch kostengünstig sein. Hier ein Gartenweg, den man durch die Verwendung recycelter Ziegel ein altes Aussehen verleiht.*

Was kann man behalten? Wenn man einige der vorhandenen Pflanzen wieder ansiedelt, kann man einen Rahmen schaffen, der dazu beiträgt, dass der neue Garten schnell gewachsen erscheint. Dieser Ansatz ist auch kostengünstig, da große, ausgewachsene Pflanzen teuer sind. Es ist sogar möglich, diese älteren Pflanzen kurzzeitig als „Füller" zu verwenden, um neu angesiedelte Pflanzen zu schützen. Wenn die neuen Pflanzen anwachsen, können die älteren Pflanzen nach Bedarf entfernt werden – dies kann bis zu fünf Jahre nach der Umgestaltung des Gartens dauern, aber die Deckung, die sie geben, hilft neuen Pflanzen oft, schneller anzuwachsen.

Pflanzen, die für eine Umsetzung zu groß sind oder zu alt, als dass es sich lohnen würde, sie zu behalten, können vermehrt werden (durch Stecklinge oder Absenker), um kleinere, kräftigere Versionen des Originals zu erhalten, oder indem man sie für die Kompostierung schreddert. Pflanzen wie Staudengewächse können geteilt werden, um zahlreiche neue Pflanzen hervorzubringen. Die Vermehrung Ihrer eigenen Pflanzen lässt auch Ihr Budget weiter reichen, um den neuen Garten zu füllen.

LINKS *Baumstämme und Bauholz kann man aufheben und nochmals verwenden, da sie ideale Rabattenbegrenzungen abgeben oder natürlich aussehende Waldstufen in einem Garten, der mehrere Ebenen hat.*

Gartenstile *Wenn Sie beginnen, über eine neue Gestaltung Ihres Gartens nachzudenken, schauen Sie sich gut in anderen Gärten in der Umgebung um und in großen Gärten, die der Allgemeinheit offen stehen. Die örtlichen Gegebenheiten bestimmen die Auswahl der Pflanzen, die Sie erfolgreich ziehen können, aber der Stil, in dem Sie sie pflanzen, wird ganz und gar Ihr eigener sein. Je größer die Auswahl der Möglichkeiten, die Sie besichtigen, bevor Sie Ihr eigenes Projekt beginnen, desto wahrscheinlicher ist es, dass Sie einen Garten hervorbringen, mit dem Sie zufrieden sind.*

OBEN *Die halb versteckte Steinlaterne und die stark gestutzten Formbäume geben diesem Bereich des Gartens eine friedliche, beinahe japanisch wirkende Atmosphäre.*

Wenn Sie sich entschließen, ein bestimmtes Thema zu verfolgen, zum Beispiel einen Japanischen Garten anzulegen, dann ist es wichtig, dabei zu bleiben. Die Wirkung wird verdorben, wenn Sie einem Impulskauf in der Pflanzschule nachgeben; für den eifrigen Gärtner kann das gewaltige Willenskraft erfordern. In dieser Beziehung gehört ein Bauerngarten zu den leichtesten Stilen, die man wählen kann, denn dieser soll geradezu aus einer Pflanzenmischung bestehen, sowohl mit Zierpflanzen, als auch mit Obst und Gemüse.

Die Größe Ihres Gartens mag den gewählten Stil kaum beeinflussen, aber wenn er klein ist, müssen Sie möglicherweise die Gestaltungselemente verkleinern, damit sie hineinpassen. Teiche können in jeder beliebigen Form und Größe angelegt werden, von ausladend und dramatisch bis winzig und zart. Die meisten guten Pflanzschulen und Gartenzentren haben in ihrem Angebot Pflanzen für jede Gelegenheit, von kleinen Hochgebirgspflanzen bis hin zu hoch wachsenden Sträuchern und Bäumen.

Innerhalb der Gestaltung wird es Raum für die Verwendung unterschiedlicher Oberflächen geben, und ein wenig Abwechslung kann eine Gestaltung häufig bereichern. Freie Räume zwischen Flächen mit festen Belägen können mit Kieseln oder Kopfstein ausgefüllt werden (lose oder befestigt), über einen Weg kann man in Abständen Holz legen, und Wege und Terrassen können

OBEN *Sorgfältige Planung und die Überlegung, eine Auswahl an immergrünen Pflanzen einzuplanen, kann die Struktur Ihres Gartens bereichern, wenn der Herbst in den Winter übergeht.*

LINKS *Man sieht hier die stolzen, symmetrischen Formen und festen Linien eines mit Reif überzogenen formalen Gartens am frühen Morgen durch den Winterdunst auftauchen.*

mit einer Rollschicht aus Ziegeln in gleicher oder kontrastierender Farbe abgeschrägt werden. Aus Sicherheitsgründen ist jedoch nicht jede Oberflächenart für jeden Bereich geeignet. Durch losen Schotter in einer Sitzecke wird zum Beispiel das Mobiliar instabil; achten Sie also darauf, dass Sie diese Faktoren in Ihren ersten Entwurf mit einbeziehen.

Landschaftsbauliche Anlagen strukturieren den Garten, aber das tun auch bestimmte Pflanzen, und das wird besonders während des Winters wichtig. Immergrüne Pflanzen mischen sich im Sommer in den Hintergrund, wenn es andere, farbenfrohere Pflanzen gibt, doch im Winter, wenn diese kurzlebigen Glanzstücke abgestorben sind, werden Form, Textur und Farbe des Immergrüns zu einem Anziehungspunkt inmitten der grauen Färbung. Dies wird um so deutlicher, wenn das Immergrün eine ausgeprägte Form hat wie ein in Form geschnittener Buchsbaum oder Stechpalme. Ebenso zieht ein gut platziertes Schmuckelement das Auge auf sich, sei es nun eine Statue, eine japanische Laterne oder ein dekorativer Bambuszaun.

Duft im Garten wird normalerweise nicht mit dem Winter in Verbindung gebracht, da wir so wenig Zeit draußen verbringen. Es ist eine nette Überraschung, wenn man an einem milden Tag ein Fenster öffnet und merkt, dass der Windhauch einen süßen Duft trägt. Es gibt viele Pflanzen, die im Winter blühen und einen äußerst wohlriechenden Duft haben, und wenn man sie in die Nähe von Fenstern, Türen und Wegen pflanzt, sind sie ideal platziert, um höchsten Genuss zu verbreiten.

Winterernte

Mit nur wenigen Ausnahmen wie Artischocken und Spargel sind Gemüse tendenziell eher Kurzzeitpflanzen, denn die meisten werden geerntet, bevor sie die Reife erreichen. Um dieses schnelle Wachstum zu erreichen, ist für Gemüse ein warmer, heller, windgeschützter Standort, der eine gute Luftzirkulation hat, ideal. Die Luftbewegung ist besonders wichtig, um das Auftreten von Schädlingen und Krankheiten zu reduzieren.

Um optimales Wachstum zu erreichen ist ein leicht abschüssiger Standort nach Süden zu ein idealer Standort für Gemüse, die im Winter im Freien wachsen. Das Arbeiten an sehr steilen Hängen kann schwierig sein; die Lösung besteht darin, quer über den Hang zu pflanzen, statt nach unten zu. Dies ist für den Gärtner leichter und vermindert auch das Risiko der Bodenerosion in Perioden mit schweren Regenfällen, da der Boden weniger Gefahr läuft, den Hang hinunter gespült zu werden.

Wenn der Platz begrenzt ist, kann man ein Beetsystem zum Gemüseanbau anlegen. Das ist ein mehrreihiges System, bei dem mehrere Pflanzenreihen in einem Beet eng beieinander stehen. Die Beete sind durch Wege voneinander getrennt, wodurch mehr Pflanzen pro Quadratmeter angebaut werden können. Nutzt man dies an einem abschüssigen Standort, so kann die untere Seite eines Beetes angehoben werden, um einen Terrasseneffekt zu erzielen, wodurch der Hang leichter zu bewirtschaften ist und gewöhnlich besseres Gemüse hervorbringt.

Es gibt eine Anzahl winterharter Gemüse, die gern um diese Zeit des Jahres angebaut werden, wie Rosenkohl, Grünkohl, Winterblumenkohl, Porree, Winterspinat, Kopfkohl und Pastinaken – die man alle als Winterfrüchte bezeichnet. Es gibt auch einige exotischer anmutende Gemüsearten, die im Winter frisch zu haben sind. Bestimmte Sorten Artischocken, Chinesischer Brokkoli, Chinakohl (Pak-choi), Knollensellerie, Roter Schikoree, Bocksbart und Schwarzwurzel können alle in einem durchschnittlichen Gemüsegarten angebaut werden. Zusätzlich gibt es noch die Gemüse, die für den Verbrauch im Winter geerntet und gelagert wurden, darunter Rote Bete, Knoblauch, Kohlrüben, Möhren, Zwiebeln, Weiße Rüben und die unauffälligen Kartoffeln. Auf diese Weise aufgelistet erscheint der winterliche Gemüsegarten alles andere als begrenzt.

RECHTS *Einige Sorten Blumenkohl und Kopfkohl wachsen während des rauen Winterwetters, bevor sie die Reife erreichen, so dass sie im Spätwinter oder zeitigen Frühjahr geerntet werden können.*

Planen und Pflanzen *Für viele Gärtner besteht die Herausforderung beim Gemüseanbau darin zu versuchen, über das ganze Jahr hinweg ein Nahrungsangebot zu produzieren, einschließlich der Wintermonate, wenn Gemüse im Handel am teuersten ist. Dies kann man durch sorgfältige Planung erreichen, um aus dem vorhandenen Platz den größten Nutzen zu ziehen. Man kann auch etwas Fläche für solche Gemüse reservieren, die während des Winters wachsen, aber zu anderen Zeiten des Jahres geerntet werden, wie Saubohnen, Knoblauch, Zwiebeln, Sellerie und Spargel.*

UNTEN *Erhöhte Beete sind eine ideale Methode, Gemüse auf schweren Böden anzubauen, und wenn zwischen den Beeten dauerhafte Wege bestehen, vermindert dies die Bodenverfestigung, besonders während einer nassen Vegetationsperiode.*

BEETSYSTEME In einem Beetsystem werden mehrere Pflanzenreihen eng nebeneinander angebaut, bevor sie durch einem Weg geteilt werden. Der Abstand zwischen den Reihen ist genauso groß wie der zwischen den Pflanzen (auch quadratische Ordnung genannt), und obwohl die Wege zwischen den Beeten etwas breiter sind als der Abstand zwischen den Reihen bei Reihenkultur, wachsen pro Quadratmeter insgesamt mehr Pflanzen wegen des geringeren Abstandes im mehrreihigen Beet.

Die Anordnung der Pflanzen mit gleichem Abstand zwischen den Pflanzen bedeutet, dass das Wachstum und die Form der Gemüse viel einheitlicher ist, und der Abstand kann auf Wunsch angepasst werden, wenn kleinere Gemüse erzeugt werden sollen. Gemüse wie Möhren, Blumenkohl und Kopfsalat bringen, wenn sie in diesem System angebaut werden, kleinere erwachsene Pflanzen für die Ernte hervor (aber häufig einen höheren Ertrag pro Quadratmeter) als Pflanzen, die in Reihenkultur angebaut werden, da die Konkurrenz zwischen den Pflanzen die endgültige Größe bestimmt.

Die Unkrautbekämpfung ist einfacher, da der geringe Abstand einen zu starken Konkurrenzdruck verursacht, als dass sich Unkraut ansiedeln könnte, und wenn die Gemüsepflanzen so groß werden, dass sie den Boden abdecken, trägt der Mangel an Licht dazu bei, das Keimen der Unkrautsamen zu verhindern. Die Bodenstruktur profitiert vom Beetsystem und wird in einem besseren Zustand erhalten, weil es insgesamt weniger Bodenverfestigung gibt, wenn die Wege weiter auseinander liegen. Idealerweise sollten die Beete nicht breiter als 2 m sein, damit die Mitte immer von einem der Wege aus erreicht werden kann.

ERHÖHTE BEETE Es kann mehrere Vorteile haben, einen Rahmen für Ihr Gemüse zu bauen, in dem das Bodenniveau höher angelegt wird als das des umliegenden Bodens. Auf schweren Böden, die unter Verfestigung leiden können, wenn sie in nassem Zustand bestellt werden, bedeutet dieses System, dass die Wurzeln dort gehalten werden, wo die Erde trockener ist, was bei Pflanzen, die im Winter langsam wachsen, die Gefahr der Wurzelfäule vermindern hilft. Normalerweise besteht die einzige Lösung dieses Problems darin, dass man auf Holzbrettern arbeitet, die auf den Boden gelegt werden (um die Belastung zu verteilen), was mit Unordnung und zeitlichem Aufwand verbunden ist. Indem man das Bodenniveau erhöht und die Dränage verbessert, ist es außerdem möglich, einen schweren Boden zeitiger im Frühjahr zu bestellen. Leichte, sandige Böden, denen es an Humus und Fruchtbarkeit mangelt, profitieren von der Reduzierung der Arbeiten, die in einem erhöhten Beet nötig sind und vom Einarbeiten großer Mengen organischer Substanz in den Boden.

Die Seiten des Beetes müssen etwa 30 cm über dem Erdboden liegen, so dass durch den Kapillareffekt Wasser aus dem unten liegenden Boden in das Beet aufgenommen werden kann. Sind die Beete zu hoch, so trocknet der Boden schnell aus, besonders an den Seiten, was die am nächsten stehenden Pflanzen belastet.

Tiefbeete Die Tiefbeetmethode für den Anbau beinhaltet Holländern (zwei Spatenstiche tiefes Umgraben) und das Einarbeiten großer Mengen Kompost und Mist, um eine tiefe Wurzelzone für die Pflanzen zu schaffen. Weitere Gaben organischer Substanzen werden in regelmäßigen Abständen beigebracht, aber es gibt keine weitere Bearbeitung. Das Tiefbeetsystem ist praktikabler, wenn das Beet erhöht ist. Dieses System ist bei Biogärtnern beliebt, da es die Bodenfruchtbarkeit erhöht und die Abhängigkeit von anorganischen (chemischen) Düngern verringert.

Anordnung der Pflanzen Traditionell wurde Gemüse eng stehend in Reihen angebaut, mit einem großen Abstand zwischen den Pflanzreihen (eine lineare Pflanzenanordnung). Der Nachteil dieser Anbaumethode ist, dass die Pflanzen sich wegen unregelmäßigem Konkurrenzdruck missgebildet entwickeln können und an zwei Seiten mehr Licht haben als an den anderen beiden. Alternativ kann man ein Block- oder Beetsystem anlegen, wo die

OBEN *Wurzelgemüse wie zum Beispiel Möhren brauchen einen in der Tiefe bearbeiteten Boden, damit ihre Wurzeln eindringen und große Frucht hervorbringen können.*

UNTEN *Tiefbeete für den Gemüseanbau sind eine ideale Möglichkeit, die Wurzeltiefe von Pflanzen ebenso wie die Bodenfruchtbarkeit zu verbessern und die Bodenstruktur zu erhalten.*

Pflanzen zueinander im selben Abstand stehen (eine quadratische Pflanzordnung). Gleichmäßiger Konkurrenzdruck von allen Seiten bedeutet, dass die Pflanze zu einer viel regelmäßigeren Form heranwachsen wird. Die Beete sollten etwa 1,5 – 2 m breit sein, so dass die Mitte des Beetes von den Wegen auf jeder Seite erreicht werden kann. Mehrere Pflanzreihen werden in engem Abstand zueinander angelegt, wobei der Abstand zwischen den Reihen dem zwischen den Pflanzen entspricht. Zwischen den Beeten sind die Wege etwas breiter als die in der Reihenkultur, gewöhnlich 60 – 75 cm, aber wegen der dichteren Pflanzabstände werden pro Quadratmeter mehr Pflanzen angebaut.

Ein Nachteil dieses Systems ist, dass die äußeren Reihen des Gemüsebeetes häufig Pflanzen hervorbringen, die größer sind als die in den inneren Reihen, wo der Konkurrenzdruck stärker ist. Das kann man jedoch ausgleichen, indem man die äußeren Reihen in etwas größerer Dichte als die inneren sät oder pflanzt. Die praktische Anwendung wechselnder Pflanzordnung und erhöhter Pflanzendichte pro Quadratmeter besteht darin, dass sie dem Gärtner ermöglicht, natürlichen Konkurrenzdruck als Mittel zur Festlegung der endgültigen Größe der Gemüse zu nutzen.

OBEN *Blattmangold ist ein winterhartes Gemüse, das immer beliebter wird. Mit seinen roten Blattstielen und glänzenden Blättern hat es im Gemüsegarten einen interessanten Schmuckwert.*

FRUCHTWECHSEL Der Fruchtwechsel ist ein System, bei dem mit einer gewissen Regelmäßigkeit über mehrere Jahre hinweg Gemüsekulturen von einem Ort zu einem anderen verschoben werden. Dies reduziert die Möglichkeit, dass sich Schädlinge und Krankheiten im Boden anreichern, die für eine Pflanze oder Pflanzengruppe spezifisch sind. Unterschiedliche Pflanzen entnehmen dem Boden Nährstoffe in unterschiedlichem Tempo, so dass ein Rotationsprinzip auch dazu beiträgt, die natürlichen Ressourcen des Bodens bestmöglich zu nutzen. Manche Pflanzen wie Erbsen und Bohnen, die sich Stickstoff aus der Umgebungsluft nutzbar machen und in ihren Wurzeln speichern können, tragen sogar zu den Reserven des Bodens bei. Unterschiedliche Pflanzen benötigen unterschiedliche Arten des Anbaus und der Bodenbearbeitung, so dass die Rotation hilft, die Bodenstruktur zu schützen.

UNTEN, VON LINKS NACH RECHTS *Einige Gemüsearten wie Wirsingkohl (links) sind sehr winterhart und in der Lage, extrem kalte Winter zu überstehen, andere dagegen überleben nur, wenn sie Schutz erhalten, zum Beispiel eine winterliche Schneedecke. Manche, wie Staudenkohl (Mitte) oder Brokkoli (rechts), brauchen eine Kälteperiode zur Verbesserung des Geschmacks.*

Weisen Sie jeder Rotationsgruppe ein Stück Land zu und stellen Sie einen Anbauzeitplan für alle Monate auf. Zum Beispiel werden Rosenkohl- und Porreepflanzen im zeitigen Frühjahr aus dem Boden genommen, danach kann die Aussaat von Erbsen, Möhren, Salat oder Gemüsezwiebeln erfolgen. Diese können aus unterschiedlichen Pflanzengruppen stammen, was bedeutet, dass der Wechsel von einer Fläche zur anderen ein schrittweiser Prozess ist und kein Umbruch in großem Maßstab zu einem vorbestimmten Termin. Dadurch bleibt das Land voll belegt und verleiht der Bestandsführung Kontinuität.

RECHTS *Das hier vorgeschlagene Anbaurotationssystem über vier Jahre ist eine ideale Methode für den Gemüseanbau, um abzusichern, dass aus der natürlichen Fruchtbarkeit des Bodens der größte Nutzen gezogen wird, und um die Konzentration von Schädlings- und Krankheitsproblemen zu mindern.*

Auf der Basis eines Vier-Jahres-Systems, von links nach rechts:

1. Jahr: ***Beet 1*** *Hülsenfrüchte: Saubohnen, Gartenbohnen, Erbsen, Feuerbohnen;* ***Beet 2*** *Lauch: Knollenzwiebeln, Knoblauch, Porree, Gemüsezwiebeln, Schalotten;* ***Beet 3*** *Wurzelgemüse und Sonstiges: Möhren, Sellerie, Paprika, Pastinaken, Kartoffeln, Tomaten;* ***Beet 4*** *Kohl: Grünkohl, Blumenkohl, Radies, Kohlrübe, Weiße Rübe.*

2. Jahr: ***Beet 1*** *Lauch: Knollenzwiebeln, Knoblauch, Porree, Gemüsezwiebeln, Schalotten;* ***Beet 2*** *Wurzelgemüse und Sonstiges: Möhren, Sellerie, Paprika, Pastinaken, Kartoffeln, Tomaten;* ***Beet 3*** *Kohl: Grünkohl, Blumenkohl, Radies, Kohlrübe, Weiße Rübe;* ***Beet 4*** *Hülsenfrüchte: Saubohnen, Gartenbohnen, Erbsen, Feuerbohnen.*

3. Jahr: ***Beet 1*** *Wurzelgemüse und Sonstiges: Möhren, Sellerie, Paprika, Pastinaken, Kartoffeln, Tomaten;* ***Beet 2*** *Kohl: Grünkohl, Blumenkohl, Radies, Kohlrübe, Weiße Rübe;* ***Beet 3*** *Hülsenfrüchte: Saubohnen, Gartenbohnen, Erbsen, Feuerbohnen;* ***Beet 4*** *Lauch: Knollenzwiebeln, Knoblauch, Porree, Gemüsezwiebeln, Schalotten.*

4. Jahr: ***Beet 1*** *Kohl: Grünkohl, Blumenkohl, Radies, Kohlrübe, Weiße Rübe;* ***Beet 2*** *Hülsenfrüchte: Saubohnen, Gartenbohnen, Erbsen, Feuerbohnen;* ***Beet 3*** *Lauch: Knollenzwiebeln, Knoblauch, Porree, Gemüsezwiebeln, Schalotten;* ***Beet 4*** *Wurzelgemüse und Sonstiges: Möhren, Sellerie, Paprika, Pastinaken, Kartoffeln, Tomaten.*

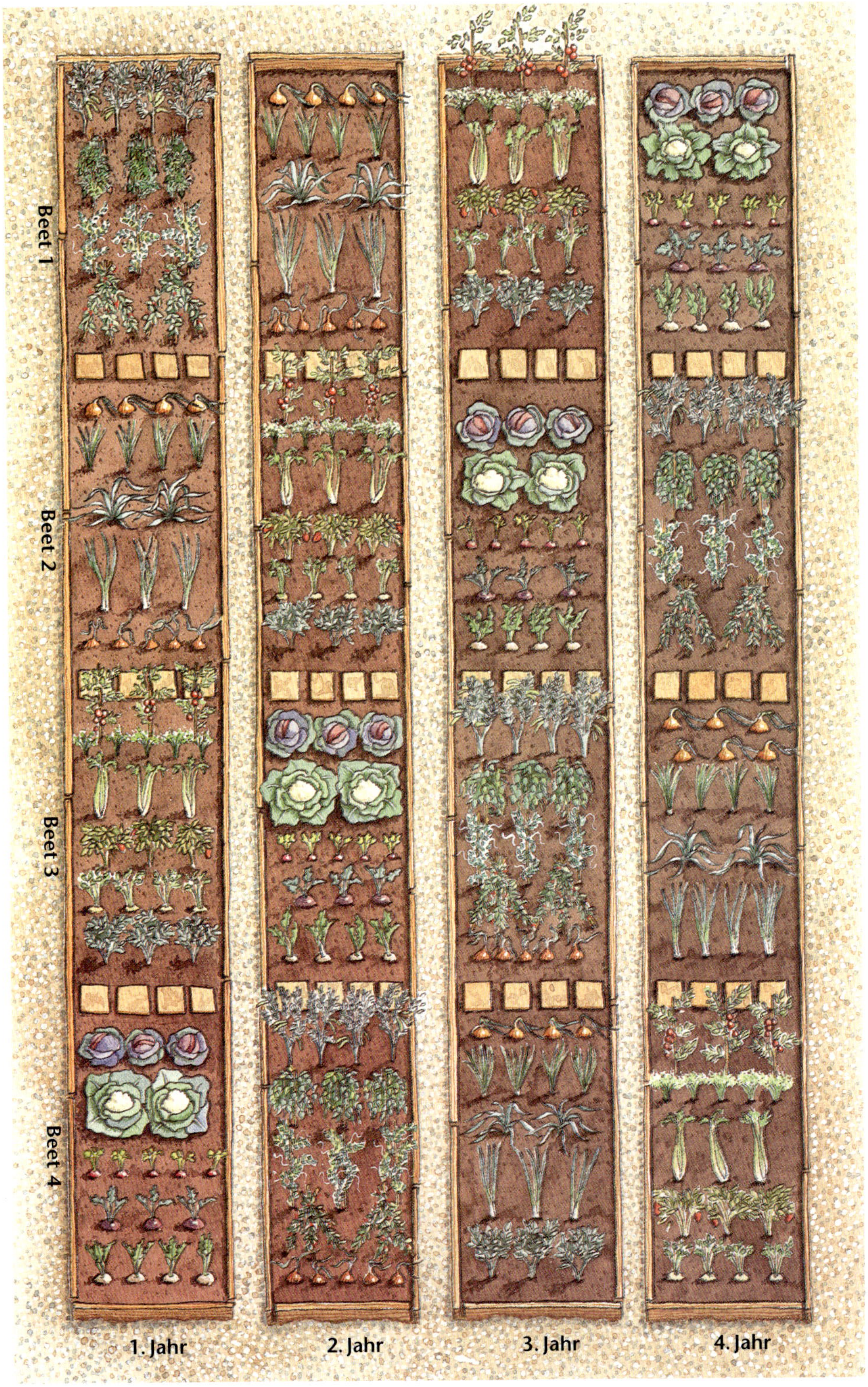

Winterkulturen

Sobald Pflanzen die Reife erreichen, beginnen sie abzusterben und schließlich zu verrotten, aber bevor sie diese letzte Phase erreichen, unterliegen sie einer Reihe von Veränderungen. Das ist wichtig bei einer Pflanze, die als Nahrungsquelle angebaut wird, da die Veränderungen ihre Textur, ihren Nährstoffgehalt und ihren Geschmack beeinflussen. Diese Veränderungen sind kritischer als sie es bei einer Zierpflanze wären. Das Hauptproblem beim Anbau von Gemüse im Winter (besonders Wurzelgemüse) ist, dass es einen hohen Feuchtigkeitsgehalt hat und leicht beschädigt wird, selbst wenn es noch in der Erde ist. Diese Beschädigung entsteht häufig durch das Tempo, mit dem das Gemüse nach einer Kaltwetterperiode auftaut.

ERNTEN Die beste Möglichkeit diesen Verfall zu verhindern ist, den Ertrag zu ernten, wenn er den Höhepunkt seiner Entwicklung erreicht hat, und ihn zu verzehren, so lange er noch frisch und voller Geschmack ist. Leider ist das nicht immer möglich. Wann und wie das Gemüse geerntet wird, kann starken Einfluss darauf haben, wie gut und wie lange es erfolgreich gelagert werden kann. Grobe Behandlung während der Ernte kann das äußere Gewebe der Pflanze beschädigen, was eine ganze Menge schädlicher Auswirkungen auf den Ertrag haben kann. Beschädigtes Gewebe gibt Energie schneller ab als gesundes, was den Alterungsprozess und den Verfall des Gemüses beschleunigt. Diese Stellen sind auch viel anfälliger für Infektionen und Fäule. Zum Beispiel muss man beim Ernten von Zwiebeln und Kartoffeln Vorsicht walten lassen, da beide leicht Druckstellen bekommen. Den Ertrag nach der Ernte so bald wie möglich in Innenräume zu bringen ist besonders wichtig,

OBEN *Gemüsepflanzen wie Weiße Rüben überdauern in einem milden Winter im Freiland, aber in kälteren Regionen ist die Lagerung eine weise Vorsichtsmaßnahme.*

UNTEN LINKS *Bei sehr kaltem Wetter dient eine lose Abdeckung mit weißem Faservlies als Wärmedecke, die wachsende Pflanzen vor einigen Frostgraden schützt, ohne das Licht abzuschirmen.*

UNTEN *Rosenkohl ist sehr winterfest und kann ab Mitte Herbst über den Winter bis zum Frühjahr ständig geerntet werden.*

damit das Gemüse nicht austrocknet. Eine der Hauptursachen für das Schlechtwerden während der Lagerung ist der Verlust von Flüssigkeit aus dem Pflanzengewebe. Manche Gemüse wie Rote Bete und Möhren trocknen sehr schnell aus.

LAGERUNG Wenn die Ernte nicht sofort verbraucht werden soll, ist es wichtig, diese Veränderungen durch sorgfältige Lagerung versuchen zu verlangsamen, um sie so annähernd in perfektem Zustand zu halten. Im Winter bedeuten die Wetterverhältnisse, dass das Gemüse dem Risiko der Beschädigung durch Frosttemperaturen oder kalte, feuchte Bodenverhältnisse ausgesetzt ist oder einer Mischung aus beiden. Wie lange das Gemüse gelagert werden kann, wird nicht nur von den Bedingungen im Lager selbst abhängen, sondern auch von der Gemüseart und Sorte.

FELDLAGERUNG Manche Wurzelgemüsearten wie Möhren und Pastinaken sind sehr winterhart und können im Boden „feldgelagert" werden, bis man sie braucht, obwohl das eigentlich nur in erhöhten Beeten oder Boden mit guter Dränage möglich ist. In schlecht durchlässigen oder nassen Böden würden diese Früchte durch Fäulnis hohe Verluste erleiden.

Bei extrem kaltem Wetter braucht „feldgelagertes" Gemüse zusätzlichen Schutz. Breiten Sie eine 20 cm dicke Strohschicht über die Gemüsereihen,

OBEN UND UNTEN *Obwohl viele Kräuter in getrockneter Form immer verfügbar sind, erhält man doch manche frisch, wie Basilikum oder Petersilie, wenn man sie als Zimmerpflanzen auf dem Fensterbrett zieht.*

gefolgt von einer Erdschicht, die über das Stroh gestreut wird, um das Stroh am Ort zu halten und mehr Schutz zu bieten. Alternativ kann geotextiles Vlies verwendet werden, das über das Gemüse drapiert wird. Die Ränder werden im Boden versenkt, damit es nicht wegfliegt. Es ist wichtig, das Vlies lose über das Gemüse zu legen, damit eine Schicht warmer Luft eingeschlossen werden kann. Jedoch sind diese Früchte anfällig für Angriffe durch Schädlinge und Krankheiten. Manche Blattgemüse wie Rosenkohl, Winterkohl und Sprossbrokkoli sind ziemlich winterhart und überdauern im Freien bei niedrigen Temperaturen. Viele Gärtner meinen, dass sich der Geschmack der Rosenkohlröschen verbessert, wenn sie gefroren waren.

Lagerung im Freien Eine traditionelle Methode der Gemüselagerung im Freien ist eine „Miete" (siehe Seiten 46–47), aber die Stellfläche muss gut durchlässig sein. Ein Vorratslager mit Gemüse, wie Möhren, Kartoffeln oder Weißen Rüben, wird zu einem Hügel gehäuft und mit Stroh und Erde als Schutz gegen Frost bedeckt. Der Haufen muss an einem kühlem schattigen Ort positioniert sein, sonst beginnt das Gemüse zu sprossen, was den Geschmack verdirbt und es für Pilzfäule anfällig macht.

Trocken gelagertes Gemüse Nicht jedes Gemüse muss in luftdichten Behältern gelagert werden – manche Arten müssen auch langsam an

OBEN *Verwenden Sie eine Kartoffelgabel (mit flachen Zinken) zum Ausheben. Lassen Sie Kartoffeln eine Weile „schwitzen", bevor Sie sie in einem trockenen, frostfreien Schuppen lagern.*

EINIGE ZUM EINFRIEREN GEEIGNETE GEMÜSEARTEN

Vor dem Einfrieren blanchieren

Rote Bete
Rosenkohl
Kopfkohl
Möhren
Blumenkohl
Blattkohl
Kohlrabi
Pastinake
Spinat
Kohlrübe
Weiße Rübe

Vor dem Einfrieren raspeln oder in Scheiben oder Würfel schneiden

Blumenkohl
Kopfkohl
Kohlrübe
Weiße Rübe

einem kühlen Ort trocknen und andere halten sich über lange Zeit in ähnlicher Atmosphäre in einem Schuppen oder Keller; im Falle der Kohlgewächse trocknen die äußeren Blätter aus und schützen dadurch die innere Schicht (auch: Herz) vor dem Austrocknen. Die Lagerfläche muss frostfrei und so dunkel wie möglich sein. Für Kartoffeln ist das ein kritischer Punkt, denn wenn sie im Licht gelagert werden, entstehen in den Knollen giftige Alkaloide.

Herbstrotkohl und Holländischer Winterkohl können trocken gelagert werden. Gemüse wie Kürbisse, Gartenkürbisse, Zwiebeln und Knoblauch können auch gut auf diese Weise gelagert werden, aber es ist wichtig, die äußere Haut an der Sonne trocknen („nachreifen") zu lassen, damit sie sich zum Schutz der inneren Schichten verhärtet. Trockenlagerung ist auch eine gute Methode für eine Reihe von Kräutern, die zum Würzen verwendet werden.

EINFRIEREN Viele Wintergemüsearten können eingefroren werden (siehe links). Das ist besser, als eine ausgewachsene Frucht im Boden dem Verfall zu überlassen, da das Einfrieren die Entwicklung und das Altern der Ausbeute verlängert und sie nahezu in bester Verfassung erhält, vorausgesetzt, dass sie schnell eingefroren wird. Frieren Sie nur makellose und gesäuberte Früchte ein.

LINKS *Zwiebeln mit roter oder weißer Schale sowie Knoblauch halten sich sehr gut, wenn sie in einem trockenen, kühlen, frostfreien Raum aufgehängt werden. Es ist wichtig, Zwiebeln trocknen zu lassen, bevor sie gelagert werden. Wenn sie nicht völlig trocken sind, können sie von oben (vom Hals) her faulen, und dies kann sich in den Hauptteil der Zwiebel ausbreiten.*

RECHTS *Kartoffeln müssen an einem kühlen, dunklen, frostfreien Platz gelagert werden, sonst beginnen sie zu sprossen und neue Triebe hervorzubringen. Wenn die Schalen der Kartoffeln dem Tageslicht ausgesetzt werden, können sie eine grüne Färbung annehmen, die bei Verzehr Bauchschmerzen und Übelkeit auslösen.*

PROJEKT 1

Gemüsemiete

Die traditionelle Methode Wurzelgemüse zu lagern ist die Miete. Das sind niedrige Hügel aus Gemüse, die auf ein Bett aus losem Stroh gelegt werden, um die Durchlüftung zu verbessern und Fäulnis zu verhindern. Kuppe und Seiten des Hügels sind mit einer Lage losen Strohs zur Isolierung bedeckt und in eine Lage Erde oder Sand eingeschlossen, um das Stroh zu befestigen und zusätzlichen Schutz zu bieten.

Diese Mieten können entweder im Freien auf einer gut durchlässigen Fläche oder überdacht in einem Schuppen oder Nebengebäude angelegt werden. Obwohl die Lagerungsverhältnisse denen im Boden sehr ähnlich sind, ist eine Miete meist bequemer. Wenn bei strenger Kälte der Boden gefroren ist, ist es leichter, Gemüse aus der Miete zu entnehmen, als sie auf dem Gemüsefeld aus der Erde auszugraben.

Leider kann die Verlustmenge durch Nager und Fäulnis groß sein. Um zusätzlichen Schutz zu gewähren, kann die Miete an eine Mauer oder Hecke gebaut werden, und wenn Langzeitlagerung das Ziel ist, wählen Sie möglichst eine nach Norden weisende Fläche, da eine solche in den Wintermonaten viel weniger direktes Sonnenlicht erhält.

TIPP DES AUTORS:
Dränagesystem

Heben Sie einen Graben rund um die Basis der Miete aus, um Erde für die Abdeckung der in Stroh eingepackten Miete zu erhalten. Der Graben sorgt auch für Dränage an der Basis der Miete, was wiederum die Fäulnisgefahr reduziert und die Beobachtung erleichtert, ob Schädlinge beginnen, sich in die Miete zu graben.

ABB. VON OBEN LINKS IM UHRZEIGERSINN

Säubern und ebnen Sie die Bodenfläche, auf der das Gemüse gelagert werden soll. (Es ist wichtig einen Platz mit gut durchlässigem Boden zu wählen.)

Breiten Sie eine Schicht trockenes, loses Stroh so aus, dass sie die Fläche 20 cm hoch bedeckt.

Bauen Sie einen Hügel aus Gemüse in Kegelform bis zur gewünschten Höhe auf dem Stroh auf (Möhren sollten nicht höher als 75 cm geschichtet werden.).

Wenn der Hügel die gewünschte Höhe hat, decken Sie den gesamten Hügel mit einer 15 cm dicken Lage aus trockenem Stroh ab.

Bedecken Sie den Hügel mit einer 10 cm hohen Erdschicht. Die Erde erhält man, wenn man zwecks Dränage einen Graben um die Basis des Hügels aushebt; sie wird nach oben über den strohbedeckten Hügel geworfen.

Befestigen Sie schließlich die Erde, indem Sie sie mit der Rückseite des Spatens anklopfen. Das trägt dazu bei, dass das Stroh trocken bleibt und mindert die Gefahr, dass Regen die Erde von der Kuppe des Hügels wäscht. Lassen Sie ein kleines Stück Stroh auf der Kuppe der Miete frei, das dann als Ventilator wirkt und warme Luft aus der Miete austreten lässt, wodurch das Gemüse kühler bleibt.

ARBEITSGERÄTE

1 Gartengabel

1 Spaten

1 Schubkarre

MATERIALIEN

2 Strohballen

Wurzelgemüse für die Lagerung (Kartoffeln, Möhren oder anderes)

PROJEKT 2

Lagerung von Wurzelgemüse

Viele Arten Wurzelgemüse werden den Winter über in Kästen gelagert um sie vor Frost zu schützen, und aus Gründen der Bequemlichkeit werden die Kästen oft in Schuppen oder Keller gestellt. Es ist meistens viel einfacher dorthin zu gehen und Gemüse zu holen, als im Winter „feldgelagertes“ oder selbst in einer Miete gelagertes Gemüse zu besorgen *(siehe Seiten 46–47)**.*

Kästen oder Fässer mit leicht feuchtem Sand werden verwendet um die Ernte frisch zu halten und ihre Lagerzeit zu verlängern. Idealerweise sollte man diese Behälter an einem frostfreien Ort aufstellen, um ihren Inhalt so gut wie möglich zu schützen. Das auf diese Weise gelagerte Gemüse muss mit Vorsicht behandelt werden, um das Risiko von Druckstellen zu reduzieren, und vor der Lagerung müssen von der Ernte alle Erdreste entfernt werden. An den Wurzeln verbleibende Erde kann Pilz- oder Bakteriensporen enthalten, die während der Lagerung bei der Ernte Fäulnis verursachen kann.

Lagern Sie nie Gemüse, das Anzeichen von Fäule oder ernsthafte Beschädigungen aufweist. Sie verursachen Fäulnis bei den gesunden Pflanzen und sollten daher sofort weggeworfen werden. Verbrauchen Sie leicht beschädigte Früchte, da diese ebenfalls schnell faulen.

TIPP DES AUTORS:
Feuchtigkeit bewahren

Halten Sie den Sand jederzeit feucht. Wenn er austrocknet, zieht er die Feuchtigkeit aus dem Gemüse und bewirkt, dass es austrocknet und schlecht wird. Behälter aus Plastik verlieren die Feuchtigkeit nicht so schnell wie Holzkisten oder Kästen.

ABB. VON OBEN LINKS IM UHRZEIGERSINN

Ernten Sie das Gemüse, das gelagert werden soll. Behandeln Sie es vorsichtig und bürsten Sie lose Erde ab. Von Gemüse wie Rote Bete, Möhren, Pastinaken und Kohlrüben schneiden Sie Blätter und Stängel ab und entfernen Sie lange Wurzelhaare. Werfen Sie alle Exemplare weg, die Anzeichen von Fäulnis oder Beschädigung zeigen. Waschen Sie das Gemüse um eventuell noch vorhandene Erde zu entfernen und lassen Sie es liegen, bis das Wasser abgelaufen, aber die Oberfläche der Früchte noch feucht ist.

Stellen Sie einen stabilen Behälter, zum Beispiel ein Fass oder eine Kiste, an eine frostfreie Stelle, wo die Temperatur gerade so über dem Gefrierpunkt liegt. Bedecken Sie den Boden des Behälters mit einer 10 cm dicken Schicht aus feuchtem Sand. Entfernen Sie Steine oder Kies, damit diese das Gemüse nicht beschädigen können.

Geben Sie eine Lage Gemüse so auf den Sand, dass die Spitzen der Früchte zur Mitte des Behälters weisen. Bedecken Sie das Ganze mit einer Sandschicht und einer weiteren Gemüseschicht. Achten Sie darauf, dass die Früchte sich nicht berühren, um so die Ausbreitung von Pilz- oder Bakterienfäule zu verhindern. Legen Sie die größten Früchte nach unten und die kleinsten obenauf (die kleinsten trocknen eher aus und sollten zuerst verbraucht werden).

Wiederholen Sie dies, bis der Behälter auf eine Höhe von 15 cm unter dem oberen Rand gefüllt ist. Geben Sie mindestens 5 cm Sand zwischen jede Gemüseschicht und die Seiten des Behälters.

Bedecken Sie die oberste Gemüseschicht mit einer 15 cm dicken Schicht aus feuchtem Sand. Drücken Sie den Sand leicht an, um so viel Luft wie möglich zu entfernen und gießen Sie ihn etwas, damit sich eine Oberflächenkruste oder „Versiegelung" bildet, die den Feuchtigkeitsverlust reduziert. Schauen Sie öfter nach, ob sie austrocknet. Wenn sie zu trocken wird, feuchten Sie sie durch feines Besprühen mit der Gießkanne leicht an.

ARBEITSGERÄTE

1 Bürste (zum Säubern)

1 Messer oder Gartenschere

1 Eimer

1 Gießkanne oder Gartenschlauch

1 Schubkarre

1 Spaten oder Schaufel

MATERIALIEN

Einen oder mehrere Behälter, zum Beispiel eine Holzkiste oder einen Plastikmülleimer

Etwas gewaschenen Sand

Wurzelgemüse für die Lagerung (der Behälter sollte 50 Prozent Gemüse und 50 Prozent Sand enthalten)

PROJEKT 3

Ein erhöhtes Gemüsebeet anlegen

Ein erhöhtes Beet oder ein Tiefbeetsystem für den Gemüseanbau ist eine ideale Möglichkeit, einen Gemüsegarten auf kleiner Fläche anzulegen oder den Gemüsegarten klarer zu definieren und leichter zu bearbeiten. Erhöhte Beete bewirken auch, dass die Pflanzen sich tiefer in der Erde verwurzeln, so dass weniger Gießen nötig ist.

Der Anbau von Pflanzen in engerem Abstand in einem Beetsystem erhöht den Konkurrenzdruck zwischen den einzelnen Pflanzen und ist ein Mittel, etwas kleinere Früchte oder „Minifrüchte" zu ziehen, die ideal sind für allein oder zu zweit lebende Menschen (im Unterschied zu einer Familie). Die hohe Dichte der Pflanzen vermindert die Lichtmenge, die die Erdoberfläche erreicht, und reduziert dadurch das Keimen von Unkrautsamen und die Entwicklung von Unkrautsämlingen.

Man sollte daran denken, dass es in diesen eingegrenzten Beeten noch wichtiger als auf größeren Flächen ist, einen Fruchtwechsel vorzunehmen, da die Anpflanzung so intensiv ist und eine Anreicherung spezifischer Schädlinge und Krankheiten vermieden werden muss. Wegen der verbesserten Dränage ist die „Feldlagerung" von Wintergemüse in erhöhten Beeten erfolgreicher als bei anderen Anbaumethoden.

TIPP DES AUTORS:
Verbesserte Fruchtbarkeit

Oft kann der von solchen Flächen entfernte Mutterboden verwendet werden, um die erhöhten Beete auszufüllen oder mit neuem Mutterboden, der eine große Menge an grobem organischen Material wie Kompost oder gut verrottetem Dung enthält, vermischt werden, um größere Bakterien- und Wurmtätigkeit zu fördern. Dieses grobe Material enthält auch mehr Feuchtigkeit, wodurch bei trockenem Wetter weniger gegossen werden muss.

ABB. VON LINKS OBEN IM UHRZEIGERSINN

Säubern und ebnen Sie die Fläche für das erhöhte Beet. Markieren Sie die gewünschte Fläche mit Hilfe von Bandmaß und Bambusstäben. Schneiden Sie vier Kanthölzer von 10 x 10 cm auf 30 cm Länge für die vier Eckpfosten des erhöhten Beetes zu und zwei Stücke extra, um die Seiten zu stützen und zusätzlich zu verstärken (besonders wenn die Seiten des Beetes länger sind als 1,5 m). Schlagen Sie je einen Pfosten an jeder Ecke der markierten Fläche ein.

Verwenden Sie Holz von 2,5 x 15 cm (mit Holzschutzmittel behandelt) für die langen und kurzen Seiten des Beetes. Legen Sie das Holz an und verwenden Sie einen Anschlagwinkel, um die rechten Winkel der Struktur nachzumessen. Nageln Sie das Holz auf die Eckpfosten, so dass ein rechteckiger Rahmen entsteht.

Tragen Sie zusätzliche Erde in das Beet ein und mischen Sie sie mit der vorhandenen Erde, um Dränage und Wasserbewegung zu unterstützen.

Drücken Sie die Erde gut an, um später ungleichmäßiges Setzen zu verhindern, wenn die Pflanzen schon an Ort und Stelle sind.

Eine Schicht aus organischem Mulch verbessert die Qualität der Erde. Wenn Sie Gemüse in das neue Beet pflanzen, setzen Sie die Pflanzen etwas dichter zusammen als beim Anbau in Reihen.

ARBEITSGERÄTE

1 Gartengabel oder Harke

1 Spaten oder Schaufel

1 Klauenhammer

1 Holzsäge

1 Anschlagwinkel

MATERIALIEN

1 x 2 m langes Kantholz (10 x 10 cm) für die Eckpfosten

2 x 2 m langes (oder gewünschte Länge) mit Holzschutzmittel behandeltes Holz (2,5 x 15 cm) für die langen Seiten

2 x 2 m (oder gewünschte Länge) mit Holzschutzmittel behandeltes Holz (2,5 x 15 cm) für die kurzen Seiten

50 Stück verzinkte 10-cm-Nägel

Gemüseverzeichnis *Die Arbeit im Gemüsegarten geht in den Wintermonaten weiter, wenn die Ernte vor dem Winterwetter geschützt wird, um eine ständige Versorgung mit Gemüse während der kältesten Monate des Jahres zu sichern.*

WINTERHARTE GEMÜSEARTEN, DIE IM FREIEN ÜBERDAUERN KÖNNEN

GEMÜSE	BESCHREIBUNG	ERNTE UND LAGERUNG
	***Allium porrum*** (Porree) Porree wird wegen seiner weißen, fleischigen Blattgründe angebaut, die eng zusammengeschlossen sind und einen stängelähnlichen Stiel oder „Stange" bilden. Sie haben eine lange Erntesaison, vom Frühherbst, den Winter hindurch, bis zum späten Frühjahr des folgenden Jahres.	Porree wird geerntet, indem man ihn aus der Erde gräbt, wenn er verzehrt werden soll, und er ist ausreichend winterhart, um ohne Schutz die winterlichen Bedingungen zu überdauern. Bei kaltem Wetter können ausgereifte Pflanzen bis zu vier Monate lang stehen bleiben.
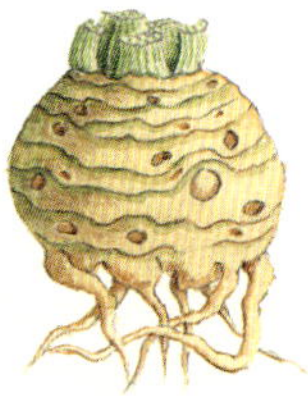	***Apium graveolens rapaceum*** (Knollensellerie) Dieses Gemüse, ein naher Verwandter des Sellerie, wird wegen seines nach Sellerie schmeckenden verdickten Sprosses kultiviert, der sechs Monate zur Entwicklung benötigt. Er kann gekocht oder roh verwendet werden.	Ernten Sie Knollensellerie, indem Sie ihn ab dem zeitigen Herbst, den Winter hindurch, bis zum folgenden Frühjahr mit einer Gabel ausgraben.
	***Beta vulgaris cicla*** (Mangold) Dieser nahe Verwandte der Rote Bete wird wegen seiner großen, fleischigen, glänzenden Blätter angebaut, die manchmal bis zu 45 cm lang und 20 cm breit werden können. Die bekannteste Form ist der Blattmangold, der leicht zu ziehen ist.	Diese winterharte Pflanze kann den ganzen Winter hindurch geerntet werden, wobei manche Pflanzen fast ein ganzes Jahr überdauern.
	***Brassica oleracea botrytis*** (Blumenkohl) Wird gewöhnlich geerntet, wenn sich der nicht ausgereifte Blütenstand oder „Kopf" noch entwickelt, wobei sich oft Köpfe mit bis zu 30 cm Durchmesser bilden.	Herbstblumenkohl steht für die Ernte vom Spätsommer bis Mittwinter bereit; Winterblumenkohl ist vom späten Winter bis zum zeitigen Frühjahr erntebereit. Die Deckblätter beginnen sich dann zu öffnen und zeigen den darunter eingeschlossenen Kopf. Entfernen Sie den Kopf, indem Sie den Hauptspross mit einem scharfen Messer durchschneiden und nehmen Sie dabei auch eine Reihe Blätter mit, um den Kopf vor dem Entstehen von Druckstellen zu schützen.
	***Brassica oleracea capitata*** (Kopfkohl) Winterkohl ist frosthart, besonders die Sorte 'Savoy'. Er wird im Mittsommer gepflanzt und ist vom späten Herbst bis zum mittleren Frühjahr bereit für die Ernte.	Wenn der Kohl ein gutes, festes Herz entwickelt hat, ist er für die Ernte bereit. Nehmen Sie ein scharfes Messer und schneiden Sie den Mittelspross durch, so dass Sie das gesamte Herz und noch ein paar Außenblätter entnehmen; der Strunk und die ältesten Blätter verbleiben im Boden. Lagern Sie den Kohl an einem trockenen frostfreien Ort, zum Beispiel in einem Keller oder Schuppen.
	***Brassica oleracea gemmifera*** (Rosenkohl) Ein hartes Gemüse, das wegen seiner essbaren Blütenknospen gezogen wird, die kleine, feste Auswüchse, „Röschen", am Hauptspross bilden. Einige der älteren Sorten wie 'Bedfordshire Giant' werden bis zu 2 m hoch und sind ideal für kleine Gärten, wo der Platz begrenzt ist.	Geerntet werden kann zu jeder Zeit vom zeitigen Herbst bis zum mittleren Frühjahr. Ziehen Sie die Röschen nach unten, bis sie vom Spross abbrechen. Gegen Ende der Saison können die Spitzen der Pflanzen abgebrochen und als Frühjahrsgemüse gegessen werden.
	***Brassica oleracea italica*** (Brokkoli) Sprossbrokkoli ist ein sehr hartes Wintergemüse. Es gibt Formen mit weißen und mit purpurfarbenen Blüten, wobei die purpurfarbenen winterhärter sind.	Brokkoli wird gewöhnlich vom späten Winter bis zum späten Frühjahr geerntet. Schneiden Sie zuerst den mittleren Spross ab; die etwas kleineren Sprosse können später geschnitten werden.

WINTERHARTE GEMÜSEARTEN, DIE IM FREIEN ÜBERDAUERN KÖNNEN (Fortsetzung)

GEMÜSE	BESCHREIBUNG	ERNTE UND LAGERUNG
	***Brassica napobrassica*** (Kohlrübe) Dies ist eines der härtesten aller Wurzelgemüse und wird wegen seines cremeweißen oder gelben Fleisches und milden, süßen Geschmackes angebaut.	Kohlrüben sind normalerweise ab dem frühen oder mittleren Herbst erntereif. Man kann sie den Winter über im Freien lassen und in Kisten mit feuchtem Sand oder einer Miete lagern.
	***Brassica oleracea sabellica*** (Grünkohl) Das härteste Wintergemüse, das schmackhafte Triebe und Blätter produziert. Er kann zeitigen Zuwachs im Frühjahr hervorbringen	Man erntet nach dem Prinzip „Ernten und wieder austreiben“, indem man die jungen Blätter von allen Pflanzen abbricht. Das verhindert, dass Blätter ausreifen und hart und „fädig“ werden.
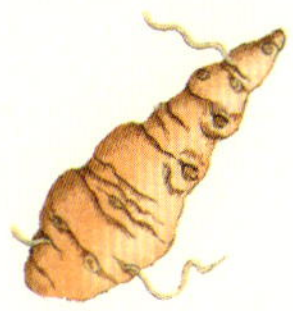	***Helianthus tuberosus*** (Topinambur) Eine kräftige, ausdauernde Pflanze, die sich sehr gut eignet, zum Glätten rauen Bodens beizutragen. Die Knolle ist der essbare Teil der Pflanze.	Die Knollen können ab Mitte Herbst mit einer Gabel für den sofortigen Verzehr oder Lagerung ausgegraben werden. In gut durchlässigen Böden können die Knollen am Standort überwintern.
	***Pastinaca sativa*** (Pastinake) Ein wertvolles winterhartes Wurzelgemüse mit sehr eigenem Geschmack. Die Wurzeln sind hart genug, um im Boden zu überwintern. Sie bevorzugen tiefen, steinfreien, fruchtbaren Boden mit guter Dränage.	Die Wurzeln können ab Mitte Herbst mit einer Gabel für den sofortigen Verzehr oder Lagerung ausgegraben werden.

WINTERHARTE GEMÜSEARTEN, DIE GELAGERT UND GESCHÜTZT WERDEN MÜSSEN

GEMÜSE	BESCHREIBUNG	ERNTE UND LAGERUNG
	***Allium cepa*** (Zwiebel) Knollenzwiebeln werden einjährig kultiviert. Die braun- oder gelbhäutigen Sorten sind die beliebtesten. Zwiebeln haben eine lange Vegetationsperiode, und für eine gute Hautfärbung benötigen die Zwiebeln eine sonnige Periode vor der Ernte.	Heben Sie die Zwiebeln sanft mit einer Grabgabel aus und lassen Sie sie natürlich trocknen, bevor sie an einem kühlen, trockenen Ort gelagert werden.
	***Beta vulgaris*** (Rote Bete) Ein nützliches Gemüse mit verdickter essbarer Wurzel, die kugelförmig oder konisch sein kann. Rote Bete können so gut wie zu jeder Zeit des Jahres verwendet werden, sei es frisch, gelagert oder eingelegt.	Rote Bete sind nicht völlig winterhart und sollten bis zum Spätherbst für die Lagerung ausgehoben werden. Graben Sie die Wurzeln mit einer Grabgabel aus und drehen Sie die Blätter ab, bevor Sie sie in feuchtem Sand in einem kalten, trockenen, frostfreien Schuppen lagern.
	***Allium sativum*** (Knoblauch) Dieses winterharte Gemüse mit seinem starken charakteristischen Geschmack ist viel leichter anzubauen, als viele Gärtner meinen. Es gibt eine weißhäutige und eine purpurfarbene Form.	Knoblauchzwiebeln sollten ausgehoben und getrocknet werden, sobald die Blätter gelb zu werden beginnen. Die Zwiebeln können kühl und trocken bis zu zehn Monaten gelagert werden.
	***Brassica rapa*** (Weiße Rübe) Dieses Wintergemüse hat eine große verdickte Wurzel mit weißem Fleisch. Weiße Rüben können das ganze Jahr über zur Verfügung stehen, wenn mehrere verschiedene Sorten in Folge angebaut werden.	Weiße Rüben stehen normalerweise ab Anfang bis Mitte Herbst zur Verfügung, müssen aber bis Weihnachten ausgegraben und an einem kühlen, trockenen Ort gelagert werden. Bis zu vier Monate lagern.
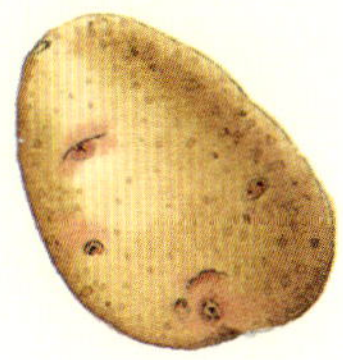	***Solanum tuberosum*** (Kartoffel) Dieses vielseitige Gemüse wird wegen seiner Knollen angebaut (die eigentlich modifizierte Stängel sind), die Eiweiß, Vitamin C und Nahrungsfasern enthalten.	Um Kartoffeln zu ernten, graben Sie mit einer Grabgabel in den Damm, in dem sie wachsen. Beginnen Sie mit dem Graben immer unter dem Damm, um zu vermeiden, dass Knollen angestochen werden. Kartoffeln müssen stets an einem kühlen, dunklen, frostfreien Ort gelagert werden, und einige Sorten halten sich bis zum folgenden Sommer.

Winterblüher

Pflanzen, die im Winter blühen, bieten ein außergewöhnliches Schauspiel, sowohl in Bezug auf ihre Blüten als auch auf ihren Duft; tatsächlich duften viele Winterblüher stark und süß, um die wenigen bestäubenden Insekten anzulocken, die die winterlichen Verhältnisse überdauern. Manche, wie die winterblühende Schneekirsche (*Prunus* x *subhirtella*) 'Autumnalis' und der Winterjasmin *(Jasminum nudiflorum)*, blühen fast durchgehend vom Spätherbst bis zum zeitigen Frühjahr, wenn die Bedingungen günstig sind.

Die meisten Pflanzenkategorien enthalten Vertreter, die im Winter blühen, wenn auch auf leicht unterschiedliche Weise und abhängig vom Wetter. Von den Sträuchern neigt die Zaubernuss (*Hamamelis*-Arten und -Sorten) dazu, ungeachtet der Temperatur, jedes Jahr etwa um die gleiche Zeit zu blühen. Andere Pflanzen, wie die Tatarische Heckenkirsche *(Lonicera fragrantissima)*, blühen während der wärmeren Tage nach einer Kälteperiode, aber die Blüten können verderben, wenn die Temperaturen wieder unter den Gefrierpunkt fallen, und es kommen keine neuen, bis sich das Wetter wieder erwärmt.

Zwiebelgewächse spielen eine eigene Rolle im winterlichen Garten, denn ihre zart anmutenden Blüten zeigen eine unglaubliche Winterhärte selbst unter extremen Wetterbedingungen. Diese Fähigkeit der Zwiebelblumen, scheinbar grimmige Bedingungen zu überleben, sorgen dafür, dass es möglich ist, vom Mittwinter an bis ins späte Frühjahr hinein ständig blühende Schneeglöckchen (*Galanthus*-Arten) zu haben.

Manche Staudengewächse werden mit dem winterlichen Garten in engen Zusammenhang gebracht. Einige Nieswurze blühen im Winter reichlich; besonders zeichnet sich *Helleborus niger* aus, was zu dem Namen „Christrose" führte. Winterblühende Kletterpflanzen sind vertreten durch *Clematis napaulensis* in der Wintermitte und *C. cirrhosa*, die fast durchgehend während der Wintermonate blüht.

Im Folgenden eine Auswahl der besten winterblühenden Pflanzen. Die Schneeflockensymbole zeigen die niedrigsten Wintertemperaturen, die die Pflanzen vertragen können und basieren auf dem Zonensystem des Landwirtschaftsministerium der USA (United States Department of Agriculture; Temperaturbereiche siehe Seite 192).

RECHTS *Einige winterharte Zwiebelgewächse wie dieser Winterling* (Eranthis hyemalis) *scheinen geradezu entschlossen, in völliger Verachtung des kalten, grimmigen Winterwetters Blüten hervorzubringen.*

Pflanzenführer für Winterblüher *Der Winter mag als ziemlich kahle Jahreszeit erscheinen, aber es gibt viele Pflanzen, die winterliche Reize bieten, sei es nun in Form von farbigen Stämmen und Rinden, buntem Laub, Blüten oder Früchten.*

TYP	NAME	MERKMAL	DAUER	ZONE
EINJÄHRIGE	BELLIS PERENNIS + SORTEN	BLÜTEN	FEB. – APR.	❄❄❄❄
	ERYSIMUM CHEIRI + SORTEN	BLÜTEN	FEB. – MAI	❄❄❄❄❄❄❄
	MYOSOTIS SYLVATICA + SORTEN	BLÜTEN	FEB. – APR.	❄❄❄❄❄
	VIOLA-SORTEN	BLÜTEN	OKT. – APR.	❄❄❄❄❄❄
ZWIEBEL-GEWÄCHSE	ANEMONE BLANDA + SORTEN	BLÜTEN	JAN. – FEB.	❄❄❄❄❄
	CROCUS BIFLORUS	BLÜTEN	JAN. – APR.	❄❄❄❄
	CROCUS CHRYSANTHUS + SORTEN	BLÜTEN	JAN. – APR.	❄❄❄❄
	CYCLAMEN COUM	BLÜTEN	FEB. – MRZ.	❄❄❄❄
	CYCLAMEN HEDERIFOLIUM	BLÜTEN	OKT. – NOV.	❄❄❄❄❄❄
	ERANTHIS HYEMALIS	BLÜTEN	JAN. – MRZ.	❄❄❄❄❄
	GALANTHUS-ARTEN + SORTEN	BLÜTEN	FEB. – MAI	❄❄❄❄ (❄❄)
	NARCISSUS JONQUILLA	BLÜTEN	FEB. – APR.	❄❄❄❄
	SCILLA SIBIRICA	BLÜTEN	FEB. – MRZ.	❄❄❄❄❄
STAUDEN-GEWÄCHSE	BERGENIA CORDIFOLIA	BLÜTEN/BLÄTTER	FEB. – APR.	❄❄❄
	BERGENIA CRASSIFOLIA	BLÜTEN/BLÄTTER	FEB. – APR.	❄❄❄
	BERGENIA PURPURASCENS	BLÜTEN/BLÄTTER	FEB. – APR.	❄❄❄❄
	BRASSICA OLERACEA	BLÄTTER	OKT. – APR.	❄❄❄❄❄❄❄❄
	HELLEBORUS FOETIDUS	BLÜTEN	DEZ. – FEB.	❄❄❄❄❄❄
	HELLEBORUS NIGER	BLÜTEN	NOV. – FEB.	❄❄❄
	HELLEBORUS ORIENTALIS	BLÜTEN	FEB. – MRZ.	❄❄❄❄❄❄
KLETTER-PFLANZEN	CLEMATIS ARMANDII + SORTEN	BLÜTEN	MRZ. – APR.	❄❄❄❄❄❄
	CLEMATIS CIRRHOSA VAR. BALEARICA	BLÜTEN	NOV. – MRZ.	❄❄❄❄❄❄❄
	CLEMATIS NAPAULENSIS	BLÜTEN	DEZ. – JAN.	❄❄❄❄❄❄❄❄
	HEDERA COLCHICA + SORTEN	BLÄTTER	OKT. – APR.	❄❄❄❄❄❄
	HEDERA HELIX + SORTEN	BLÄTTER	OKT. – APR.	❄❄❄❄❄
	JASMINUM NUDIFLORUM	BLÜTEN	NOV. – MRZ.	❄❄❄❄❄❄
STRÄUCHER	ABELIOPHYLLUM DISTICHUM	BLÜTEN	FEB. – MRZ.	❄❄❄❄❄
	AUCUBA JAPONICA + SORTEN	BLÄTTER	OKT. – APR.	❄❄❄❄❄❄❄
	BERBERIS DICTYOPHYLLA	STÄMME	OKT. – APR.	❄❄❄❄❄❄
	CORNUS ALBA + SORTEN	STÄMME	OKT. – APR.	❄❄❄
	CORNUS SANGUINEA 'WINTER BEAUTY'	STÄMME	OKT. – APR.	❄❄❄❄❄
	CORNUS STOLONIFERA 'FLAVIRAMEA'	STÄMME	OKT. – APR.	❄❄
	ERICA X DARLEYENSIS	BLÜTEN/BLÄTTER	DEZ. – MRZ.	❄❄❄❄❄❄
	ERICA ERIGENA + SORTEN	BLÜTEN/BLÄTTER	NOV. – MRZ.	❄❄❄❄❄❄❄❄

TYP	NAME	MERKMAL	DAUER	ZONE
STRÄUCHER (Fortsetzung)	FORSYTHIA GIRALDIANA	BLÜTEN	FEB. – MRZ.	❄❄❄❄❄
	LONICERA FRAGRANTISSIMA	BLÜTEN	NOV. – MRZ.	❄❄❄❄❄
	LONICERA STANDISHII	BLÜTEN	NOV. – MRZ.	❄❄❄❄❄❄
	ROSA RUGOSA + SORTEN	FRÜCHTE	OKT. – APR.	❄❄
	RUBUS COCKBURNIANUS + SORTEN	STÄMME	OKT. – APR.	❄❄❄❄❄❄
	SALIX ALBA SUBSP. VITELLINA	STÄMME	OKT. – APR.	❄❄
	SALIX ALBA SUBSP. VITELLINA 'BRITZENSIS'	STÄMME	OKT. – APR.	❄❄
	SALIX UDENSIS 'SEKKA'	STÄMME/FORM	OKT. – APR.	❄❄❄❄❄
	SARCOCOCCA-ARTEN + SORTEN	BLÜTEN	DEZ. – FEB.	❄❄❄❄❄❄ (❄❄❄)
	SKIMMIA JAPONICA + SORTEN	BLÜTEN/FRUCHT	FEB. – APR.	❄❄❄❄❄❄❄
	SYMPHORICARPUS–ARTEN + SORTEN	FRÜCHTE	OKT. – APR.	❄❄ (❄❄❄❄)
	VIBURNUM X BODNANTENSE + SORTEN	BLÜTEN	NOV. – FEB.	❄❄❄❄❄❄❄
	VIBURNUM FARRERI	BLÜTEN	NOV. – FEB.	❄❄❄❄❄❄
	VIBURNUM FOETENS	BLÜTEN	DEZ. – FEB.	❄❄❄❄❄❄
	VIBURNUM TINUS + SORTEN	BLÜTEN	NOV. – MRZ.	❄❄❄❄❄❄❄
GROSSE STRÄUCHER ODER KLEINE BÄUME	COTONEASTER-ARTEN + SORTEN	FRÜCHTE	OKT. – APR.	❄❄❄❄❄ (❄❄)
	HAMAMELIS X INTERMEDIA + SORTEN	BLÜTEN	DEZ. – MRZ.	❄❄❄❄❄
	HAMAMELIS JAPONICA + SORTEN	BLÜTEN	DEZ. – MRZ.	❄❄❄❄❄
	HAMAMELIS MOLLIS + SORTEN	BLÜTEN	NOV. – JAN.	❄❄❄❄❄❄
	ILEX-ARTEN + SORTEN	BLÄTTER/FRUCHT	OKT. – APR.	❄❄❄❄❄❄
BÄUME	ACER DAVIDII + VARIETÄTEN + SORTEN	RINDE	OKT. – APR.	❄❄❄❄❄❄
	ACER GRISEUM	RINDE	OKT. – APR.	❄❄❄❄❄
	ACER PENSYLVANICUM	RINDE	OKT. – APR.	❄❄❄
	ARBUTUS-ARTEN + SORTEN	BLÜTEN/FRÜCHTE	OKT. – JAN.	❄❄❄❄❄❄❄
	BETULA ALBOSINENSIS + SORTEN	RINDE	OKT. – APR.	❄❄❄❄❄❄❄
	BETULA PAPYRIFERA	RINDE	OKT. – APR.	❄❄
	BETULA UTILIS + VARIETÄTEN + SORTEN	RINDE	OKT. – APR.	❄❄❄❄❄❄❄
	CORNUS MAS	BLÜTEN	JAN. – FEB.	❄❄❄❄❄
	PARROTIA PERSICA	BLÜTEN	DEZ. – FEB.	❄❄❄❄❄
	PRUNUS MAACKII	STÄMME	OKT. – APR.	❄❄
	PRUNUS X SUBHIRTELLA + SORTEN	BLÜTEN	NOV. – MRZ.	❄❄❄❄❄
	SALIX 'ERYTHROFLEXUOSA'	STÄMME/FORM	OKT. – APR.	❄❄❄❄❄❄
	SORBUS HUPEHENSIS	FRÜCHTE	OKT. – APR.	❄❄❄❄❄❄
	STACHYURUS PRAECOX	BLÜTEN	NOV. – MRZ.	❄❄❄❄❄❄❄

Einjährige Pflanzen

Einige der farbigsten Pflanzen, die wir in unseren Gärten kultivieren, sind aus Samen gezogene. Jedoch ist die Anzahl der Einjährigen (Annuellen), die sich für die Verwendung im winterlichen Garten eignen, begrenzt, da viele nicht völlig winterhart sind und wenig Chancen haben, einen Winter im Freiland ohne Schutz zu überleben. Selbst mit Schutz wären die meisten Pflanzen dieser Gruppe, obwohl als winterhart angesehen, nicht fähig zu blühen. Tatsächlich sind viele der Pflanzen, die als „Winterannuelle" bezeichnet werden, eigentlich zweijährige Pflanzen.

Diese Pflanzen bringen in ihrem ersten Jahr Blätter und Sprosse hervor und blühen im folgenden Jahr, wobei sie häufig ihre auf Vorrat liegenden Nährstoffreserven aufbrauchen. Sie haben ihren Wert und sind geeignet, schnell leuchtende Farben hervorzubringen, da sie wenig Platz beanspruchen und schnelle Belohnung bieten, was die kurze Wachstumsperiode vor der Blüte betrifft. Der Goldlack *(Erysimum cheiri)* ist dafür ein erstklassiges Beispiel. Obwohl Zweijährige kein langes Leben haben, gleichen viele das wieder aus, indem sie aussamen. Werden die Pflanzen (oder Blütenstände) nicht bald nach der Blüte entfernt, so erscheinen die Samen, die sie abwerfen, im nächsten Jahr als neue Pflanzen. Man sollte nicht vergessen, dass bei Hybriden als Originalpflanzen die von ihnen produzierten Sämlinge nicht artrein sind und leicht abweichen – aber sie sind nicht weniger farbenfroh. Von einigen Pflanzen wie Stiefmütterchen gibt es jetzt sommer- und winterblühende Sorten, so dass man sie das ganze Jahr über blühen lassen kann.

Wenn in einem Garten keine winterliche Farbe vorgesehen ist, kann man diese Pflanzen als „Füller" zwischen Pflanzen positionieren, die zu anderen Zeiten des Jahres blühen, in den Wintermonaten jedoch recht trist aussehen können. Die Anzahl der Pflanzen mag zwar klein sein, aber die verwendeten sind ziemlich bekannt, da sie häufig in formalen Beeten eingesetzt werden, als Saumpflanzung auf gemischten Rabatten, als Pflanzengruppen, die in Strauchrabatten eingestreut sind oder als saisonale Pflanzungen in Behältern. Für Gartenfreunde, die sich auf Balkonkastengärtnerei beschränken müssen, sind diese kurzlebigen, winterblühenden Pflanzen ein Muss, da sie wenig Pflege und Aufmerksamkeit brauchen, aber in milden Wintern lange Zeit blühen können oder in härteren Wintern während jeder milden Periode erblühen. Diese Pflanzen können auch mit Zwiebelgewächsen gemeinsam verwendet werden, um von der Wintermitte bis in das Frühjahr hinein eine Blütenpracht zu bieten.

RECHTS Erysimum cheiri *ist hart genug, um den Winter im Freiland zu überdauern und im Spätwinter und zeitigen Frühjahr eine Farbenpracht hervorzubringen.*

RECHTS, RECHTS AUSSEN, MITTE RECHTS UND UNTEN *Zu den beliebtesten winter- und frühjahrsblühenden Pflanzen gehören Garten- und Feldstiefmütterchen. Ihre Bandbreite reicht von Arten mit kleineren Blüten, die ein vereinzeltes, aber sehr produktives Blütenschauspiel hervorbringen, bis zu Hybriden mit größeren Blüten, die im Ergebnis mehrjähriger Pflanzenzucht und Auswahl entstanden. Sie kann von einfarbigen, benamten Züchtungen bis hin zu ausgesamten Populationen reichen, die meist variable, gemischte Blütenfarben haben, jedoch einem einheitliche Wuchs- und Höhenmuster folgen.*

Bellis perennis

Das Tausendschön ist eine kurzlebige perennierende Pflanze, die normalerweise als Zweijährige (Bienne) oder Winterannuelle kultiviert wird. Diese Pflanze wird wegen ihrer kleinen pomponähnlichen Blüten geschätzt, die eine oder mehrere Reihen äußerer Blütenblätter in Pink-, Rot- und Reinweißfärbung haben, normalerweise mit einem goldfarbenen Zentrum kleinerer Einzelblütchen, und vom Spätwinter bis zum Frühsommer erscheinen. Die Tasso-Serie hat große Blütenstände mit nadelähnlichen Blütenblättern, die Habanera-Serie bringt große Blüten hervor und die Roggli-Serie trägt halb gefüllte Blüten. Diese harten, untersetzten Pflanzen haben die Neigung zu Rosettenbildung, werden bis zu 10 cm hoch und bilden eine Pflanzengruppe von 15 – 20 cm im Durchmesser. Sie haben glänzende bis mittelgrüne löffelförmige Blätter, oft mit einer Schicht kurzer, feiner Härchen bedeckt. ❄❄❄❄

Die Vermehrung erfolgt gewöhnlich durch Samen, aber die Pflanzen können auch direkt nach der Blüte geteilt und wieder ausgesetzt werden.

Erysimum cheiri

Diese harte Pflanze hatte früher den botanischen Namen *Cheiranthus cheiri*; dieser wurde zwar geändert, aber der gebräuchliche Name Goldlack ist geblieben. Es handelt sich um eine kurzlebige perennierende Pflanze, die für gewöhnlich als Bienne kultiviert wird. Als späte winter- und frühjahrsblühende Pflanze wird sie sehr geschätzt wegen ihrer dichten Büschel duftender Blüten in leuchtenden Farben, die von Weiß über Gelb, Orange und Pink bis zu tiefem, fast schwarzem Rot reichen und an den Spitzen der Triebe stehen. Es gibt eine Auswahl außergewöhnlicher Farbmischungen: 'Bedding Mixed' hat eine Reihe kühner Farben, 'Monarch Fair Lady' hat eine breite Palette an Pastellfarben, und für eine einzige Farbe hat 'Ruby Gem' duftende rotviolette Blüten. Die schmalen, riemenartigen Blätter sind mittel- bis dunkelgrün und stehen eng beieinander auf kräftigen blassgrünen Stängeln, die bis 60 cm hoch werden. Seitentriebe treten aus der unteren Hälfte der Pflanze aus, um einen zweiten Blütenschwall hervorzubringen. ❄❄❄❄❄❄❄

Die Vermehrung erfolgt durch Aussaat im späten Frühjahr, aber es gibt einige benamte Sorten, die durch halbreife Stecklinge vermehrt werden können, die von der Sommermitte bis zum Spätsommer abgenommen werden können.

Myosotis sylvatica

Die allgemein Vergissmeinnicht genannte Pflanze hat winzige duftende, tellerförmige Blüten, die auf dichten Stielen stehen. Sie öffnen sich vom späten Winter bis zum frühen Sommer, wobei die Farben von Purpur bis Blau oder Weiß reichen, oft mit einem abgesetzten gelben Auge. Die breiten lanzettförmigen Blätter sind behaart und mittelgrün gefärbt und stehen auf behaarten, rötlich-grünen Stängeln, was eine dichte, buschige Pflanze ergibt, die etwa 30 cm hoch wird und sich zu einer Pflanzengruppe von 25 cm im Durchmesser ausbreitet. Es gibt inzwischen viele Gartenhybriden, darunter 'Blue Ball', die eine kompakte ballförmige Pflanze mit tiefblauen Blüten bildet, oder Varianten mit farbigen Blüten wie 'Carmine King', die aufrecht steht und tiefrosa-karminroten Blüten, oder 'Alba', die weiße Blüten mit einem leuchtend gelben Auge in der Mitte hat. Diese kräftigen Pflanzen sind ziemlich frosthart und lieben einen gut durchlässigen Boden an halbschattigem Standort. ❄❄❄❄❄❄❄

Säen Sie im Frühjahr aus und teilen Sie die Pflanzen während der Winterruhe. Vermehren Sie sie regelmäßig. Anfällig gegen Schäden durch Gehäuse- und Nacktschnecken.

Viola

Das Stiefmütterchen ist eine der beliebtesten Gartenpflanzen für Winterbeete, Terrassen- und Innenhofbehälter, hängende Körbe und Balkonkästen. Es sind ziemlich niedrige Pflanzen, die bis 15 – 20 cm hoch und im Durchmesser 30 cm breit werden. Der Durchmesser der Blüten reicht von 2,5 cm bis 7,5 cm; die Farben variieren von Goldgelb bis zu Rot, Weiß oder Tiefviolett, oft zweifarbig. Die schmalen, ovalen Blätter haben einen gezahnten Rand, sind glänzend mittelgrün und stehen auf schlaffen, ausladenden Stielen. Die winterblühenden Sorten können als mischfarbene gekauft werden, wie die 'Roggli-Giant-Sorte', aber benamte einfarbige Varietäten sind ebenfalls im Angebot; 'Irish Molly' ist kupfergelb, 'Jolly Joker' orange und purpurrot und 'Primrose Dame' ist primelgelb. ❄❄❄❄❄❄

Diese harten, widerstandsfähigen Pflanzen werden aus Samen gezogen und gedeihen unter den unterschiedlichsten Bedingungen gut.

OBEN LINKS *'Universal'-Stiefmütterchen werden wegen ihrer großen, kühn gefärbten Blüten kultiviert und wachsen oft nochmals in einer zweiten Vegetationsperiode, wenn man sie in Ruhe lässt.*

GANZ OBEN Erysimum cheiri *'Golden Bedder' ist ein winterharter, zuverlässiger Blüher mit langer Blühzeit.*

OBEN *Dieses zart erscheinende Tausendschön* (Bellis perennis) *ist eigentlich extrem winterhart.*

LINKS *Das Vergissmeinnicht* (Myosotis sylvatica) *ist ein zuverlässiger Frühblüher, der oft seine blauen, pinkfarbenen oder weißen Blüten sehr zeitig im Jahr zeigt.*

Zwiebelgewächse

Eine der beliebtesten Pflanzengruppen, die im Garten kultiviert werden, sind Zwiebelgewächse, obgleich die Bezeichnung „Zwiebel" oft alle Pflanzen mit verdicktem Speicherorgan umfasst, also echte Zwiebeln, Knollen, Zwiebelknollen und Rhizome (Wurzelstöcke). Zwiebelgewächse stammen aus unterschiedlichen Regionen, darunter Himalaja, Afghanistan, Türkei und aus dem Mittelmeerraum, Südafrika und Kalifornien. Viele gehören zu den härtesten und widerstandsfähigsten Pflanzen, die heute in unseren Gärten kultiviert werden. Es ist eine große Freude, wenn man ein Schneeglöckchen oder einen Krokus im Winter eine Blüte aus der Erde schieben sieht, während so viele andere Pflanzen schlafen.

Zwiebelgewächse werden gemeinhin mit dem Spätwinter und zeitigen Frühjahr assoziiert, aber die heute verfügbare Auswahl sorgt dafür, dass es möglich ist, zu jeder Zeit des Jahres farbenfrohe Zwiebelblumen zu haben. Während also der Winter die Zeit ist, in der man sich an blühenden Zwiebelgewächsen erfreut, ist es auch jene Zeit, in der Zwiebeln für im Frühjahr, Sommer und Herbst blühende Pflanzen gesetzt werden.

Zwiebelgewächse benötigen regelmäßige Wasserzufuhr, während sie wachsen und blühen, jedoch tolerieren nur wenige nassen Boden und die meisten lieben einen sonnigen, gut durchlässigen Standort. Ausnahmen sind das winterharte Alpenveilchen *(Cyclamen coum)*, das an schattigem Standort wächst, sowie Winterling *(Eranthis hyemalis)* und Schneeglöckchen *(Galanthus nivalis)*, die die meisten Böden und Schatten von darüber stehenden Bäumen vertragen.

Zwiebeln anzusiedeln, indem man sie durch das Gras wachsen lässt, trägt auch dazu bei, sie während der Wintermonate trockener zu halten, da das langsam wachsende Gras dem Boden Wasser entzieht. Um die beste Wirkung zu erzielen, sollte man sie dicht pflanzen, damit sie Blütenteppiche bilden. Es ist wichtig, das Laub mindestens sechs Wochen nach der Blüte ungeschnitten zu lassen, da zu frühes Mähen die Zwiebel schwächt, die Blüte einschränkt und die Zwiebel schließlich abtöten kann. Für kleinere oder weniger kräftige Zwiebeln, die zwar angesiedelt werden können, sich jedoch gegen Gras nicht durchsetzen, sind Rabatten mit Waldpflanzung oder Sträuchern eine gute Alternative. Da der Boden auf diesen Flächen, abgesehen von Unkrautbekämpfung, unbearbeitet bleibt, können sich die Zwiebeln ungestört einleben und ausbreiten. Varietäten können gewählt werden, um den durch das Blätterdach geschaffenen unterschiedlichen Bedingungen zu entsprechen, die von durchbrochenem Schatten bis zu voller Sonne reichen können. Wenn das Blätterdach zu dicht wird, nachdem sich die Blätter voll entfaltet haben, wählen Sie Zwiebelgewächse, die Anfang des Jahres blühen, bevor sich die Blätter ausrollen.

RECHTS *Große Gruppen blühender Zwiebelgewächse wie Krokus können ab der Wintermitte bis zur Mitte des Frühjahres einen Blütenteppich bilden.*

LINKS AUSSEN *Diese kompakten, tiefrosa gefärbten Blüten sind typisch für* Cyclamen coum, *das in der Wintermitte und im Spätwinter blüht.*

LINKS *Viele Varietäten des Schneeglöckchens sieht man im Winter;* Galanthus nivalis *'Viridapicis' ist durch sein langes Hochblatt gekennzeichnet.*

UNTEN Crocus chrysanthus *'E.A. Bowles' mit seinen duftenden gelben Blüten eignet sich für die Ansiedlung in Gras.*

GANZ UNTEN Scilla bifolia *ist eine kleine ausdauernde, Zwiebel tragende Pflanze mit hübschen blauen bis purpurnen sternförmigen Blüten.*

Anemone blanda

Ein beliebter Winter- und Frühjahrsblüher von niedrigem, sich ausbreitendem Habitus, der nicht höher wird als 15 cm. Die Blüten haben 10 bis 15 lange, schmale Perigonblätter (modifizierte Blütenblätter), die einzeln auf kurzen grünen Stängeln stehen, mit variierenden Blütenfarben von Tiefblau über Pinkschattierungen bis zu Reinweiß. Die Blätter sind sattgrün in breiter Dreieckform und in drei Segmente geteilt. Diese kleine winterharte Pflanze liebt gut durchlässigen Boden mit viel organischer Substanz und gedeiht gut in voller Sonne oder im Halbschatten. In sehr harten Wintern kann sie durch Mulch oder organische Substanz geschützt werden, durch die sie dann hindurchwächst und ihre Blüten hervorbringt. Es gibt eine Anzahl ausgewählter Blütenformen, die einzelne Farben hervorbringen, darunter *Anemone blanda* 'Blue Star' mit hellblauen Blüten, *A. b.* 'Radar', weiß und magentarot und *A. b.* 'White Splendour', die reinweiße Blüten trägt. ❄❄❄❄❄

Im Spätsommer oder Frühherbst in feuchten, gut durchlässigen Boden pflanzen, mindestens 5 cm tief. Neigt häufig zu Anfälligkeit für Blattfleckenkrankheit und Echten Mehltau.

Chionodoxa luciliae

Eine kleine Gruppe winterharter Zwiebelgewächse, die aus der Türkei und umliegenden Gebieten stammen, mit dem allgemein gebräuchlichen Namen Schneestolz. Im späten Winter und zeitigen Frühjahr werden kurze, bis zu 15 cm lange Stiele hervorgebracht, die Gruppen von bis zu drei kleinen, sternförmigen Blüten tragen, die mittelblau gefärbt sind, mit einer dunkelblauen Linie und weißer Zeichnung an der Basis jedes Blütenblattes. Die kurzen, schmalen Blätter sind mittelgrün gefärbt und in Paaren an der Basis des grünen Blütenstängels angeordnet. Heute ist eine Reihe einfarbiger Formen erhältlich, wie die rein weiße *Chionodoxa luciliae* 'Alba' und die pinkfarbene Form *C. l.* 'Rosea'. Jedoch gibt es Unstimmigkeiten bei der Benennung, und *Chionodoxa luciliae* kann auch als *C. gigantea* oder *C. forbesii* angeboten werden. ❄❄❄❄

Die Zwiebeln im Herbst 8 cm tief pflanzen. Diese Pflanze wächst an sonnigem Standort am besten, bevorzugt aber fruchtbaren, gut durchlässigen Boden.

Crocus chrysanthus

Es gibt viele mit *Crocus chrysanthus* verwandte winterharte Krokushybriden, die im Spätwinter und zeitigen Frühjahr blühen, mit kurzen, mattgrauen Blättern, die bis 2 cm lang sind. Jede Pflanze kann bis zu vier Blüten hervorbringen. In dieser Gruppe gibt es einige wahrhaft herausragende früh blühende Sorten, und viele sind so zuverlässig, dass kein winterlicher Garten ohne wenigstens eine Sorte bleiben sollte, die irgendwo platziert wird.

Eine sehr reich blühende Sorte ist *Crocus chrysanthus* 'Cream Beauty', die viele kremfarbene Blüten mit blassgrün-brauner Färbung am Grund und goldgelber Zeichnung im Inneren hat. Eine fantastische Sorte mit blauen Blüten ist *C. c.* 'Princess Beatrix', die mittelblaue Blütenblätter und einen goldgelbe Blütengrund hat, während *C. c.* 'Snow Bunting' zart weiß ist mit blasser purpurner Zeichnung an der Außenseite jedes Blütenblattes, goldorangem Schlund und leuchtend orangem Griffel und ebensolcher Narbe in der Mitte der Blüte.

Diese Pflanzengruppe eignet sich in warmen Räumen zum Treiben und kann nach dem Blühen zur Ansiedlung im Garten ausgesetzt werden. Sie bevorzugen alle sehr ähnliche Wachstumsbedingungen: Sie brauchen Boden, der gut durchlässig ist, benötigen allerdings nur wenig Düngung und wachsen oft gut in mageren, erschöpften Böden. Gern wachsen sie an offenem, sonnigem Standort und sie sind geeignete Pflanzen für die Ansiedlung in Rasen und gemischten Rabatten, die nach Süden zeigen, wo sie oft große Gruppen bilden, wenn sie sich einmal eingewöhnt haben.

Diese Pflanzen können während der Blüte Schutz brauchen, nicht vor der Kälte, sondern vor Vögeln. Einige Vögel picken nach den Blüten und zerfetzen sie, so dass oft kleine Teile von Blütenblättern rund um jede Pflanze verstreut sind. Dünne Baumwolle oder ein feinmaschiges Netz, das knapp über die Blüten gespannt wird, hält die Vögel ab, ohne von der Schönheit der Blüten abzulenken. ❄❄❄❄

Am besten pflanzt man frühjahrsblühende Krokusse im Herbst 8–10 cm tief im Boden in gleichmäßigen Abständen. Kann Schutz vor Nagern und Vögeln benötigen.

GANZ OBEN *Der gebräuchliche Name Schneestolz weist auf die Zeit des Jahres hin, in der* Chionodoxa luciliae *am wahrscheinlichsten blüht.*

OBEN RECHTS Crocus chrysanthus *'Princess Beatrix' hat fantastische mittelblaue Blüten mit einem Schuss Gelb an der Basis jedes Blütenblattes.*

OBEN *Mit seinen gelben Blüten ist* Crocus chrysanthus *'Cream Beauty' eine der am reichsten blühenden Winterkrokusse.*

RECHTS *Einige Formen der hübschen* Anemone blanda, *wie die großblumige 'White Splendour', beginnen ab der Wintermitte zu blühen.*

Crocus tommasinianus

Dieser winterharte Krokus wird bis 10 cm hoch und bringt ein bis zwei schlanke Blüten aus jeder Zwiebelknolle hervor. Die Blüten öffnen sich im Januar/Februar. Um sie vor Mäusen, Eichhörnchen und Vögeln zu schützen, legt man einen Rahmen mit Drahtgeflecht über die Pflanzen, wenn sie blühen. Blütenfarben variieren von silbrigem Lila bis zu tiefrotem Mauve; äußere Perigonblätter sind oft silbrig überzogen. Die Blütenblätter beginnen in engen Kelchen und öffnen sich zu einer flachen, seerosenartigen Form. Es gibt auch eine Form mit reinweißen Blüten, *C. tommasinianus* f. *albus*. Beide wachsen gleich gut an sonnigem oder halbschattigem Standort, bevorzugen jedoch fruchtbaren, gut durchlässigen Boden in voller Sonne. Sie sind eine ausgezeichnete Wahl für die Ansiedlung in Waldpflanzungen oder Rasen und sehen am besten aus, wenn man sie dicht pflanzt, sie kommen aber auch am vorderen Rand von Rabatten, in Steingärten und in Kübeln oder anderen Pflanzbehältern gut zur Geltung. Nicht als Schnittblumen geeignet. Empfohlene Sorten sind 'Ruby Giant' und 'Whitewell Purple'. ❄❄❄❄❄

Zwiebelknollen im Herbst 8 – 10 cm tief und mit Abstand pflanzen. Im Abstand einiger Jahre nach Bedarf aufnehmen und teilen.

Cyclamen coum

Winterharte Alpenveilchen sind unglaublich widerstandfähige kleine perennierende Pflanzen mit fast runden oder breit ovalen Blättern, die aufrecht auf sich einrollenden roten Stielen stehen. Obwohl viele Gärtner sie als Zwiebelgewächse behandeln, sind sie doch eigentlich Knollengewächse und wachsen lieber auf oder knapp unter der Erdoberfläche. Viele Arten haben eine ausgeprägte silberne oder graue Zeichnung auf ihren dunkelgrünen Blättern. *Cyclamen coum* wird nur 8 cm hoch und bringt mitten im tiefsten Winter zarte Blüten in Schattierungen von Rosa bis Karminrot hervor, während *C. hederifolium* bis zu 12 cm hoch wird und im Spätherbst oder zeitigen Winter rosa Blüten mit kastanienbrauner Zeichnung trägt. ❄❄❄❄❄❄

3 – 5 cm tief an einer trockenen, schattigen Stelle pflanzen, zum Beispiel nahe am Fuß eines Baumes. Die Vermehrung erfolgt durch Aussaat, sobald der Samen reif ist.

Eranthys hyemalis

Der Winterling wird wegen seines zeitigen Blühens geschätzt und obwohl als Zwiebelgewächs behandelt, ist er eigentlich ein winterhartes, perennierendes Zwiebelknollengewächs mit hübschen blassgrünen, tief eingeschnittenen Blättern. Im Spätwinter und zeitigen Frühjahr erscheinen kleine gelbe, butterblumenartige Blüten, 2 – 3 cm im Durchmesser, mit einem grünen Blätterkranz, der von einem grünen, 10 cm hohen Stängel über dem Boden gehalten wird. Winterlinge lieben feuchten, gut durchlässigen Boden und eine schattige oder halbschattige Waldumgebung. Sie können im Frühjahr unmittelbar nach dem Absterben der Blüten geteilt und wieder ausgepflanzt werden, 5 cm tief und im Abstand von 10 cm. Tragen Sie Handschuhe, wenn Sie die Zwiebelknollen/Pflanzen anfassen, da der Saft die Haut reizen kann. ❄❄❄❄❄

Knollenzwiebeln im Herbst 5 cm tief pflanzen. Die Pflanzen verbreiten sich schnell und samen reichlich aus, wodurch sie große Gruppen auf alkalischen Böden bilden. Nehmen Sie die Zwiebelknollen im Frühjahr nach der Blüte auf und teilen Sie sie. Nacktschnecken können das Laub fressen.

Galanthus elwesii

Diese beliebte Pflanze wird allgemein als Riesenschneeglöckchen bezeichnet, da sie viel kräftiger ist als das gemeine Schneeglöckchen, und gehört zu einer Gattung kleiner, winterharter, Gruppen bildender Zwiebelgewächse. Sie werden wegen ihrer reinweißen, nach Honig duftenden Blüten kultiviert, die grün gefleckt sind und im Februar und März hervorgebracht werden.

Galanthus elwesii steht normalerweise einzeln auf einem schlanken grünen Stängel, der bis zu 25 cm lang sein kann. Die 10 – 15 cm langen, flachen, riemenförmigen Blätter sind matt graugrün, oft mit einem bläulichen Schimmer und stehen paarig gewöhnlich zu beiden Seiten des Blütenstängels. Diese Pflanze liebt einen gut durchlässigen, Feuchtigkeit speichernden Boden und darf während des Wachstums nie austrocknen. Sie gedeiht im Halbschatten unter Bäumen und Sträuchern, wodurch sie gut für die Ansiedlung geeignet ist. ❄❄❄❄❄❄

Vermehrung durch Teilung der Büschel unmittelbar nach der Blüte, wenn die Blätter noch grün sind.

LINKS Crocus tommasinianus *gehört zu den zeitigsten der winterblühenden Krokusse und ist eine ideale Wahl für die Ansiedlung in Rasen oder schattigen Arealen.*

UNTEN Galanthus elwesii *ist eines der größten echten Schneeglöckchen. Die weißen Blüten haben eine typische grüne Zeichnung auf den inneren Blütenblättern.*

UNTEN RECHTS *Winterharte Alpenveilchen geben hervorragende Pflanzen für den Wintergarten ab; sie blühen vor und nach Weihnachten.*

UNTEN LINKS *Das grüne Laub des Winterlings* (Eranthis hyemalis) *bleibt noch lange erhalten, nachdem die Blüten verwelkt sind.*

Galanthus nivalis

Diese hübsche ausdauernde Pflanze, allgemein Schneeglöckchen genannt, ist unglaublich winterhart und seine Blüten erscheinen Anfang des Jahres. Eine große Vielfalt an Arten ist im Angebot. *Galanthus nivalis* bringt weiße, hängende, glockenartige Blüten hervor, oft mit einer grünen Zeichnung in Form eines umgedrehten „V" an der Spitze jedes inneren Perigonblattes. Sie stehen mitten im Winter auf 20 cm hohen Stängeln zwischen den schmalen, riemenförmigen, tiefgrünen Blättern. Die Blüten haben einen süßen Duft. Schneeglöckchen lieben einen feuchten, aber gut durchlässigen Boden und besiedeln, wenn sie sich einmal eingelebt haben, rasch Flächen unter Bäumen oder im Rasen. Sie wachsen auch gut in Rabatten oder Steingärten. Schneeglöckchen lassen sich nicht gut versetzen, wenn man die Zwiebeln austrocknen lässt. Der Kontakt mit den Zwiebeln kann die Haut reizen. Zu den empfohlenen Sorten gehört 'Flore Pleno'. ❄❄❄❄

Um beste Ergebnisse zu erzielen sollten Schneeglöckchen in belaubten Gruppen „im Grünen" etwa 8 cm tief gepflanzt werden, unmittelbar nachdem die Blüte im zeitigen Frühjahr beendet ist. Für beste Wirkung dicht pflanzen. Anfällig für Große Narzissenfliege und Grauschimmel.

Iris reticulata

Eine winterharte zwiebelbildende Iris aus der großen Reticulata-Gruppe, deren Pflanzen vom Spätwinter bis in die Mitte des Frühjahrs hinein blühen. Die mittelgrünen Blätter sind quadratisch unterteilt, bis zu 10 cm lang und laufen am Ende in einer Spitze zusammen. Die Blüten stehen einzeln auf kurzen, grünen, 10–15 cm hohen Stängeln, variieren in der Färbung von Purpurrot über dunkles Blauviolett bis zu blassem Blauviolett, und alle Farbvariationen haben eine gelbe Zeichnung auf den Blütenblättern. Es gibt heute viele benannte Sorten von *Iris reticulata*, eine der herausragendsten ist 'Katharine Hodgkin', deren blassblaue Blüten auf den Blütenblättern zart mit gelber und dunkelblauer Zeichnung gemustert sind. Diese Pflanzen lieben einen alkalischen Boden, der feucht und fruchtbar, jedoch gut durchlässig ist, und viel Sonne. ❄❄❄❄❄

Reticulata-Zwiebeln im Abstand von 5–10 cm pflanzen. Nach der Blüte lassen sie sich in mehrere kleine Zwiebeln teilen, die einige Jahre für Wachstum und Entwicklung benötigen können, bevor sie zu blühen beginnen.

Leucojum vernum var. *vagneri*

Dieses frühblühende winterharte Zwiebelgewächs, allgemein Märzenbecher genannt, wird oft mit dem Schneeglöckchen verwechselt, hat aber einen viel längeren Blütenstängel, etwa 20–25 cm hoch, und die Blüten sind viel größer. Die Blätter sind dick und riemenartig, glänzend grün gefärbt und wachsen um die Basis eines dunkelgrünen Stängels, der zwei glockenförmige Blüten trägt, die knapp über den Blättern hängen. Jede Blüte ist reinweiß mit einem grünen Punkt an der Spitze jedes Blütenblattes. Die Varietät *Leucojum vernum* var. *vagneri* ist viel robuster als die häufigere *L. vernum*, und es gibt außerdem eine *L. v.* var. *carpathicum*, die gelbe Spitzen an den Blütenblättern hat statt der üblicheren grünen. Dieses Zwiebelgewächs wächst gut auf feuchtem Boden in der Nähe eines Flusses oder Teiches und ist eine gute Wahl für naturnahe Pflanzung. Sie erzielt eine interessante Wirkung, wenn sie in Mischkulturen mit Schneeglöckchen eingesetzt wird. ❄❄❄❄❄

Trockene Zwiebeln in feuchten, humusreichen Boden pflanzen. Wächst gut in voller Sonne, wenn der Boden feucht gehalten wird. Häufiger Befall durch Nacktschnecken und Große Narzissenfliege.

Narcissus bulbocodium

Ebenfalls beliebt sind Osterglocken, die wegen ihrer hübschen Blüten kultiviert werden. *Narcissus bulbocodium* ist eine außergewöhnliche, winterharte, kleinwüchsige Narzissenart, die allgemein Reifrocknarzisse genannt wird. Die breiten, sattgelben, trichterförmigen Blüten mit schmalen Blütenblättern werden in der Frühjahrsmitte einzeln zwischen schmalen, linearen Blättern, die bis 15 cm lang werden, hervorgebracht. Diese Pflanze gedeiht gut an sonnigem Standort oder im Halbschatten. Sie liebt feuchten, gut durchlässigen Boden und ist hervorragend für die naturnahe Besiedlung von Zierrasen oder Wiesenflächen geeignet oder als Ergänzung für Steingärten. Sie kann in feuchtem Grasland ausgesiedelt werden, das im Sommer austrocknet, aber man sollte vermeiden, das Gras zu mähen, bevor die Blüte ihre Samen abgeworfen hat. ❄❄❄❄❄❄

Zwiebeln im September oder Oktober bis zu einer Tiefe von 8–10 cm und im Abstand von etwa 15 cm pflanzen. Problematisch sind Große Narzissenfliege, Narzissennematode, Nacktschnecken, Zwiebelfäule und andere Pilzinfektionen.

GANZ OBEN Narcissus bulbocodium *bringt ziemlich ungewöhnliche trichterförmige Blüten auf schlanken grünen Stängeln hervor und ist eine Zwiebelpflanze, die gern in Steingärten kultiviert wird.*

OBEN RECHTS Iris *'Katharine Hodgkin' ist eine äußerst beliebte Sorte, die zarte blaue Blüten mit einer verwobenen gelben und blauen Musterung auf den Blütenblättern hat.*

OBEN *Das Schneeglöckchen* (Galanthus nivalis) *ist eine der Pflanzen, die am häufigsten mit den Wintermonaten assoziiert wird. Die Blüten duften nach Honig, was selten bemerkt wird, da sie so niedrig wachsen.*

RECHTS *Diese Pflanze wird oft mit dem Schneeglöckchen verwechselt, doch* Leucojum vernum *var.* vagneri *ist größer und bringt im Spätwinter oder zeitigen Frühjahr zwei hängende, glockenförmige Blüten auf jedem Stängel hervor.*

Narcissus papyraceus

Diese Pflanze, die auch als Weihnachtsnarzisse oder Narzisse 'Paperwhite' bezeichnet wird und sogar als *Narcissus* 'Paperwhite' im Handel ist, wird in der Klassifizierung der Narzissen unter Abteilung 8 (Tazettennarzissen) eingeordnet. Sie wächst gewöhnlich zu einer Größe von 40 cm auf und hat lange, breite, mittelgrüne Blätter, die sehr aufrecht über dem Boden stehen. Sie ist zwar ein Winterblüher, jedoch nicht so hart wie manch andere Arten. Sie profitiert von einem vor Frost gebotenen Schutz, wenn sie beispielweise in einer nach Süden gerichteten Rabatte oder unter Bäumen wächst. Diese Pflanzen gedeihen in einer großen Bandbreite an Bodentypen, vorausgesetzt, dass sie gut durchlässig sind. Sie lieben einen sonnigen Standort und sind hervorragend für die Aussiedlung auf Rasen oder gemischte Rabatten geeignet. ❄❄❄❄❄❄❄❄

Vermehrung durch Abtrennung von Absenkern nachdem das Laub abgestorben ist. Kultivierung in mit Wasser vollgesogenen Böden vermeiden, da diese Pilzfäule fördern können.

Scilla siberica

Allgemein Blaustern genannt, ist dieser nahe Verwandte des heimischen Zweiblättrigen Blausterns oder Scilla ein niedrig wachsendes, winterhartes, kleines Zwiebelgewächs und erreicht eine Höhe von 5–15 cm. Er wird wegen seiner nickenden glockenförmigen Blüten kultiviert, die im Spätwinter oder im zeitigen Frühjahr hervorgebracht werden. Die Blüten beginnen zu erscheinen, sobald Blätter und Knospen durch die kalte Wintererde stoßen, und die Blüte hält mehrere Wochen lang an. Die Blüten sind normalerweise von strahlend blauer Farbe, aber es gibt eine Reihe Sorten mit unterschiedlichen Farben, wie *Scilla siberica* 'Alba' mit reinweißen und *S. s.* 'Spring Beauty' mit dunkelblauen Blüten. Ein ausgezeichneter Zwiebelblüher, ideal für Steingärten oder erhöhte Beete, der sich gleichermaßen als eingebürgerte Pflanze in einer Rabatte unter sommergrünen Sträuchern wohl fühlt. ❄❄❄❄❄

Um diese Zwiebeln zu vermehren, gräbt man sie im Vier- oder Fünfjahresrhythmus aus und teilt sie, und zwar im Spätsommer oder Herbst.

Scilla mischtschenkoana

Der ursprüngliche Name lautete *Scilla tubergeniana*, wurde aber jetzt zu dem beinahe unaussprechlichen *S. mischtschenkoana* geändert. Die Pflanze stammt aus dem Iran und wird oft mit *S. siberica* verwechselt; sie ist etwas höher, erreicht 10–20 cm Höhe und hat blassblaue Blüten; jedes Blütenblatt hat einen tiefblauen Streifen entlang seiner Mitte und jede Blüte öffnet sich fast flächig in der strahlenden Wintersonne. Die Blüten beginnen sich zu zeigen, sobald die Blätter und Knospen durch die Erde stoßen, und die Blüte dauert an, bis die Stängel ihre volle Höhe erreicht haben. Eine ausgezeichnete Pflanze, ideal für erhöhte Beete oder Steingärten. Sie wächst gut, wenn man sie in einer halbschattigen Rabatte unter Bäumen und Sträuchern ansiedelt. Diese Pflanze braucht gut durchlässigen, jedoch feuchtigkeitsspeichernden Boden, um gut zu gedeihen. ❄❄❄❄❄

Vermehrung erfolgt im Herbst durch Teilung der Zwiebelgruppe, die Zwiebeln müssen jedoch sofort wieder ausgepflanzt werden.

Tulipa humilis

Diese kleinwüchsige Art frühblühender Tulpen wird nicht höher als 8–15 cm. Sie stammt aus Gebieten des Iran und der Türkei. Die schmalen Blätter sind von graugrüner Farbe und bilden eine flache Rosette dicht über dem Erdboden. Aus der Mitte der Rosette wächst ein stämmiger graugrüner Stängel, der von einer magenta-rosafarbenen Blüte mit goldgelbem Zentrum gekrönt wird. Dies ist eine sehr vielseitige Art mit ziemlich deutlichen Veränderungen sowohl im Habitus als auch in der Blütenfarbe, abhängig vom geografischen Gebiet, in dem die Mutterpflanzen gesammelt wurde. Daher hat diese Pflanze eine Varietät, *Tulipa humilis* var. *pulchella* und weitere Varianten unter dem Namen *Tulipa humilis* var. *pulchella* 'Violacea Group'. Jedoch gibt es einige herausragende benamte Sorten von *T. humilis*: 'Persian Pearl' hat alpenveilchenrote Blüten mit gelber Zeichnung an der Basis, 'Odalisque' ist von hellem Purpur mit gelber Basis, 'Eastern Star' ist pinkrosa mit bronzefarbener und grüner Zeichnung. ❄❄❄❄

Vermehrung erfolgt durch Aufnehmen der Mutterzwiebel und Entfernen aller Ableger, nachdem das Laub abgestorben ist. Graue Eichhörnchen fressen diese Pflanze manchmal.

OBEN LINKS Scilla mischtschenkoana *ist als frühblühende Zwiebel sehr beliebt für Steingärten oder erhöhte Beete.*

GANZ OBEN Narcissus papyraceus (*die Tazetten-Narzisse* 'Paperwhite') *ist eine frühblühende Zwiebel, die reinweiße Blüten hervorbringt.*

OBEN Scilla siberica *ist eine widerstandsfähige Pflanze, die zur Einbürgerung in Rabatten verwendet werden kann. Lässt man sie ungestört, kann sie große Gebiete des Gartens besiedeln.*

LINKS Tulipa humilis 'Lilliput' *ist ein Vertreter einer Gruppe niedrig wachsender, aber sehr reich blühender Tulpen und ideal für die naturnahe Kultur.*

Stauden

Die gebräuchlichste botanische Beschreibung für ein Staudengewächs besagt, dass es eine Pflanze ist, die einen jährlichen oberirdischen Teil hat, der ein Jahr überdauert, und ein ausdauerndes Wurzelsystem und Speicherorgane, die viele Jahre ausdauern. Doch gibt es innerhalb dieser Pflanzengruppe einige, die eigentlich immergrün sind, und ihre festen, lederartigen Blätter bieten einen willkommenen Hauch winterlichen Grüns. Manche Stauden bringen eine schöne winterliche Blütenpracht hervor und andere leisten einen schmückenden Beitrag mit übrig gebliebenen Früchten und Blütenständen, die während der kürzesten Tage des Jahres einen reizvollen Anblick bieten.

Im Allgemeinen denkt man bei Stauden nicht daran, dass sie Früchte tragen könnten, schon gar nicht während der Wintermonate, aber bei einigen ist das so. Am auffälligsten ist die Gemeine Blasenkirsche oder Lampionblume (*Physalis alkekengi* var. *franchetii*), die einen orangeroten, papiernen Kelch ausbildet, der eine kirschähnliche Frucht umgibt. Diese Gebilde hängen im Winter an der Pflanze, wobei die äußere „Laterne" im Wind schaukelt und sich nach und nach auflöst, so dass die gereifte Beere darin enthüllt wird.

Die Teile von abgestorbenen Pflanzen können Geräusche sowie eine optische Wirkung bieten. Die nickenden Ähren oder Reste von Blüten bleiben oft den Winter über an Ziergräsern erhalten und bewegen sich leicht in der Brise oder werden im Trotzen gegen die kalten Winterwinde gekrümmt. Selbst wenn die Witterung still und ruhig ist, gibt es immer noch erstaunliche Effekte – an kalten, eisigen Tagen kann die Bildung von Eiskristallen über diesen Gebilden optisch beeindruckend sein.

An einigen Mehrjährigen bilden die Blätter das dekorative Merkmal. Die großen, gerundeten Blätter der Bergenia haben ihr im Englischen den Namen „Elefantenohr" eingebracht, während manche Nieswurzarten spitze, fast palmenartige Blätter haben. Andere, wie die Elfenblumen, haben harte Blätter mit täuschend zarter Erscheinung; alternativ können die langen, riemenartigen Blätter der Taglilien *(Hemerocallis)* willkommene Abwechslung zum kahlen Boden im Winter bieten. Oft entwickeln sich Färbungen in Bronze, Orange und Purpur an den Blatträndern, wenn der Winter einsetzt.

Manche Mehrjährigen sind nicht stark genug, um ihre Blätter über den gesamten Winter zu behalten, aber sie sind hart genug attraktive Blüten hervorzubringen. Nieswurze bieten eine Palette von Farben, von Purpurschattierungen bis zu Gelb und Reinweiß. Bergenien haben im Allgemeinen kleinere Blüten, aber sie machen ihre fehlende Größe wieder wett mit dichten Büscheln weißer und rosafarbener Blüten auf kurzen roten Stängeln.

RECHTS Pulmonaria saccharata *bringt im Spätwinter rosarote Blüten hervor, die sich mit zunehmender Dauer von Mauve zu einem satten Blau verändern.*

LINKS Helleborus orientalis *bringt vom tiefsten Winter bis zum Frühjahr kelchförmige Blüten hervor, die oft durch eine dichte Schneedecke hindurch erblühen.*

UNTEN LINKS Pulmonaria *'Sissinghurst White' ist eine der kräftigeren Pflanzen und hat Blüten, die als blassrosa Knospen beginnen und sich zu reinem Weiß öffnen.*

UNTEN *Mehrjährige Pflanzen bieten eine große Palette an Farben und Formen, wodurch sie in jeder Jahreszeit reizvoll sind, einschließlich des Winters, wenn ihre alten Stängel und Blütenstände für Farbe sorgen.*

Bergenia crassifolia

Eine winterharte, Gruppen bildende, immergrüne mehrjährige Pflanze mit stolzen, festen, lederartigen Blättern, die rund mit einer herzförmigen Basis sind und gezähnte Blattränder haben. Sie sind von mittelgrüner Farbe und werden im Winter reizvoll, wenn sich eine orange und gelbe Färbung an den Blatträndern einstellt. Die Veränderungen in der Blattfarbe sind deutlicher, wenn die Pflanzen auf mageren Böden gezogen werden, besonders an exponierten Standorten. Im Spätwinter und zeitigen Frühjahr sind purpurrosafarbene Blüten an sich neigenden Blütenständen angeordnet, die über den Blättern an aufrechten, sich verzweigenden und oft rot gefärbten Stängeln 45 cm hoch stehen. *Bergenia crassifolia* var. *pacifica* hat größere Blätter und bringt während der späten Wintermonate purpurrötliche Blüten an 30 cm hohen Stängeln hervor. Diese harte Pflanze ist hervorragend als Bodendecker geeignet und gedeiht in voller Sonne ebenso gut wie im Halbschatten. ❄❄❄

Vermehrung durch Teilung im späten Frühjahr nach der Blüte. Blattfärbung wird durch Pflanzung in voller Sonne verbessert.

Epimedium x *warleyense*

Diese niedrig wachsende, Gruppen bildende, winterharten immergrünen – oder in einigen Fällen halbimmergrünen – Pflanzen sind hervorragende Bodendecker unter voll- oder halbschattigen Bedingungen und oft sind die Bäume eine Hilfe beim Schutz der Pflanzen, wenn die Wetterverhältnisse sehr schlecht werden. Die Blätter sind beinahe herzförmig und hellgrün mit rosaroter Färbung in der Jugend, die mit zunehmendem Alter dunkler wird. Im Herbst und Winter zeigen diese Blätter lebhafte gelbe, orange, rote und bronzene Färbung und stehen auf dünnen verholzten Blattstielen bis zu 30 cm hoch. Die Trauben kleiner, becherförmiger Blüten, die der Pflanze ihren gebräuchlichen Namen Sockenblume oder Elfenblume eingetragen haben, sind hellorange und kommen im Frühjahr und Sommer hervor; die Blüten können jedoch, abhängig von der Sorte, auch in Färbungen von gelb bis malvenfarben wachsen. ❄❄❄❄❄

Diese Pflanzen können schwere Blattverbrennungen erleiden, wenn sie offen gepflanzt werden und sehr starker Sommersonne ausgesetzt sind. Vermehrung durch Teilung im zeitigen Frühjahr.

Helleborus orientalis

Diese winterharte, immergrüne mehrjährige Pflanze wird allgemein Nieswurz genannt und bildet eine kompakte Anhäufung fester, lederartiger Blätter, die auf der Oberseite mittelgrün bis dunkelgrün sind, auf der Unterseite jedoch wesentlich blasser. Die Blätter stehen auf dicken, hohlen, blassgrünen Stängeln, die bis 45 cm in der Höhe erreichen und sich oftmals auf den Boden legen, sobald sie ihre volle Höhe erreicht haben, um Platz für neue Blätter oder Blüten zu machen, die aus der Mitte des Büschels wachsen. Im Winter besteht jeder Blütenstand aus mehreren becherförmigen weißen oder kremgrünen Blüten, manche mit roter oder rosa Zeichnung.

Es gibt jetzt einige Sorten mit gelben Blüten, wie *Helleborus orientalis* 'Lemon Yellow'. Die Stängel werden nach Beendigung der Blüte zurückgeschnitten, um die Pflanze auszudünnen. ❄❄❄❄❄❄

Vermehrung erfolgt durch Aussaat im Sommer und Überwinterung im Kalten Kasten, oder Teilung bei den meisten der benamten Sorten.

Iris unguicularis

Diese kräftige, Büschel bildende Iris verbreitet sich im Boden durch Wurzelstöcke (Rhizome) und erreicht eine Höhe von 40 cm. Die schmalen, grasartigen Blätter werden bis zu 60 cm lang, können aber ungepflegt aussehen, da die Spitzen häufig absterben und braun werden. Im Spätwinter und zeitigen Frühjahr tragen die kurzen grünen Stängel Einzelblüten, die von lavendelvioletter Farbe mit gelber, weißer und purpurfarbener Zeichnung sind. Oft treiben kleinere Blüten in einem kurzen Ausbruch im Herbst aus. Es gibt eine Reihe einfarbiger Sorten, darunter *Iris unguicularis* 'Alba', die weiße Blüten mit gelber Zeichnung hat; diese ist jedoch weniger winterhart als die dunkler gefärbten Formen, während *I.u.* 'Mary Barnard' tiefviolette Blüten in der Wintermitte hat und *I.u.* 'Walter Butt' im frühen Winter oder in der Wintermitte blass lavendelfarbene Blüten hervorbringt. Diese Pflanzen lieben einen gut durchlässigen neutralen bis alkalischen Boden in voller Sonne. ❄❄❄❄❄

Diese Pflanzen werden durch Teilung vermehrt. Man teilt sie alle drei bis vier Jahre, damit sie kräftig und gesund bleiben.

RECHTS *Zwar blüht die Elfenblume nicht im Winter, aber die herzförmigen Blätter färben sich bei kaltem Wetter kupfern und funkeln unter einer Bestäubung mit Reif.*

UNTEN RECHTS *Bergenien bieten sowohl eine gute Blattfarbe als auch Blüten; sie reagieren auf Kälte häufig mit purpurroter Zeichnung auf ihren glänzend roten Blättern.*

UNTEN Iris unguicularis *bringen normalerweise während der Wintermonate eine regelmäßige Blütenfolge statt einer kurzen, intensiven Farbexplosion.*

GANZ UNTEN *Nieswurze, mit ihren eckigen Blättern und zähen,ausdauernden Blüten, die in verschiedenen Farben erhältlich sind, werden eng mit dem winterlichen Garten assoziiert.*

Physalis alkekengi var. *franchetii*

Dieses stark wuchernde, breitwüchsige, winterharte Gewächs, ein naher Verwandter der Kartoffel und als Lampionblume bezeichnet, ist eine sommergrüne Staudenpflanze mit dünnen, mittelgrünen Blättern auf blassgrünen Stängeln. Der Hauptreiz liegt in den orangefarbenen Kapseln, die eine essbare rötlich-orange Beere enthalten und in etwa 75 cm Höhe sitzen. Diese lampionartigen Früchte bleiben den ganzen Winter über an der Pflanze und schwanken im Wind, nachdem die Blätter abgestorben sind. Einmal verwurzelt, kann diese Pflanze sich rasch invasionsartig im Boden mit Hilfe von weißen unterirdischen Stängeln, die man Rhizome nennt, ausbreiten. Es gibt eine sehr hübsche, niedrig wachsende Sorte namens 'Zwerg', die weitaus weniger starkwüchsig ist. ❄❄❄❄❄❄

Diese Pflanze wächst in fast jedem Boden, vorausgesetzt, dass er nicht allzu trocken ist; sie muss aber in jedem Frühjahr bis auf den Grund zurückgeschnitten werden.

Pulmonaria

Diese Schatten liebende winterharte Pflanze ist als Lungenkraut bekannt und blüht als eine der ersten im Spätwinter und zeitigen Frühjahr. Sie ist ein hervorragender Bodendecker und hat wunderschönes Laub. Die breit ovalförmigen Blätter sind gewöhnlich mittelgrün, manchmal gemustert mit silbergrauen Flecken, die gleichmäßig über die oft mit einer feinen Haarschicht bedeckte Oberseite des Blattes verteilt sind. Die trompetenförmigen Blüten stehen auf kurzen, behaarten Blütenstängeln über den Blättern und variieren in der Farbe von Blau über Rot und Rosa bis Weiß. Es ist eine Vielzahl von Arten, Hybriden und Sorten im Angebot und häufig ändert sich die Farbe ihrer Blüten mit dem Alter. *Pulmonaria longifolia* hat sehr schmale, getüpfelte Blätter und leuchtend blaue Blüten; die Sorte 'Lewis Palmer' hat breiteres, getüpfeltes Laub und weiche blaue Blüten, die später rosa werden. ❄❄❄❄❄❄

Diese Pflanzen brauchen tiefen Boden mit viel Feuchtigkeit, da sie sehr empfindlich gegen Mehltau an den Blättern sind, wenn sie auf trockenem Boden kultiviert werden.

Stipa gigantea

Das Riesenfedergras, ein winterhartes immergrünes Gras, bildet einen dichten federartigen Horst aus langen, schmalen, gerollten Blättern, die mittelgrün gefärbt und oft bis zu 75 cm lang sind. Diese Pflanze blüht zwar im Sommer und bringt dazu lange schlanke Halme hervor, auf denen große haferähnliche Blüten in bis zu 2 m Höhe stehen, die sich aber mit zunehmendem Alter golden färben und den Winter über an der Pflanze ausdauern. Die Pflanze sieht im Winter besonders beeindruckend aus, wenn sie nach Nachtfrost mit einer Schicht aus Eiskristallen bedeckt ist. Sie sieht gut aus, wenn sie vor einem Hintergrund aus Pflanzen mit dunkleren Blättern gezogen wird und eignet sich hervorragend für den Anbau als Einzelexemplar. ❄❄❄

Benötigt viel Platz und liebt frei durchlässigen Boden und viel Sonnenlicht. Blütenstängel im Frühjahr zurückschneiden.

Stipa tenuissima

Diese Pflanze hat einen schmalen, aufrechten Habitus und bildet einen Horst von etwa 30 cm im Durchmesser und bis zu 50 cm Höhe. Während des Sommers bringt sie in Massen weiche Blütenstiele von bis zu 30 cm Länge hervor, die über den Blättern stehen. Die zarten Blütenstände sind zunächst grünlichweiß gefärbt, werden mit zunehmendem Alter goldgelb wie Stroh und nicken sanft im Wind. Dieses winterharte sommergrüne Gras bleibt auch den Winter über hübsch anzusehen, obwohl seine Blüten abgestorben sind. Die langen, schmalen, leuchtend grünen Blätter sind eng gerollt und erreichen eine Länge von 40 cm. Die Pflanze ist im Südosten der USA und im nördlichen Südamerika beheimatet. Sie ist in der Lage, lange Zeiträume mit wenig Wasser zu überdauern. Die Blätter und Blütenstängel können in Trockenblumensträußen verwendet werden. Dies ist eine Pflanze, die auf den meisten gut durchlässigen Böden wächst, jedoch strahlendes Sonnenlicht liebt. ❄❄❄❄❄❄❄❄

Vermehrung durch Aussaat im Frühjahr unter Abdeckung, aber um schnell große Pflanzen zu erhalten, wird die Methode der Teilung im späten Frühjahr oder Frühsommer bevorzugt.

OBEN LINKS *Im Winter verbleiben nur die orangefarbenen Früchte der Lampionblume* (Physalis alkekengi *var.* franchetii) *an braunen Stängeln.*

OBEN RECHTS Stipa tenuifolia *oder Federgras hat strohfarbene Blätter, die im Wind ein raschelndes Geräusch erzeugen.*

OBEN Pulmonaria longifolia *allgemein Lungenkraut genannt, hat schmale, getüpfelte Blätter und purpurn-blaue Blüten.*

LINKS Stipa gigantea *wird oft wegen ihrer dominanten Statur als strukturierende Pflanze bezeichnet. Die abgestorbenen Blütenstände verleihen Höhe und Bewegung.*

Kletterpflanzen *können als Pflanzengruppe Verwirrung stiften, da sie häufig eigenständig klassifiziert werden, obwohl die betreffende Pflanze möglicherweise nur eine kletternde Version einer Pflanze aus einer anderen Gruppe ist. Die Termini, die zu ihrer Klassifizierung verwendet werden, können ebenfalls irreführend sein. Mauersträucher werden mit Kletterpflanzen wegen der Art ihres Anbaus verwechselt und Pflanzen wie Kletterrosen sind in Wirklichkeit überhaupt keine Kletterpflanzen. Echte Kletterpflanzen haben ihre eigene Methode der Selbststützung, seien es nun Ranken, sich windende Triebe, Luftwurzeln, Haftscheiben oder schlingende Blattstiele.*

Wenn sie über keine dieser Methoden der Selbststützung verfügen, sind sie Mauersträucher und müssen erzogen und festgebunden werden. Kletterpflanzen und Mauersträucher werden immer beliebter, da die Gärten kleiner werden und der Platzdruck wächst. Es gibt eine Tendenz hin zum vertikalen Gartenbau, bei dem die Pflanzen nach oben gezogen werden, da weniger Platz vorhanden ist, um in die Breite anzubauen.

Als Gefüge innerhalb eines Gartens können immergrüne Kletterer sehr wertvoll sein, besonders, wenn etwas versteckt werden muss. Während des Winters, wenn es weniger Laubwerk gibt, ist es wahrscheinlicher, dass man den abstoßenden Gegenstand sieht, und genau da kommen die immergrünen Pflanzen richtig zur Geltung. Wenn die gewählten Pflanzen Laub mit silbernen oder goldenen Einfärbungen haben, verleiht dies einen zusätzlichen Reiz. Efeu mit gefleckten Laub überdeckt Wände und Zäune, und die große Vielfalt an Blattformen und Farben lenkt die Aufmerksamkeit auf die Pflanze statt auf den zu überwuchernden Gegenstand. Wild lebende Tiere werden die Deckung schätzen, indem sie sie entweder als Schutz in Winternächten nutzen oder die schwarzen Früchte als Futterquelle.

Viele Immergrüne blühen auch und bringen reizvolle, leuchtend gefärbte Früchte hervor – ein zusätzlicher Vorteil für jeden, der einen winterlichen Garten plant. Die farnblättrige Waldrebe mit ihren kremgelben Blüten, die sich den ganzen Winter über öffnen, sieht immer hübsch aus, egal, wie widrig die Wetterverhältnisse auch werden.

Pflanzen, die als Mauersträucher gezogen werden, können ebenfalls eine beeindruckende winterliche Farbenpracht entfalten. Der Winterjasmin bringt fast den ganzen Winter über gelbe Blüten hervor, und die Beeren des Feuerdorns *(Pyracantha)* ziehen mit ihrer roten und gelben Färbung die Aufmerksamkeit auf sich. Zu den weniger häufigen Pflanzen gehört *Clematis napaulensis*, eine sommergrüne Pflanze mit kleinen kremgelben, glockenförmigen Blüten, die ein purpurnes Zentrum haben. Diese Pflanze bringt im tiefsten Winter Blüten hervor.

RECHTS Parthenocissus *wird wegen seiner hübschen leuchtend gefärbten Blätter gezogen. Pflanzen Sie ihn an, um eine Mauer oder einen Zaun zu überdecken.*

GANZ RECHTS UND UNTEN *Wenn es eine Kletterpflanze gibt, auf deren Winterblüte Sie sich verlassen können, dann ist es der Winterjasmin* (Jasminum nudiflorum), *der eine Folge von Blüten in jeweils kleinem Schwall hervorbringt, statt einer einzigen kurzen Farbexplosion.*

UNTEN RECHTS Clematis armandii *ist eine außergewöhnliche immergrüne Clematis mit glänzenden grünen Blättern und duftenden weißen, sternförmigen Blüten. Sie kann etwas Zeit brauchen, bis sie anwächst, aber das Warten lohnt sich.*

Clematis cirrhosa var. *balearica*

Diese kräftige, zuverlässige Pflanze ist eine der am einfachsten zu ziehenden Kletterpflanzen, da sie fast überall überlebt und einen großartigen Anblick bietet. Die vierblättrigen Blüten sind von blassgelblicher Farbe mit purpurfarbener Zeichnung an der Innenseite und erscheinen vom Spätherbst bis zum zeitigen Frühjahr. Ihnen folgen die mit seidigen Haarbüscheln versehenen Samenstände. Sie wird oft farnblättrige Clematis genannt wegen ihres gefiederten Laubwerks; im Winter nehmen die dünnen grünen Sprosse und Blätter eine stumpfe Bronzefärbung an, wenn das Wetter kälter wird. Eine ausgewachsene Pflanze erreicht schließlich 3 m Höhe. Es gibt auch zwei Sorten, die häufig kultiviert werden: 'Freckles' mit viel intensiverer und und zahlreicherer Blütenzeichnung und 'Wisley Cream' mit größeren, blasser gefärbten Blüten und sehr sparsamer Zeichnung. Bei keiner dieser Waldreben ist regelmäßiger Rückschnitt erforderlich. ❄❄❄❄❄❄❄

Diese Pflanze lässt sich leicht aus Stecklingen ziehen und scheint gegen die meisten Schädlinge und Krankheiten resistent zu sein.

Hedera colchica 'Sulphur Heart'

Eine eindrucksvolle selbstklimmende Kletterpflanze mit Haftwurzeln. Sie hat große immergrüne Blätter, dreilappig oder breit oval geformt und jedes Blatt ist deutlich mit einem unregelmäßigen, mittigen goldenen Klecks gezeichnet, der von blassem Grün und einem tieferen Grün rund um die Blattränder umgeben ist. Dies ist eine winterharte, kräftige Pflanze mit hellgrünen Stängeln, die schnell eine Höhe von 5 m erreicht und sich binnen weniger Jahre 8 – 10 m über eine Mauer oder einen Paneelzaun ausbreitet. Er wird häufig Kaukasus-Efeu genannt und wächst in einer großen Bandbreite von Böden, bevorzugt jedoch fruchtbaren Boden mit viel organischer Substanz und etwas freiem Kalk. Diese Pflanze wird auch unter anderen (nicht korrekten) Namen verkauft, wie zum Beispiel 'Gold Leaf' und 'Paddy's Pride'. Sie braucht keinen regelmäßigen Rückschnitt und lässt sich leicht pflegen, obwohl es etwas dauern kann, bis sie anwächst und über eine Mauer oder einen Zaun zu klimmen beginnt.

❄❄❄❄❄❄❄

Vermehrung durch halb reife Stecklinge, die im Sommer geschnitten werden, oder durch Absenken, indem Triebe auf der Erde festgesteckt werden.

Hedera helix 'Glacier'

Eine zähe, winterharte, selbstklimmende Pflanze mit kletterndem oder kriechendem Habitus, oft Gemeiner Efeu genannt. Es gibt viele Sorten dieser Pflanze, die für gewöhnlich nach ihrer unterschiedlichen Blattform, Blattfarbe oder beidem ausgewählt werden. *Hedera helix* 'Glacier' ist eine der am häufigsten kultivierten Sorten, wegen ihrer hübsch gemusterten Blätter, die fast dreieckig geformt graugrün mit silberner, grauer und kremfarbener Zeichnung gefärbt sind und auf purpurngrünen Stängeln stehen. Diese Pflanze klettert auf eine Höhe von 3 m oder mehr und wächst gut als Kletterer oder Bodendecker. Sie ist leicht zu kultivieren und passt sich gut an, wurde in der 1950-er Jahren aus Kalifornien nach Europa eingeführt und ist heute eine der häufigsten Gartenpflanzen, die sowohl im Haus als auch im Freien gezogen wird. ❄❄❄❄❄❄❄

Wie bei Hedera colchica *erfolgt die Vermehrung durch halb reife Stecklinge, die im Sommer geschnitten werden, oder durch Absenken, indem Triebe auf der Erde festgesteckt werden.*

Jasminum nudiflorum

Gemeinhin als Winterjasmin bekannt ist diese beliebte Pflanze ein hervorragendes Wintergewächs. Sie kann als frei stehender oder Mauerstrauch kultiviert werden. Die dünnen, peitschenartigen, fast blattlosen Triebe, die bis zu 3 m lang werden können, haben einen quadratischen Querschnitt und sind von grüner Farbe, was der ganzen Pflanze ein immergrünes Aussehen verleiht. Sie wird hauptsächlich wegen ihrer kleinen, duftenden, röhrenartigen, gelben Blüten kultiviert, die sich vom Spätherbst an bis in das zeitige Frühjahr hinein zu einem fünfblättrigen Stern öffnen. Die gemusterte Form dieser Pflanze, *Jasminum nudiflorum* 'Aureum' hat goldgelbe Flecken auf den Blättern. Diese Pflanze kann in beinahe jeder Lage und auf fast jedem Boden gezogen werden – ein wahrer Überlebenskünstler und eine ausgezeichnete Wahl für unerfahrene Gärtner wie auch für solche mit mehr Erfahrung.

❄❄❄❄❄❄

Diese Pflanze lässt sich leicht vermehren, entweder durch halb reife Stecklinge, die im September genommen werden, oder durch Senker der Triebspitzen, die ganz natürlich dort entstehen, wo die Triebe den Boden berühren.

LINKS Hedera colchica *'Sulphur Heart'* *ist ein hübscher großblättriger Efeu; die perfekte Wahl für eine schattige Ecke.*

UNTEN Jasminum nudiflorum *ist ein „Muss" für den Winter – eine Pflanze, die den Winter hindurch blüht, wenn andere möglicherweise zu kämpfen haben.*

UNTEN RECHTS Clematis cirrhosa *var.* balearica *hat fein gefiederte immergrüne Blätter und im Winter blassgelbe Blüten. Sie ist hervorragend geeignet unansehnliche Objekte zu verdecken.*

UNTEN LINKS Hedera helix *'Glacier' ist ein winterharter, eigenständiger Kletterer, der gut an einer Mauer oder an einem Zaun emporwächst oder sich als Bodendecker über Beete und Rabatten ausbreitet.*

Bäume und Sträucher

Gärtner zeigen oft, ohne sich dessen gewahr zu werden, eine Neigung, Bäume und Sträucher auszuwählen, die als Grenzpunkte der Natur dienen, indem sie den Beginn oder das Ende einer Jahreszeit anzeigen. Das perfekte Beispiel dafür ist die Beliebtheit von Pflanzen, die im Garten herbstliche Farben zeigen, was oft als deutliches Merkmal dafür angesehen wird, dass sich das Anbaujahr dem Ende nähert. Auf der anderen Seite sehen viele eine auffallende Pracht blühender Kirschen als Zeichen dafür an, dass die Natur aus ihrem Schlummer erwacht und das große Abenteuer des Frühlings gleich beginnen wird.

Im Sommer geht im Garten oft so viel vor, dass die meisten Bäume und Sträucher zu einem Teil des Gesamtplans werden und entweder unbeachtet bleiben oder kaum in vollem Maße Beachtung finden. Das macht den Winter zu etwas Besonderem, denn manche Bäume und Sträucher bewahren ihren schönsten Staat für die kürzesten Tage des Jahres auf.

Farbige Stämme bieten ihre ganz eigene Pracht, von der abblätternden Borke des Weißgrauen Ahorns *(Acer griseum)*, der Schwarzbirke *(Betula nigra)* und der Maack-Traubenkirsche *(Prunus maackii)* bis zur sich abrollenden Borke der Himalajabirke *(Betula utilis)* und der japanischen Blütenkirsche *(Prunus serrula)*. Die leuchtenden Sprosse der Hartriegelgewächse (*Cornus* spp.) und Weiden (*Salix* spp.) sind allbekannt, doch die gestreifte Borke des Schlangenhaut- *(Acer capillipes)*, Davids- *(A. davidii)* und Streifenahorns *(A. pensylvanicum)* sind ebenso hübsch, wenn auch weniger häufig.

Viele weitere verholzte Gewächse tragen den Winter hindurch ihre leuchtend gefärbten Früchte. Zwergmispel (*Cotoneaster* spp.), Weißdorn (*Crataegus* spp.), Stechpalme (*Ilex* spp.), Rose (*Rosa* spp.) und viele andere bieten oft eine winterliche Pracht in roten, orangen und gelben Schattierungen, die häufig die Blütenpracht übertreffen, die ihnen vorausging.

Nadelbäume und breitblättrige Immergrüne verleihen jedem Garten Struktur mit hübschem silbernen, goldenen und gemusterten Laubwerk. Manche Pflanzen reagieren auf das kalte Wetter, indem die Spitzen ihrer jüngsten Triebe sich orange und kupferbronzen verfärben; dazu gehören viele der Heidekrautsorten *(Calluna vulgaris)*, von denen eine mit dem Namen *C. v.* 'Winter Chocolate' eine hervorragende Winterfärbung aufweist. All dies noch zusätzlich zu solchen Sträuchern und Bäumen, die blühen, wodurch Winterblüte, Zaubernuss, Heckenkirsche, Mahonie und *Prunus*-Arten Farbe, Duft und Reiz während der trostlosen, kurzen Tage des Winters bieten.

RECHTS *Der weiße Überzug auf den Trieben von* Rubus cockburnianus *blättert ab und legt darunter weinrote Triebe frei.*

OBEN LINKS Viburnum tinus *ist ein winterharter, immergrüner Strauch mit glänzend grünen Blättern. Er hat Büschel rosafarbener Knospen, die sich weiß öffnen und von blauschwarzen Früchten gefolgt werden.*

MITTE RECHTS Viburnum farreri *ist ein winterharter Strauch, der Büschel duftender, rosa überhauchter weißer Blüten hervorbringt.*

MITTE *Fleischbeeren sind niedrig wachsende Sträucher mit dichten, ausschlagendem Zuwachs, ideal für den Anbau in der Nähe eines Weges.*

UNTEN RECHTS Corylus avellana 'Contorta' *trägt hübsche Kätzchen im Spätwinter und zeitigen Frühjahr.*

Acer griseum

Eine widerstandsfähige Pflanze, die einen hübschen, langsam wachsenden Baum bildet und schließlich 6,5 m Höhe erreicht. Er hat ungewöhnliche Blätter (für einen Ahorn), die in drei Abschnitte geteilt sind. Sie sind auf der Oberseite dunkelgrün gefärbt und auf der Unterseite blaugrün und werden im Herbst rot und scharlachrot; an jungen Bäumen bleiben einige den ganzen Winter lang hängen. Der interessanteste Vorzug dieses Baumes zeigt sich den Winter über, wenn sich die kupferfarbene Borke an Stamm und Ästen in großen Stücken abrollt und helle, orangebraune neue Borke darunter freilegt, weshalb er im Englischen „Papierrinden-Ahorn" genannt wird. Im Frühjahr werden unscheinbare Blüten hervorgebracht, denen geflügelte graugrüne Früchte folgen, die mit weichem, flaumartigen Filz bedeckt sind. Die Vermehrung dieser Pflanze ist schwierig; am ehesten verspricht noch die Methode der Aussaat im Herbst Erfolg. ❄❄❄❄❄

Dieser Baum verwurzelt nur langsam und profitiert von Abschirmung und Schutz in den ersten Jahren nach der Pflanzung.

Betula

Diese hübschen Laubbäume, von denen viele extrem winterhart sind (je nach Art von Zone 1 bis Zone 7), haben dem Garten das ganze Jahr über einiges zu bieten. Zarte gelbbraune Kätzchen werden im Frühjahr hervorgebracht; im Sommer bieten die ovalen dunkelgrünen Blätter lichtdurchbrochenen Schatten im Garten und werden im Herbst vor dem Abfallen goldgelb wie Butter. Den Winter und das zeitige Frühjahr hindurch bietet die von Stamm und Hauptästen abrollende Borke einen außergewöhnlichen Anblick. Die Palette der Borkenfarben am Stamm kann je nach Art beträchtlich variieren: *Betula albosinensis* hat Rinde mit einem kupferrosa Einschlag, *B. alleghaniensis* hat bernsteinfarbene Borke und die am häufigsten kultivierte, *B. pendula* (die Sand- oder Weißbirke) hat silberweiße Borke und wird oft als Waldfrau bezeichnet. ❄

Vermehrung im Herbst durch Aussaat im Freien oder durch Stecklinge, die im Sommer geschnitten werden.

Chimonanthus praecox

Die Winterblüte ist einer der wahrhaft außergewöhnlichen winterblühenden Sträucher. Er hat zähe wachsartige Blüten mit schmalen Blütenblättern, die durchsichtig blassgelb mit einem purpurnen Zentrum gefärbt sind und sich ab der Wintermitte öffnen. Zusätzlich produzieren die Blüten der Pflanze einen zarten würzigen Duft. Die Sorte *Chimonanthus praecox* 'Grandiflorus' hat große Blüten von tieferem Gelb, aber der Duft ist viel schwächer. Obwohl winterhart, verwurzelt dieser große, aufrechte Strauch doch nur langsam und es kann einige Jahre dauern, bis Blüten hervorgebracht werden. Wird er als frei stehender Strauch kultiviert, erreicht er 4 m Höhe und 3 m im Durchmesser, aber in kleineren Gärten kann er an einer Mauer erzogen werden. Dieser Strauch wächst in den meisten fruchtbaren, gut durchlässigen Böden, muss aber in voller Sonne stehen, damit die jungen Zweige auswachsen und keine Frostschäden erleiden. ❄❄❄❄❄

Diese Pflanze kann vermehrt werden, indem die unteren Zweige nach unten auf den Boden gebogen und abgesenkt werden.

Choisya ternata

Dieser Strauch produziert dichte Büschel kleiner weißer, duftender Blüten, die ihm den Namen Orangenblume eingetragen haben. Er blüht zweimal jährlich im Frühjahr und Spätsommer. Glänzende immergrüne Blätter stehen in Quirlen an grünen verholzten Sprossen und bilden einen dicht bepackten Busch, der bis 2 m hoch wird, mit einem kompakten kuppelförmigen Habitus. Ein anpassungsfähiger Strauch, der in der Lage ist, auf einer großen Vielfalt an Böden zu wachsen und geeignet ist für den Garten mit wenig Pflege, da er nicht regelmäßig geschnitten werden muss, obwohl junge Triebe durch den Frost beschädigt werden können. *Choisya ternata* 'Sundance' ist eine beliebte Sorte mit leuchtend gelbem Laub, das mit dem Altern lindgrün wird, wodurch der Strauch im Winter auffällt, wenn andere Pflanzen ihre Blätter abgeworfen haben. Diese Pflanze behält ihre Farbe besser, wenn sie in voller Sonne kultiviert wird; die gelbblättrige Sorte ist allerdings weniger winterhart als die grüne Form. ❄❄❄❄❄❄❄

Vermehrung durch halb reife Stecklinge im späten Frühjahr oder Herbst.

UNTEN *Der Weißgraue Ahorn* (Acer griseum) *ist ein auffälliger Baum mit hübscher orange-brauner, sich abrollender Borke.*

RECHTS Choisya ternata *'Sundance' ist ein vielseitiger Strauch mit immergrünen Blättern und weißen, duftenden, sternförmigen Blüten. Er wächst in vielfältigen Böden und Bedingungen.*

UNTEN RECHTS Betula albosinensis *var.* septentrionalis *ist ein kegelförmiger Baum, der wegen seiner hübschen Borke gezogen wird.*

UNTEN LINKS *Die Winterblüte* (Chimonanthus praecox) *ist nicht nur einer der winterhärtesten, sondern auch einer der am stärksten duftenden winterblühenden Straucher, die erhältlich sind.*

Cornus mas

Die Kornelkirsche ist eine winterharte Pflanze, die einen kleinen Baum oder einen großen Strauch bildet, der in der Höhe 5 m erreicht und sich mindestens um dasselbe Maß ausbreitet. Die kleinen, gelben, duftenden Blüten öffnen sich im tiefsten Winter und bilden dichte goldgelbe Dolden, die eng an den nackten, spillerigen Zweigen stehen und sich weiterhin bis gut in das Frühjahr hinein öffnen. In der Mitte des Frühjahrs werden breit elliptische, mittelgrüne, glänzende Blätter in gegenständigen Paaren entlang der Zweige hervorgebracht, nachdem die Blüten verwelkt sind. Es gibt von dieser Pflanze verschiedene Sorten, die weniger kräftig sind und in anderen Jahreszeiten zusätzlichen Reiz bieten: *Cornus mas* 'Aurea' hat blassgelbe Blätter, die nach und nach grün werden, wenn sie altern und *C. m.* 'Variegata' hat graugrüne Blätter mit einem breiten weißen Rand. Diese Pflanze muss wenig bis gar nicht geschnitten werden, abgesehen vom Entfernen abgestorbener, beschädigter oder erkrankter Hölzer. ❄❄❄❄❄

Die Pflanze wächst auf einer großen Palette unterschiedlicher Böden, bevorzugt einen sonnigen Standort und ist ein hervorragendes Exemplar für den winterlichen Garten.

Cotoneaster lacteus

Dieser große ausladende Strauch erreicht ausgewachsen 2,5 m Höhe und breitet sich auf mehr als 3 m aus, wobei er ein dichtes Dickicht aus spillerigem Wuchs bildet. Die dünnen, herabhängenden Zweige sind mit breit elliptischen Blättern bekleidet, die oben stumpfe olivengraugrüne Färbung haben und an der Unterseite mit einer Schicht feiner grauer Haare bedeckt sind. Milchweiße Blüten werden ab dem Frühsommer in breiten, abgeflachten Dolden hervorgebracht, denen Dolden kleiner orangeroter Beeren folgen, die den Herbst und Winter überdauern. Diese Pflanze ist besonders winterhart und resistent gegen kalte Winde, und dies in einem Maße, dass man sie oft als Hecke verwendet; entweder in Form geschnitten oder als natürlich gewachsene Hecke belassen, und sie wächst recht gern als Mauerstrauch an einer nach Norden oder Osten gerichteten Wand. Rückschnitt durch Zurückschneiden unerwünschter Triebe nach der Blüte. ❄❄❄❄❄❄

Die meisten Zwergmispeln bevorzugen einen offenen, sonnigen Standort auf durchlässigem Boden.

Elaeagnus pungens

Diese widerstandsfähigen, winterharten Sträucher eignen sich für exponierte Lagen und tolerieren sowohl Luftverschmutzung als auch maritime Bedingungen. Die kleinen weißen, stark duftenden Blüten werden in großer Zahl bis weit in den Winter hinein hervorgebracht. Die immergrünen Blätter sind breit elliptisch mit silbrigem Schein und dicken goldenen Stielen. Viele Typen der Ölweide werden wegen ihrer attraktiv gemusterten Blätter kultiviert. Manche Sorten von *Elaeagnus pungens* sind wertvoll wegen der Farbe, die sie das ganze Jahre über bieten, wie zum Beispiel *E. p.* 'Maculata', die am häufigsten gezogene Sorte, die einen lebhaften goldenen Fleck in der Mitte jedes tiefgrünen Blattes hat. Eng verwandt sind zwei Formen von *E.* x *ebbingei*, die ebenfalls sehr beliebt sind: *E.* x *e.* 'Gilt Edge' hat ein tiefgrünes Blatt mit einem breiten Rand von leuchtendem Goldgelb und die Blätter von *E.* x *e.* 'Limelight' beginnen grün und entwickeln mit dem Altern einen mittigen Klecks von goldgelber Farbe. ❄❄❄❄❄❄

Vermehrung durch halb reife Stecklinge, die im mittleren bis späten Sommer geschnitten werden.

Erica x *darleyensis*

Die Erika (Heide) bildet eine große Pflanzengattung, von denen viele in Europa, der Türkei und Afrika heimisch sind, wobei die Arten aus dem Mittelmeerraum besonders winterhart sind. Die Anzahl der Varietäten ist inzwischen groß und neue Sorten erweitern ständig die Reihen der erhältlichen Pflanzen. Ihre Beliebtheit gründet sich auf die Tatsache, dass es möglich ist, eine ganzjährige Wirkung zu erzielen, wenn man verschiedene Sorten pflanzt. *Erica* x *darleyensis* und ihre Sorten gehören zu den am leichtesten zu kultivierenden und tolerieren eine größere Bandbreite an Böden als viele andere Heidekrautformen. Die kleinen glockenförmigen Blüten werden den Winter hindurch in Ähren gebracht. *E.* x *d.* 'Arthur Johnson' produziert lange Ähren magentaroter Blüten und *E.* x *d.* 'Silberschmelze' ist von bestem Winterweiß, während *E.* x *d.* 'Ghost Hills' und *E.* x *d.* 'J.W. Porter' im Frühjahr leuchtend gefärbtes neues Laub haben. ❄❄❄❄❄❄

Die Pflanze wächst bis zu 60 cm hoch und breitet sich so aus, dass sie etwa 1 m bedeckt.

OBEN Erica x darleyensis *'J.W. Porter'* *ist eine ideale bodendeckende Pflanze mit roter und kremfarbener Zeichnung auf neuem Laub.*

OBEN RECHTS Cornus mas *bringt eine große Anzahl gelber Blüten in engen, dichten Dolden hervor, die die blattlosen Äste bedecken. Diesen folgen oft rote Früchte.*

OBEN Elaeagnus pungens *'Maculata' liefert eine nützliche Struktur, die Farbe und Schutz für andere Pflanzen bietet.*

RECHTS Cotoneaster lacteus *bringt im Sommer weiße Blüten hervor, denen dichte Dolden roter Früchte folgen.*

Hamamelis x *intermedia*

Dies sind unverwechselbare und schöne Laub abwerfende Sträucher, die bis zu 3 m Höhe erreichen. Sie bringen an den nackten Zweigen die hübscheste Winterpracht hervor. *Hamamelis* x *intermedia* ist ein Hybrid aus der Japanischen Zaubernuss *(H. japonica)* und der Weichhaarigen Zaubernuss *(H. mollis)*, daher ist diese Pflanze ziemlich veränderlich und üblicherweise werden benamte Sorten kultiviert. Die großen Blätter sind in der Farbe mittelgrün, breit elliptisch und bieten im Herbst einen atemberaubenden Anblick, wenn sie sich gelb, orange, scharlachrot und rot färben, bevor sie von den Ästen fallen. Die winterharten, frostresistenten Blüten haben ein verdrehtes spinnenartiges Aussehen mit ihren kleinen, federartigen, leicht gerollten Blütenblättern, die hauptsächlich in verschiedenen Gelbtönen gefärbt sind. *H.* x *i.* 'Sunburst' hat blassgelbe Blüten, aber andere Sorten haben dunkler gefärbte Blüten. *H.* x *i.* 'Hiltingbury' hat kupferrote, duftende Blüten. ❄❄❄❄❄

Vermehrung durch Grünstecklinge im Spätsommer oder Pfropfen in der Wintermitte. Diese Pflanze bevorzugt einen schwach sauren Boden.

Hamamelis mollis

Die Weichhaarige Zaubernuss ist ein unverwechselbarer und schöner Laub abwerfender Strauch, der an seinen nackten Zweigen einen der hübschesten winterlichen Anblicke hervorbringt. Die frostharten Blüten haben ein spinnenartiges Aussehen mit ihren kleinen riemenartigen Blütenblättern, die hauptsächlich in Gelbtönen gefärbt sind, doch andere Sorten haben dunkler gefärbte Blüten. *Hamamelis mollis* 'Brevipetala' hat tiefgelbe Blüten und *H. m.* 'Goldcrest' hat blassgelbe Blüten, die rot überzogen sind. Bei sehr kaltem Wetter rollen sich die Blütenblätter eng zusammen und biegen sich wieder auf, wenn die Temperatur steigt. Die großen mittelgrünen Blätter sind breit elliptisch und bieten im Herbst ein herrliches Schauspiel, wenn sie sich gelb und kupfern verfärben, bevor sie von den Ästen fallen. ❄❄❄❄❄❄

Diese langsam wachsende Pflanze bevorzugt Halbschatten, leicht sauren Boden und einen geschützten Standort. Vermehrung durch Ablegen von Grünstecklingen im Spätsommer oder Pfropfen in der Wintermitte.

Ilex x *altaclarensis* 'Golden King'

Es gibt eine große Anzahl winterharter Stechpalmen, die in allen Gartentypen kultiviert werden und große Sträucher oder kleine Bäumchen bilden. *Ilex* x *altaclarensis* 'Golden King' ist eine beliebte Sorte, da sie hübsche grüne Blätter mit einem goldenen Rand hat, an denen scharfe Stacheln strategisch günstig rund um die Blattkante angeordnet sind. In der Mitte oder am Ende des Frühjahrs bilden sich kleine weiße, sternförmige Blüten, die oft nicht bemerkt werden, denen aber orangerote Beeren den Winter hindurch folgen. Stechpalmen wachsen in einer Vielzahl von Böden, vorausgesetzt, dass sie frei durchlässig sind, und sie können ebenso gut in voller Sonne wie im Halbschatten gedeihen. Trotz ihres Namens *I.* x *a.* 'Golden King' („Goldener König") ist die Sorte weiblich und bringt Beeren hervor, so dass sie oft mit einer männlichen Sorte zusammen kultiviert wird, wie zum Beispiel mit *I.* x *a.* 'Silver Queen', die purpurfarbene Jungtriebe und dunkelgrüne Blätter mit einem silbernen Rand hat.
❄❄❄❄❄❄

Vermehrung durch halb reife 10 cm lange Stecklinge, die im Spätsommer geschnitten werden. Diese Pflanze bildet eine sehr gute Hecke.

Lonicera x *purpusii*

Einige der strauchartigen Heckenkirschen sind winterblühende Pflanzen, die wegen ihrer duftenden Blüten kultiviert werden, die paarweise angeordnet sind und einzeln oder in kleinen Dolden stehen. Diese Blüten sind von der Grundform her röhrenförmig, öffnen sich zu einem breiten Saum und sind normalerweise weiß mit blassgelber bis goldfarbener Zeichnung. *Lonicera* x *purpusii* und seine Eltern *L. fragrantissima* (Zone 5) und *L. standishii* (Zone 6) gehören zu den besten aller winterblühenden Sträucher. Sie bringen alle häufige Schübe duftender kremigweißer Blüten zwischen November und März hervor. Die Blätter sind breit elliptisch geformt und blass- bis mittelgrün gefärbt und stehen paarig auf dünnen zweigartigen Sprossen. Die Sträucher erreichen oft 2 m Höhe und 3 m im Durchmesser. Diese Pflanzen brauchen viel Platz wegen ihres offenen, ausladenden Habitus. ❄❄❄❄❄❄

Vermehrung durch Schneiden von Stecklingshölzern aus nicht blühenden Trieben im Winter oder von Grünstecklingen in der Mitte des Sommers.

RECHTS Lonicera x purpusii *ist eine strauchartige Heckenkirsche, die wegen ihrer Blüten im tiefsten Winter geschätzt wird, besonders weil sie so stark duften.*

UNTEN RECHTS *Die Weichhaarige Zaubernuss hat duftende goldgelbe Blüten. Diese Pflanze gehört zur ersten Wahl für den winterlichen Garten.*

UNTEN Hamamelis *x* intermedia *'Hiltingbury' ist ein unverwechselbarer winterblühender Strauch mit kupferroten Blüten.*

UNTEN RECHTS Ilex *x* altaclarensis *'Golden King' neigt dazu, nur spärlich Früchte zu produzieren und wird im winterlichen Garten mehr wegen seines Laubwerks als wegen der Früchte geschätzt.*

Mahonia x *media* 'Lionel Fortescue'

Ein zäher winterharter Strauch mit aufrechtem Habitus, der bis 3 m hoch wird. Er ist ideal für ein schattiges Areal im Garten. Die glänzenden, dunkelgrünen, lederartigen Blätter sind unterteilt und bestehen aus vielen lanzettförmigen, scharf gezähnten Blättchen. Vom Spätherbst an bis zum zeitigen Frühjahr sind die stark duftenden Blüten von reichem Gelb und stehen in dichten Ähren bis zu 40 cm lang an den Triebspitzen. Eine Sorte, die für einen kleineren Garten in Betracht gezogen werden kann, ist *M.* x *m.* 'Winter Sun', die tiefgrüne Blätter und leuchtend gelbe Blüten hat, die in gebogenen Ähren an den Triebspitzen stehen. Die meisten Mahonien wachsen am besten in einem mäßig fruchtbaren Boden mit viel organischer Substanz und freier Dränage. Diese Pflanzen werden häufig sehr spillerig und benötigen zuweilen kräftigen Rückschnitt – am besten unmittelbar nach Beendigung der Blüte, damit nicht die Blüten des nächsten Jahres verloren gehen. ❄❄❄❄❄❄❄

Die meisten Mahonien wachsen lieber in vollem oder Halbschatten. Direkt nach der Blüte die abgestorbenen Blüten zurückschneiden.

Parrotia persica

Dieser Laubbaum, bis zu 5 m hoch und oft 10 m in der Breite, wird auch Eisenholz genannt und ist ein naher Verwandter der Zaubernuss *(Hamamelis)*. Er hat einen weit ausladenden Habitus und wird hauptsächlich wegen seiner attraktiven Herbstlaubfärbung kultiviert. Die Blätter sind elliptisch mit gerundeter Basis, sind im Frühjahr und Sommer mittelgrün und werden im Herbst karminrot bis gelb. Winzige karminrote Blüten mit haarähnlichen Blütenblättern erscheinen im Spätwinter und zeitigen Frühjahr, bevor die Blätter sich zeigen, und die dunkelbraune Borke ausgewachsener Pflanzen blättert ab und legt blass goldgelbe Flecken frei, die im Winter auf Stamm und Ästen eine Musterung bilden. Die Pflanze verwurzelt oft nur langsam, aber das Warten lohnt sich. Es gibt auch eine Form dieses Baumes mit herabhängenden Zweigen, nämlich *Parrotia persica* 'Pendula'. ❄❄❄❄❄❄❄

Vermehrung durch Ablegen von Grünstecklingen, die im Sommer geschnitten werden, oder durch Aussaat im Herbst.

Prunus x *subhirtella* 'Autumnalis Rosea'

Ein ausladender Laubbaum mit breit elliptisch geformten dunkelgrünen Blättern, die scharf gezähnte Ränder haben. Sie sind bei ihrem Erscheinen im Frühjahr purpurn eingefärbt und werden im Herbst matt goldgelb, bevor sie abfallen. Der Baum hat eine offene ausladende Krone mit leicht schlaffen Ästen, die bis zu 8 m in die Breite gehen. Das Bemerkenswerte an diesem Baum ist, dass er zwischen Spätherbst und zeitigem Frühjahr kaum zu blühen aufhört. Solange die Temperaturen nicht unter den Gefrierpunkt fallen, gibt es kaum eine Zeit, in der der Baum nicht ein paar halb gefüllte rosarote Blüten trägt, obgleich er selten völlig damit bedeckt ist. Die Blüten verblassen und öffnen sich in stetiger Folge. Es gibt von diesem Baum Formen mit hängenden Zweigen sowie eine mit gefüllten rosa Blüten. ❄❄❄❄❄❄

Diese Bäume halten sich in gut durchlässigem, fruchtbarem, feuchtigkeitsspeicherndem Boden und bevorzugen einen sonnigen Standort, der nicht zu ungeschützt liegt.

Rubus cockburnianus

Die Blauholzige Brombeere ist eine dornenreiche winterharte Pflanze, die lange gebogene Triebe von reicher Purpurfärbung entwickelt, die zum Teil mit weißer wachsiger Bereifung bedeckt sind, was diese austreibende Pflanze zu einem auffälligen Blickfang in einem winterlichen Garten macht. Die leuchtend gefärbten Sprosse werden hervorgebracht, wenn man die Pflanzen in jedem Frühjahr, wenn sie gerade Blätter treiben, sehr stark zurückschneidet. Wird er jährlich geschnitten, so wächst der Strauch jedes Jahr auf eine Höhe von bis zu 1,20 m und in der Breite auf 2,40 m. Die tiefgrünen Blätter sind auf der Unterseite weiß; im Sommer werden Reiser mit purpurnen Blüten hervorgebracht. Die goldblättrige Sorte *Rubus cockburnianus* 'Golden Vale' ist etwas weniger kräftig, braucht aber dennoch ziemlich viel Platz, um sich auszubreiten. Die goldene Form kann im Sommer Blattverbrennungen erleiden, wenn sie an einem heißen, sonnigen Standort kultiviert wird. ❄❄❄❄❄❄

Diese Pflanzen gedeihen in den meisten Böden, gute Durchlässigkeit vorausgesetzt, können aber überhand nehmen, da sie sich sowohl durch Wurzelsprosse als auch durch Absenken von Triebspitzen vermehren, sobald diese den Boden berühren.

LINKS Mahonia x media *'Lionel Fortescue' bietet im Winter ein außergewöhnliches Schauspiel stark duftender goldgelber Blüten, die in Ähren angeordnet sind.*

UNTEN Parrotia persica *bringt ab der Wintermitte winzige rote Blüten mit Büscheln kurzer, buschiger Blütenblätter hervor.*

GANZ UNTEN RECHTS Rubus thibetanus *'Silver Fern' ist einer der wie geweißt aussehenden Brombeersträucher; er hat auf den Zweigen eine weiße, wachsartige Bereifung.*

GANZ UNTEN LINKS Prunus *x* subhirtella *'Autumnalis Rosea' fängt im Herbst an, seine kleinen, zart wirkenden Blüten hervorzubringen und setzt dies den Winter hindurch bis ins Frühjahr fort.*

Salix alba subsp. *vitellina* 'Britzensis'

Die Weiden sind eine große Gruppe winterharter Laubgehölze mit dünnen, schmalen, riemenartigen Blättern, die an dünnen, rutenartigen Sprossen stehen. Manche haben hübsche Kätzchen-„Blüten", deren Färbung von kremgelb bis zu einem tiefen Blauschwarz variiert. Andere, wie *Salix alba* var. *vitellina* 'Britzensis', haben orange-scharlachrote Zweige, die nach dem Laubfall den Winter hindurch einen atemberaubenden Anblick bieten. Um diese leuchtend gefärbte Borke zu erhalten, sollten die Pflanzen in jedem Frühjahr sehr stark zurückgeschnitten werden, wenn sie sich gerade zu beblättern beginnen, da nur die neuen einjährigen Triebe farbig sind. Wenn sie jährlich geschnitten wird, wächst die Pflanze jedes Jahr auf eine Höhe von bis zu 1,5 m. Weiden sind widerstandsfähige, winterharte Pflanzen, die auf den meisten Böden gedeihen, selbst auf solchen, die sehr nass sind. ❄❄

Vermehrung durch 20 cm lange Steckhölzer, die in der Ruhephase geschnitten werden.

Skimmia japonica 'Rubella'

Die Skimmien sind winterharte, immergrüne, langsam wachsende, aromatische Sträucher mit dicker, lederartiger, elliptischer bis riemenförmiger Belaubung, die an stämmigen grünen Zweigen sitzt. Die männlichen und weiblichen Blüten werden im Frühjahr an unterschiedlichen Pflanzen gebildet; ihnen folgen an den weiblichen Pflanzen orangerote Beeren, die den Winter über aushalten. *Skimmia japonica* 'Rubella', die bis 1 m Höhe erreicht, ist eine männliche Form und bringt 10 cm große Ähren roter Blütenknospen hervor, die sich zu weißen, süß duftenden Blüten entwickeln, und außerdem Blätter, die beim Zerreiben aromatisch duften. Diese stolzen, glänzend grünen Blätter bilden einen deutlichen Kontrast zu den nackten Sprossen blühender sommergrüner Pflanzen. All diese Pflanzen gedeihen gut in gefilterter Sonne oder im Halbschatten und bevorzugen fruchtbaren, gut durchlässigen Boden, wobei einige Sorten für gutes Wachstum schwach sauren Boden benötigen. Skimmien sind ideal für innerstädtische Gärten, da sie atmosphärische Verschmutzung sehr gut tolerieren. ❄❄❄❄❄❄❄

Vermehrung durch halb reife Stecklinge, die im Spätsommer oder Frühherbst geschnitten werden.

Viburnum tinus

Dieser hübsche winterharte und immergrüne Strauch wird allgemein Schneeball genannt und hat in der Jugend einen aufrechten Habitus; wenn er aber 2,5 m Höhe erreicht, entwickelt er eine eher offene Form mit rundem oberen Abschluss und mit zunehmendem Alter einen ausladenden Habitus. Die glatten, breit elliptischen dunkelgrünen Blätter haben eine blasse grüne Unterseite und stehen in Paaren entlang der dunkelgrün-braunen Triebe, und jeder Trieb endet in einer flachen Dolde kleiner weißer, leicht duftender, röhrenförmiger Blüten, die den Winter hindurch überdauern. Den Blüten folgen kleine schwarze ovale Früchte. Die besten Pflanzen sind wahrscheinlich *Viburnus tinus* 'Eve Price', deren Blüten in rosaroten Knospen stecken und sich dann weiß mit Rosa überzogen öffnen und *V. t.* 'Gwenllian' mit dunkelrosa Knospen, die sich zu blassrosa Blüten öffnen. Die gemusterte Form *V. t.* 'Variegatum' hat an den Blättern kremfarbene Ränder. ❄❄❄❄❄❄❄

Vermehrung durch halb reife Stecklinge, die im Frühsommer geschnitten werden. Wächst auf einer Vielzahl mäßig fruchtbarer Böden in voller Sonne oder im Halbschatten.

Yucca filamentosa

Ein beeindruckender winterharter immergrüner Strauch, auch Faden-Palmlilie genannt, der unter mageren sandigen Bedingungen wächst, wenn die Bodendränage gut ist. Die langen riemenartigen Blätter sind bläulichgrün gefärbt, an der Spitze gewöhnlich vertrocknet und braun und bilden eine stachelartige Spitze. Die rötlichbraunen Blütenähren sind häufig 1,5–2 m hoch und mit großen weißen, herabhängenden, glockenförmigen, lilienartigen Blüten bedeckt, die im Früh- bis mittleren Herbst über mehrere Wochen hinweg hervortreten. Es gibt Varietäten dieser Pflanze: *Yucca filamentosa* 'Bright Edge' mit einer schmalen goldenen Kante am Blattrand, sowie *Y. f.* 'Variegata' mit kremweißen Rändern an jedem Blatt sind wahrscheinlich die beliebtesten Pflanzen. Leider sind die Varietäten tendenziell weniger winterhart als die grünen Formen. ❄❄❄❄❄❄❄

Die Blütenstängel nach der Blüte entfernen, da sie über Winter abbrechen können und die Pflanze unordentlich aussehen lassen. Vermehrung durch Teilung oder bewurzelte Schösslinge, die im Frühjahr abgenommen und verpflanzt werden.

OBEN LINKS *Skimmien bieten häufig anderen Pflanzen Schutz und stellen außerdem bis weit in den Winter hinein orangerote Beeren zur Schau.*

OBEN MITTE Viburnum tinus *ist ein hervorragender immergrüner Strauch, der eine Folge rosafarbener Blüten hervorbringt. Er bietet auch früh blühenden Zwiebelgewächsen Schutz.*

OBEN *Die orange-scharlachroten Zweige von* Salix alba *subsp.* vitellina *'Britzensis' erscheinen im Garten im Winter wie Feuer. Stark zurückschneiden, da junge Zweige die beste Farbe zeigen.*

LINKS Yucca glauca *ist einigermaßen winterhart, kann jedoch in strengen Wintern Schutz benötigen.*

Früchte
DER SAISON

Auf den ersten Blick scheint es oft, als sei die Zeit der Ernte das Ende des Jahres. Es beginnt die Ruhephase der Pflanzen, bevor sie im nächsten Jahr wieder grünen und blühen. Zwar haben Frucht tragende Pflanzen, die im Freien wachsen, während des Winters wenige oder keine Blätter und es gibt auch keine äußeren Anzeichen für Wachstum, aber innerhalb Pflanze geschehen viele Vorgänge. Diese Pflanzen brauchen häufig eine Periode der Abkühlung (mit Temperaturen unter 2°C), damit chemische Veränderungen in ihnen bewirkt werden, die in großem Maße die Qualität der Blüte beeinflussen, die die Pflanze im Frühjahr hervorbringt. Diese wiederum ist ein wichtiger Faktor für den zu erwartenden Ertrag.

Kultivierte Obstbäume und Sträucher (ebenso wie Frucht tragende Wild- und Heckenpflanzen) brauchen diese Periode scheinbarer Untätigkeit, damit in den Zellen Veränderungen stattfinden können, die das Wachsen von Knospen ermöglichen, die schließlich blühen und zu einer neuen Obsternte führen werden. Diese entstanden im vorhergehenden Sommer, während sich die vorherige Obsternte noch entwickelte.

In der Natur wäre die Kontinuität der Art gesichert, da diese Früchte schließlich verschrumpeln und zu Boden fallen würden. Die in der Frucht eingeschlossenen Samen würden mit dem Boden in Kontakt kommen, während die Frucht nach und nach verrottet oder von einem Vogel oder einem anderen Tier gefressen würde. Das Ernten des Obstes unterbricht diesen natürlichen Prozess, aber nicht unbedingt auf nutzbringende Weise. Der Zeitpunkt der Ernte und die Art der Behandlung der Früchte beeinflusst ihre Lagerfähigkeit stark. Früchte, die bei der Ernte Vollreife erhalten, haben eine sehr kurze Lagerzeit und das Gas, das sie abgeben, beschleunigt den Reifeprozess der im gleichen Lagerort befindlichen Früchte. Beschädigte Früchte reifen schnell und fangen innerhalb kurzer Zeit an zu faulen, wobei sie benachbarte Früchte anstecken können. Selbst wenn das Obst richtig geerntet und sortiert wird, reift es weiter und fault schließlich, weshalb ordentliche Lagerbedingungen wichtig sind, um diese Entwicklung stark einzudämmen.

RECHTS *Äpfel aus eigenem Anbau. Die Früchte wurden gesammelt und sind bereit für die Lagerung. Früchte, die bei der Ernte stark gedrückt oder beschädigt wurden, sollten so bald wie möglich verbraucht werden.*

Im Winter Früchte ernten.

Die Behandlung der Früchte ist der wichtigste Aspekt beim Ernten, wenn sie nicht für das Keltern vorgesehen sind. Selbst eine kleine Druckstelle kann das Tempo beeinflussen, mit dem das Obst reift, und jede kleine Verletzung beschleunigt den Reifeprozess und führt dazu, dass um die Beschädigung Fäulnis entsteht. Einmal gepflückt, reift das Obst weiter, und die besten Lagermethoden sind darauf gerichtet, den Reifeprozess so stark wie möglich zu verlangsamen, um aus der Obsternte den maximalen Nutzen zu ziehen.

OBEN *Orangerote Hagebutten zieren im Winter die gebogenen Ranken der ländlichen Heckenreihen. Wenn das Wetter kälter wird und Futter schwerer zu finden ist, werden Vögel und kleine Säugetiere auf diese Früchte zurückgreifen, die ihnen im Winter helfen zu überleben.*

ERNTEN Befolgt man einige einfache Richtlinien, so kann man den größten Nutzen aus der Ernte ziehen. Jede Frucht, die Anzeichen von Druckstellen oder Beschädigungen aufweist, sollte entweder sofort verbraucht (wenn die Beschädigung nur leicht ist) oder weggeworfen werden (wenn die Beschädigung schwer ist). Unbeschädigtes abgefallenes Obst kann aufgehoben werden, jedoch befindet es sich meist in einem fortgeschrittenen Stadium der Reife (deshalb fiel es von der Mutterpflanze ab) und dieses Fallobst sollte lieber sofort verbraucht als gelagert werden.

Bei der Lagerung sollten unreife Früchte nie mit reifen Früchten vermischt werden, da dies die Reifung der unreifen Früchte beschleunigt. Obst darf nie nass geerntet werden; je früher man es morgens erntet, während das Obst noch kalt ist, desto besser.

Manche Früchte von Heckengewächsen mit kulinarischer Verwendung brauchen Frost, damit die Haut weich wird. Schlehen *(Prunus spinosa)* können nach dem ersten Frost geerntet und in eine Lösung aus Zucker und Gin eingelegt werden, um den likörartigen „Schlehengin" herzustellen, und Hagebutten (*Rosa* spp.) können für Hagebuttensirup verwendet werden (der einen höheren Vitamin-C-Gehalt haben soll als Orangensaft). Andere weniger häufig kultivierte Obstarten wie die Quitte *(Cydonia vulgaris)* brauchen ebenfalls Frost, um zur Vollreife zu gelangen und lassen sich drei Monate lang lagern. Mispeln *(Mespilus germanica)* sollte man mit dem ersten Frost ernten und lagern, bis sie überreif sind, bevor man sie verbraucht.

KONKURRENZ Wenn die Tage und Nächte kälter werden, ist es nicht allein das Wetter, das dem Gärtner während der Ernte im Spätherbst und im zeitigen Winter Sorge bereitet. Die heimischen Wildtiere zeigen dann Interesse an jeder essbaren Frucht. Kaninchen, Mäuse und Füchse werden gern auf Futtersuche nach abgefallenem Obst gehen und Ihnen die Mühe ersparen, das Fallobst auf Exemplare zu durchsuchen, die es aufzuheben lohnt. Vögel hingegen gehören einer anderen Kategorie an. Sie picken Früchte an, die noch an der Pflanze reifen, wobei Weintrauben besonders beliebt sind, sowohl unter Schutz als auch im Freien wachsend. Die Neigung der Vögel, eine „Kostprobe" von einer Frucht zu naschen und dann die Nächste zu

OBEN *Hagebutten sehen mit einer Kruste aus Reif herrlich aus. Die Samen im Inneren brauchen die Kälte, um später im Frühjahr wachsen zu können.*

UNTEN *Früchte der Lampionblume* (Physalis alkekengi *var.* franchetii) *in der Herbstsonne. Im Winter, wenn die Blätter abgefallen sind, bleiben nur die Kapseln in leuchtendem Orange übrig.*

probieren, ist Anlass zu großer Verärgerung bei Gärtnern, da diese leichten Verletzungen schnell zu Pilzinfektionen und Fäulnis führen. In schweren Fällen müssen möglicherweise Schutznetze eingesetzt werden, bis das Obst geerntet wird.

OBST LAGERN Es ist wichtig, Lagerverhältnisse zu schaffen, die Temperatur, Feuchtigkeit und Atmosphäre rund um das Obst kontrollieren und auf gleichmäßigem Stand halten, da regelmäßige Veränderungen den Reifeprozess beschleunigen können. Wenn das Lager zu warm wird oder der Gehalt bestimmter Gase wächst, beschleunigt sich die Reife und es kann extrem schwierig werden, diesen Prozess wieder zu verlangsamen.

Die Bereitstellung eines guten Lagerraumes für Obst kann schwierig sein. Oft wird ein Schuppen, eine Garage, ein Dachgeschoss oder eine Abstellkammer in ein Obstlager umgewandelt, nicht etwa, weil es der beste Raum für diesen Zweck ist, sondern weil es der einzige Platz ist, den man dafür erübrigen kann. Manche Orte sind besser als andere. Lagerräume mit Holzfußboden sind weniger zufriedenstellend, da sie für die Lagerung der meisten Früchte meist zu trocken sind – Gebäude mit einem Fußboden aus Ziegeln, Kacheln, Beton oder sogar Erde sind besser. Wie auch immer das Lager geartet ist, es muss frostfrei und sicher vor Ungeziefer sein.

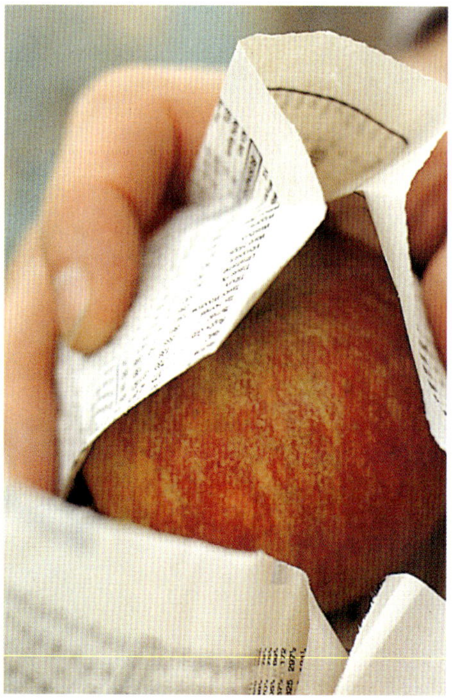

Das Lager sollte so lange Zeit wie möglich dunkel gehalten werden, jedoch muss eine Belüftung zur Luftzirkulation gewährleistet sein. Das ist außerst wichtig, da Obst beim Reifen ein natürliches Gas abgibt (Äthylen). Wenn der Gasgehalt sich erhöht, wird der Reifeprozess beschleunigt. Ein Geruch nach stark reifendem Obst ist ein sicheres Zeichen dafür, dass der Gasgehalt hoch ist und im Lagerbereich für eine Belüftung gesorgt werden muss.

Eine gleichmäßige Temperatur von etwa 4–5 °C im Winter ist geeignet für die meisten gelagerten Früchte, besonders für Äpfel und Birnen. Lagern Sie Quitten stets separat und nicht mit anderen Früchten zusammen, da sie so viel Gas produzieren, dass die umliegenden Früchte reifen.

Das ideale Lager sollte entweder mit Lagen guter stabiler Einschübe oder mit soliden Holzschubladen ausgestattet sein. Wenn dies nicht möglich ist, sucht man sich einen Bereich, in dem Kisten mit Obst abgestellt, gestapelt und leicht bewegt werden können. Wo man Früchte in Kisten aufbewahrt, die lange gelagert werden können, sollte man zur angemessenen Belüftung viel Luftraum zwischen den Stapelelementen lassen. Lange lagerfähige Äpfel halten sich besser, wenn man sie zunächst für eine Woche im Freien (aber überdacht) zum Schwitzen und anschließend zum natürlichen Abtrocknen der Fruchtoberfläche in Obstkisten oder auf Schalen stapelt, bevor sie ins Lager kommen.

Bei einer weiteren Lagermethode werden die Früchte am Boden in Haufen aufgeschichtet. Große Mengen sowohl an Äpfeln als auch Birnen können auf diese Weise aufbewahrt werden, aber die Haufen sollten nicht höher sein als 75 cm, sonst werden Früchte der unteren Lagen durch das Gewicht der darüber liegenden beschädigt. Für die Langzeitlagerung sollte jede Frucht in Butterbrotpapier (oder Zeitungspapier) eingewickelt werden, um die Schale zu schützen und zu verhindern, dass die Früchte einander berühren und

OBEN LINKS UND OBEN *Bei der Lagerung von Äpfeln muss darauf geachtet werden, dass sie sich nicht gegenseitig berühren. Wenn der Lagerplatz begrenzt ist, sollten die Früchte einzeln in Papier eingewickelt werden.*

UNTEN *Manche Beerenobstarten mit sehr biegsamen Trieben können zu einer Schlinge erzogen werden, um Platz zu sparen. Diese neuen Triebe können den Winter über an Spanndrähten erzogen werden.*

Fäulnis einsetzt. Obst kann in durchsichtigen Polypropylen-Beuteln aufbewahrt werden, um die Austrocknung zu verringern, jedoch nicht mehr als 2–3 kg pro Beutel, und der Beutel sollte zwar verschlossen, jedoch nicht luftdicht abgeschlossen werden.

Einfrieren Alternativ kann man manche Obstarten für eine sehr lange Lagerung (oft mehrere Jahre) tiefgefrieren, besonders solche, die zur Verwendung für Torten, Marmelade oder Nachspeisen gedacht sind. Bei einer Obstschwemme kann das zwar eine ideale Lösung sein, jedoch können die Vorbereitungen zum Einfrieren sehr aufwändig sein.

Ernten unter Schutz Schon seit Generationen nutzen Gärtner Warmhäuser und Kalthäuser, um die Wachstumsperiode zu verlängern. Pflanzen wie Zitrusfrüchte, Wein und Baumtomaten (auch Tamarillo genannt) können angebaut werden, um die Frischobstsaison bis in den Winter zu verlängern.

Oben *In kleineren Gärten können Obstbäume sorgfältig geschnitten und so erzogen werden, dass sie auf begrenztem Raum wachsen und dennoch große Mengen an Früchten produzieren. Diese Erziehungsart kann in den frühen Lebensphasen des Baumes sehr arbeitsintensiv sein, doch sie lohnt sich im Hinblick auf die Anzahl der Früchte, die man von jeder Pflanze erhält.*

Rechts *Die Frühlingsblüte ist ein sicheres Zeichen dafür, dass der Winter fast vorbei ist, aber es gibt noch ein sehr reelles Risiko, dass ein später Frost die Obsternte des kommenden Jahres beeinträchtigen kann. Obwohl die Blüten im Frühjahr sehr leicht durch Fröste beschädigt werden, sind doch frostige Temperaturen im Winter ein wichtiger Faktor in der Entwicklung der Fruchtknospenausbildung, bevor die Blüte überhaupt beginnen kann.*

Der Tamarillo ist eine ideale Pflanze für Warmhaus oder Kalthaus, besonders wenn er in einem Behälter kultiviert wird, so dass die Pflanze die Sommermonate im Freien verbringen kann, wo die Blüten leicht durch Bienen bestäubt werden. Bringen Sie die Pflanzen vor den ersten Frösten ins Haus, wo die leuchtend roten essbaren Früchte weiter wachsen und bis zur Wintermitte reif sind. Eine einzige Pflanze kann bis zu fünf Jahre lang gezogen werden, sie wird aber am Ende zu groß für eine Haltung im Haus. Hebt man eine vollreife Frucht auf, kann der Samen zur Anzucht neuer Pflanzen verwendet werden.

Weintrauben sind eine hervorragende Wahl als Weichfrucht in einem größeren Warm- oder Kalthaus, aber sie brauchen zur Absicherung einer guten Ernte regelmäßige Aufmerksamkeit. Oft werden sie draußen angepflanzt und durch eine Öffnung in der Wand nach innen erzogen, um den Wurzeln ausreichend Raum zu lassen. 'Black Hamburgh' ist die beliebteste Sorte, da sie selbst in einem unbeheizten Glashaus gut gedeiht und Mitte September reife Früchte hervorbringt. Man erntet die Trauben, indem man sie mit einem kurzen Stiel (oder „Henkel") abschneidet, um zu vermeiden, dass die Beeren berührt werden und lagert sie an einem kühlen, frostfreien, dunklen Ort in Kisten mit Stroh, wo sie sich bis zu zwei Monate lang halten.

OBEN *Die Kumquat ist eines der frosthärteren Mitglieder der Zitrusfamilie und kann kurzfristig Temperaturen bis zu -5°C überdauern. Diese Pflanze wächst gut in einem Kalthaus mit Frostschutz und bringt sporadisch kleine Mengen an Früchten hervor.*

Unter den ausdauerndsten Obst tragenden Pflanzen, die man im Haus kultivieren kann, sind Mitglieder der Zitrusfamilie: Zitronen, Limetten, Orangen, Kumquat und Mandarinen sind alle zum Anbau im Haus geeignet und in der Lage, Früchte hervorzubringen, wenn sie in Behältern gezogen werden, vorausgesetzt, dass diese mindestens 60 cm im Durchmesser und 75 cm tief sind. Um gut zu gedeihen, bevorzugen diese Pflanzen eine warme, feuchte Umgebung, besonders wenn sie blühen, aber das Fruchten kann

von einer Saison zur nächsten Saison variieren. Zitrusfrüchte brauchen oft etwa sieben Monate von der Bestäubung bis zur Reife, abhängig von Temperatur und Lichtniveau und bei schwachen Lichtverhältnissen bleibt die Frucht lange grün, selbst wenn sie ihre volle Größe schon erreicht hat. Die reife Frucht kann man ernten, indem man sie mit einem kurzen Stiel von der Pflanze schneidet. Früchte in gutem Zustand können für mehrere Wochen bei Zimmertemperatur gelagert werden; sie halten sich jedoch ebenso gut an der Pflanze, bis man sie braucht. Das bedeutet, dass an der Pflanze zur gleichen Zeit reife Früchte, grüne Früchte und Blüten sein können.

Geschützte Ernte Um den Fruchtstand vorzutreiben, so dass er früher geerntet werden kann, führt man den meisten Früchten zusätzliche Wärme zu. Eine Ausnahme ist Rhabarber, den man kühl und dunkel hält, wenn er für eine Ernte im zeitigen Frühjahr zur Verfügung stehen soll. Die Krone wird mit Stroh und einem wasserdichten Behälter abgedeckt, um das Licht abzuhalten. Diese winterharte Pflanze ist genau genommen ein Gemüse (da der essbare Teil ein Blattstängel ist) und eine der pflegeleichtesten Nahrungspflanzen des zeitigen Frühjahrs.

OBEN *Eine reife grüne Quitte* (Cydonia oblonga) *schmiegt sich an die graugrünen Blätter. Dieses Obst ist normalerweise im späten Herbst zu ernten. Man beurteilt die Reife einer Quitte nach ihrem Geruch. Wenn sie einen Duft absondert, kann man sie pflücken.*

RECHTS *Die Blätter sind längst abgefallen, aber die reifen Früchte, die am Baum hängen, werden bald ein Festmahl für vorbeifliegende Vögel im Winter bieten. Das nahe gelegene Kalthaus bietet einen bequemen Aussichtspunkt, von dem aus man die Possen der Vögel beim Fressen beobachten kann.*

LINKS UND LINKS AUSSEN *Die Stängel des Rhabarbers, die wir essen, sind Blattstiele, und die Pflanze ist eigentlich eine Gemüse- und keine Obstart. Rhabarber eignet sich ideal zum Frühtreiben, um im Spätwinter und zeitigen Frühjahr frische selbst angebaute Erzeugnisse zu erhalten.*

Obst für den Winter lagern

Wenn Äpfel und Birnen pflückreif werden, entwickelt sich eine Trennschicht zwischen dem Fruchtstiel und dem Baum. Schließlich trennt sich der Stiel an dieser Stelle vom Baum, wodurch der Apfel herunterfallen kann. Im Idealfall sollte die Ernte erfolgen kurz bevor der Apfel zum Fallen bereit ist, zu einem Zeitpunkt, da sich die Frucht leicht vom Baum trennen lässt, wenn man sie sanft zieht oder dreht.

Leider erreichen nicht alle Früchte an einer Pflanze dieses Stadium gleichzeitig und man muss sich entscheiden, ob man mehrfach pflücken oder warten will, bis die Mehrheit der Früchte reif erscheint, um dann alle zu ernten. Bei Früchten, die so lange wie möglich gelagert werden sollen, ist es besser, sie etwas verfrüht zu pflücken; allerdings kann das dazu führen, dass manche im Lager schrumpfen und beim Reifen Geschmack verloren geht.

Wenn Früchte zu spät geerntet werden, sollte man sie schleunigst verbrauchen, da sie schnell verderben. Wie sorgfältig die Früchte behandelt werden ist ebenso wichtig wie der richtige Zeitpunkt, um abzusichern, dass sie eine trockene, unbeschädigte Schale haben. Lassen Sie die Ernte nicht im direkten Sonnenlicht stehen. Wenn Sie das Obst an einem warmen Herbsttag gepflückt haben, sollte es über Nacht im Freien bleiben, um es am nächsten Morgen einzulagern.

TIPP DES AUTORS:
Lagerungsbedingungen

Verwenden Sie Holzkisten mit hochgezogenen Ecken und breiten Zwischenräumen zwischen den Latten an den Seiten und am Boden. Dies ermöglicht eine gute Luftzirkulation rund um die Früchte und hilft sie kühl zu halten. Lassen Sie Obst nicht in der Nähe von Gegenständen stehen, die Auswirkungen auf den Geschmack haben könnten. Frische Farbe oder Holzschutzmittel können zum Beispiel den Geschmack schnell verderben.

VON OBEN LINKS IM UHRZEIGERSINN

Pflücken Sie die Früchte vorsichtig vom Baum, um Kratzer oder Druckstellen zu vermeiden und lagern Sie sie über Nacht lose in Kästen oder Aussaatkisten an einem kühlen Platz, um die „Feldwärme" zu reduzieren und die Temperatur des Obstes zu verringern.

Bereiten Sie die Früchte auf die Lagerung vor, indem Sie jedes Stück sorgfältig auf Beschädigung untersuchen. Sortieren Sie alle Exemplare mit Druckstellen aus. Wischen Sie die Früchte dann mit einem feuchten Tuch ab, um Oberflächenschmutz und Ruß zu entfernen (und eventuelle Pilzsporen).

Für Langzeitlagerung jedes Exemplar in Butterbrot- oder Zeitungspapier wickeln und in eine saubere, trockene Kiste legen.

Die Kisten auf diese Weise füllen. Die Fruchtstiele sollten nach oben zu liegen kommen und wenn ausreichend Platz ist, zwischen den einzelnen Früchten etwas Platz lassen.

Die Kisten mit den Äpfeln im Lagerkasten aufstapeln. Immer die Früchte, die zuerst verbraucht werden sollen, dem Zugang am nächsten legen oder obenauf stapeln (dadurch vermeidet man, dass man alle Kästen bewegen muss, um sie zu erreichen).

Die Früchte regelmäßig kontrollieren und alle entfernen, die Anzeichen von Fäulnis zeigen. Bei vielen Apfel- oder Birnensorten wird die Farbe intensiver; Grün überzieht sich mit Gelb und eine rote oder rosa Färbung wird leuchtender.

ARBEITSGERÄTE

Feuchtes Tuch
(zum Abwischen der Früchte)

Butterbrot- oder Zeitungspapier
(zum Einwickeln der Früchte)

MATERIALIEN

Frisch gepflückte Äpfel
oder Birnen

Lagerungskasten
oder Schrank

Lagerungskisten

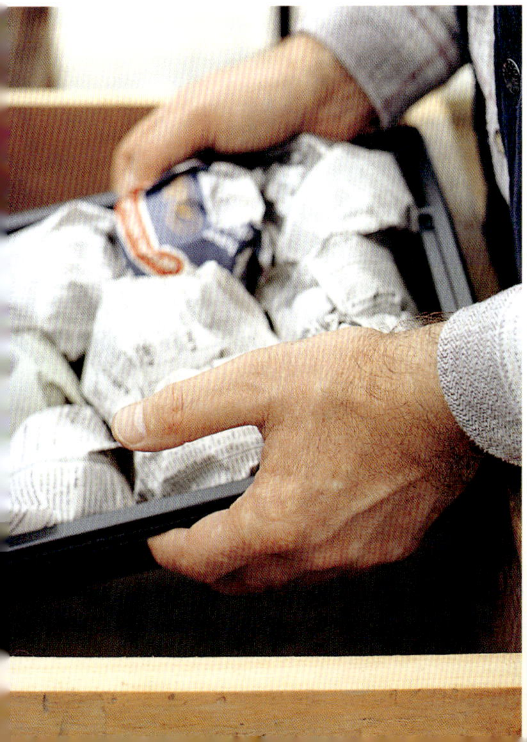

Obstverzeichnis

Geeignete Lagerungsbedingungen sind wichtig, um den Reifeprozess der geernteten Früchte einzudämmen und ihre Lagerungszeit zu verlängern. Vorsichtige Behandlung ist wichtig um sicherzustellen, dass der Gärtner von einer ununterbrochenen Versorgung mit Obst profitiert.

WINTEROBST, DAS GELAGERT ODER GESCHÜTZT WERDEN MUSS

OBST	BESCHREIBUNG	ERNTE UND LAGERUNG
	***Cydonia oblonga*** (Quitte) Quitten können für Nachspeisen oder zum Kochen und Einwecken verwendet werden. Sie sind für den rohen Verzehr ungeeignet. Sie bevorzugen einen warmen, geschützten Standort und sind leicht zu kultivieren; ein tiefer fruchtbarer Boden, der Feuchtigkeit speichert, gefällt ihnen.	Man sollte die Früchte bis zum Spätherbst hängen lassen, bis sie goldbraun geworden sind. Sie reifen weiter, wenn man sie an einem kühlen, trockenen Ort lagert und sind vom Spätherbst bis in die Wintermitte hinein zum Verbrauch geeignet.
	***Fortunella*** (Kumquat) Kumquats kommen aus China und gehören zu den frosthärtesten Pflanzen der Zitrusfamilie: Sie können kurzzeitig Temperaturen bis zu –5 °C überstehen. Es gibt zwei Grundtypen: *Fortunella japonica* mit kleinen gelben, runden Früchten, und *Fortunella marginata*, die breite, eiförmige Früchte hat.	Es kann bei diesen Früchten bis zu acht Monate von der Befruchtung bis zur Reife dauern, aber dies variiert in Abhängigkeit von Temperatur und Lichtverhältnissen; Pflanzen an kühleren, schattigeren Orten haben später Früchte zum Ernten. Man erntet die Früchte durch Abschneiden mit einer Schere oder Gartenschere. Sie können mehrere Wochen gelagert werden, bevor man sie verbraucht. Beide Fruchttypen können ungeschält gegessen werden.
	***Fragaria* x *ananassa*** (Erdbeere) Diese niedrig wachsenden, Frucht tragenden krautigen Pflanzen wachsen in den meisten gut durchlässigen Böden. Herbsttragende (remontierende) Erdbeeren bringen den Großteil ihrer Früchte den Spätsommer hindurch bis in den Herbst hervor.	Die Beeren (und ihre Stiele) werden gepflückt, wenn etwa drei Viertel ihrer Oberfläche rot ist. Versuchen Sie, mit den Früchten so wenig wie möglich zu hantieren, da sie sehr druckempfindlich sind. Man pflückt die Beeren aller zwei Tage, da sie schnell verderben, wenn sie lange an der Pflanze bleiben. Früchte, die zum Einfrosten oder Einwecken gedacht sind, können etwas eher gepflückt werden als solche, die für den Nachtisch vorgesehen sind.
	***Malus sylvestris* var. *domestica*** (Apfel) Äpfel sind beliebt wegen ihrer großen Vielfalt an Geschmacksrichtungen und Verwendungsmöglichkeiten und der langen Ernte- und Lagerungszeit, die vom Spätsommer bis Mitte Frühjahr dauert, abhängig von der Sorte. Sie wachsen in den meisten Böden gut, bevorzugen jedoch tiefen, gut durchlässigen Boden. Die meisten Sorten müssen fremdbestäubt werden, damit sie Frucht tragen, daher ist es wichtig, Sorten mit sich überlappenden Blütezeiten zu kultivieren.	Späte Äpfel werden von Mitte bis Ende des Herbstes gepflückt und reifen bei der Lagerung weiter. Sie stehen ab der Wintermitte bis zum späten Frühjahr für den Verbrauch bereit, wenn sie unter günstigen Bedingungen gelagert werden. Um zu prüfen, ob Äpfel zum Pflücken bereit sind, hebt man einen Apfel in der Handfläche an und dreht ihn leicht. Löst sich der Apfel samt Stiel leicht vom Kurztrieb, so ist er pflückreif. Äpfel müssen vorsichtig behandelt werden, da sie leicht Druckstellen bekommen, im Lager schnell verderben und umliegende Früchte zum Faulen anregen.
	***Prunus domestica*** (Haferschlehe, Spilling) Spillinge sind für ihren sauren Geschmack bekannt und eher zum Kochen oder Einwecken geeignet als zum frischen Verzehr. Sie tolerieren mehr Regen und weniger Sonne als Pflaumen, obwohl sie ähnliche Wachstumsbedingungen mögen. Sie blühen etwas später und die meisten Sorten sind selbstbefruchtend.	Lassen Sie die Früchte am Baum reifen. Wenn sie sich etwas weich anfassen, sind sie ideal für die Ernte als Dessertfrucht. Will man Früchte kochen, so sollten sie geerntet werden, wenn sie noch fest sind. Von Anfang bis Mitte des Herbstes ernten.
	***Prunus domestica italica*** (Reneklode) Renekloden sind eine schmackhaftere Form der Pflaume, ideal für den Frischverzehr oder zum Abziehen in Flaschen, aber sie erbringen oft nur zwei Drittel der Erntemenge von Pflaumen. Sie lieben mehr Sonne als Pflaumen und die meisten Sorten sind Selbstbefruchter.	Lassen Sie die Früchte am Baum reifen und wenn sie sich weich anfassen, sind sie ideal für die Ernte als Dessertfrucht. Will man Früchte kochen, sollten sie geerntet werden, wenn sie noch fest sind. Reifende Renekloden spalten sich und faulen leicht bei nassem Wetter und werden bei warmem Wetter gern von Vögeln und Wespen angefressen. Ab Sommermitte bis Herbstmitte ernten.

WINTEROBST, DAS GELAGERT ODER GESCHÜTZT WERDEN MUSS

OBST	BESCHREIBUNG	ERNTE UND LAGERUNG
	***Pyrus communis* var. *sativa*** (Birne) Birnen können frisch in Desserts oder zum Kochen oder Einwecken verwendet werden. Sie bevorzugen ein wärmeres Klima als die meisten Äpfel, lassen sich aber fast ebenso leicht kultivieren. Sie blühen zeitiger und sind anfälliger für Schäden durch Frühjahrsfrost. Birnen bevorzugen einen tiefen, fruchtbaren Boden, der Feuchtigkeit speichert, da sie empfindlich bei Trockenheit reagieren.	Birnen müssen gepflückt werden, bevor sie reifen; lässt man sie zu lange hängen, faulen sie sonst fast sofort im Lager. Mittelfrühe Sorten werden vom Frühherbst bis zur Herbstmitte gepflückt, bevor sie vollreif sind. Sie reifen weiter im Lager und sind ab Mitte Herbst bis zum Spätherbst zu verbrauchen. Späte Birnen werden ab dem Frühwinter gepflückt und reifen im Lager weiter. Verbrauchen Sie immer die kleinsten Früchte zuerst. Die meisten Birnenformen brauchen im Winter mäßigen Schnitt, um den Zuwachs und die Fruchtbildung der nächsten Saison anzuregen und eine offene, gut ausgewogene Struktur zu erhalten.
	***Rheum* x *cultorum*** (Rhabarber) Rhabarber ist ein Staudengewächs, das wegen seiner essbaren Blattstiele kultiviert wird, die vom zeitigen Frühjahr an für Nachspeisen verwendet werden können, weshalb er eine der zeitigsten frischen Fruchtarten ist. Wenn er hier auch als Obst behandelt wird, ist er eigentlich ein Gemüse, das leicht zu kultivieren ist und sich als Zutat für viele schmackhafte Desserts eignet.	Den Rhabarber ernten, wenn die Stängel 30 cm lang und tiefrosa gefärbt sind. Man greift den Stängel so nahe wie möglich an der Basis und zieht ihn mit einer Drehbewegung sanft von der Krone ab. Die Blätter schneidet man ab, da sie nicht essbar sind.
	***Ribes uva-crispi*** (Stachelbeere) Stachelbeeren lassen sich leicht kultivieren und sind zuverlässige Fruchtträger. Man kann sie einzeln anbauen, da sie Selbstbefruchter sind und keine befruchtende Sorte benötigen. Sie können an einem Zaun oder an einer Mauer gepflanzt werden, damit sie auf begrenztem Raum wachsen. Es gibt eine große Auswahl an Fruchttypen, deren Färbung je nach Sorte von rot über gelb und weiß bis zu grün reicht.	Die Erntezeit für Stachelbeeren beginnt in der Sommermitte, variiert aber je nach Sorte zwischen früher, mittlerer und später Saison. Zum Kochen vorgesehene Früchte werden noch grün gepflückt, aber Sorten für den Nachtisch lässt man vor der Ernte voll ausreifen. Während die Frucht reift, kann ein gewisser Schutz gegen Vögel notwendig sein. Stachelbeeren können eingefrostet und später verwendet werden.
	***Rubus idaeus*** (Himbeeren) Himbeeren können für frische Nachspeisen, zum Kochen und für Marmelade verwendet werden, eignen sich aber auch ideal zum Einfrieren. Die Blüten befruchten sich selbst und führen zu köstlichen Früchten, die je nach Sorte von schwarzrot bis zu goldgelb gefärbt sein können. Herbsttragende Sorten bringen ab Ende August sechs Wochen lang Frucht am oberen Drittel des Zuwachses der derzeitigen Wachstumsperiode.	Die Beeren sind vollreif, wenn sie sich vom Fruchtstiel abziehen lassen, indem man sie sanft zwischen Daumen und Finger nimmt. Man zieht sie von der Pflanze und lässt den Kern oder „Zapfen“ zurück. Die Früchte müssen vorsichtig gepflückt werden, da sie leicht beschädigt werden. Herbstfruchtende Typen sollten im Spätwinter geschnitten werden, vor den ersten Anzeichen neuen Wachstums, indem man die Fruchttriebe bis auf den Boden zurückschneidet, um die Produktion neuer Triebe zu stimulieren.
	***Vitis vinifera*** (Wein) Weintrauben kann man frisch essen, zu Saft verarbeiten, an kühlen, trockenen Orten lagern oder zur Weinherstellung verwenden. Sie gehören zu den ältesten domestizierten Obstarten. Die Farbe der Früchte reicht von schwärzlichem Purpur über grünlichweiß bis zu gelb, je nachdem, von welcher Sorte sie stammen.	Man schneidet reife Trauben mit einem kurzem Stielabschnitt ab und legt sie in einen mit Seidenpapier ausgelegten Behälter. Wenn sie keine Druckstellen haben, halten sich Weintrauben bis zu zwei Monate lang in einem kühlen, trockenen Lager.

Winter-duft

Winterblühende Pflanzen gehören zu den am stärksten duftenden Pflanzen in unseren Gärten. Dies ist eine Folge des natürlichen Evolutionsprozesses, um die wenigen Bestäuber anzulocken, die zu dieser Zeit des Jahres vorhanden sind. Für den Lebenszyklus der Pflanze ist es notwendig, dass die Blüten bestäubt und befruchtet werden, damit die Samenproduktion stattfinden kann und das Überleben der Art garantiert ist. Der Einsatz von Duft ist zu einem großen Teil Bestandteil eines natürlichen Überlebensprozesses. Arten, die wild in den Garten eingeführt werden, haben oft einen stärkeren Duft, aber kleinere Blüten als Pflanzen, die vielleicht nahe Verwandte sind, aber gekreuzt wurden, um größere Blüten oder eine längere Blütezeit zu erzielen.

Obwohl sie aus vielen unterschiedlichen Gebieten stammen, scheinen die verschiedenen Arten im Duftangebot einander übertreffen zu wollen, um sich gegen andere Pflanzen durchzusetzen, die zur selben Zeit blühen. Das kann an einem ruhigen, sonnigen Tag eine wahre Freude sein, da eine Vielzahl an Düften die Luft erfüllt. Jede Spezies zieht Bestäuber auf eine ganz eigene Weise an: Der Blütenduft winterblühender Heckenkirschen wird oft als honigartig beschrieben; der immergrüne Seidelbast *(Daphne odora)* hat einen würzigen Duft und *Mahonia japonica* produziert einen Duft ähnlich dem des Maiglöckchens. Die vielleicht beste Duftserie kommt von den Mitgliedern der Gattung *Viburnum*, von denen einige Arten einen Duft haben, der mit dem Duft von Nelke, Jonquille oder Heliotrop verglichen oder als ganz eigener süßer Duft beschrieben wird. Was auch immer Ihnen davon gefällt – es wird mehr als genug für Auswahl und Genuss zur Verfügung stehen. Es geschieht sogar leicht, dass zu viele duftende Pflanzen verwendet werden, so dass die Vorzüge in einem überwältigenden Duft untergehen.

Die Standortwahl für diese Pflanzen ist entscheidend, wenn man alle Vorzüge des Duftes genießen will. Idealerweise sollten einige Pflanzen, besonders die kleineren oder solche mit einem zarteren Duft, in die Nähe eines Garten- oder Verbindungsweges gesetzt werden, während die größeren oder eher wuchernden Pflanzen (oder solche mit einem sehr starken Duft) besser in die Mitte oder den hinteren Teil einer Rabatte gesetzt werden sollten.

RECHTS *Einige der am stärksten duftenden Bäume und Sträucher bilden ihre Blüten im Winter aus. Die Winterblüte* (Chimonanthus praecox) *hat langlebige Blüten, die einen starken Duft verströmen.*

Blüten mit Duft *Es wäre eine verpasste Gelegenheit, während der Wintermonate keine blühenden Pflanzen im Garten zu haben. Bei Blüten, die sich während der dunkelsten Tage des Winters öffnen, bleibt die stimmungshebende Wirkung nie aus. Es gibt immer wieder Anlass zur Verwunderung, dass Pflanzen ihre empfindlichsten Teile dem Schnee und der bitteren Kälte preisgeben. Wenn dies von einem berauschenden Duft begleitet ist, bedeutet es einen zusätzlichen Bonus, der den eifrigen Gärtner zu weiteren Versuchen anspornt. Das Erkennen des enormen Potenzials so vieler Pflanzen mit einer solchen Bandbreite an Duftnoten kann einer Entdeckungsreise gleichen.*

LINKS *Das süß duftende Parfüm der rosa Blüten von* Daphne bholua, *die sich im Winter ausbilden, ist etwas ganz Besonderes. Diese Pflanze hat einen schmalen, aufrechten Habitus und ist eine ideale Wahl für einen begrenzten Raum im hinteren Teil einer Rabatte.*

UNTEN *Winterharte Alpenveilchen gehören zu den schönsten frühblühenden Pflanzen in unseren Gärten. Diese täuschend zarten Pflanzen mit ihren purpurnen, rosafarbenen oder weißen Blüten und sind bestens für den Anbau unter trockenen, schattigen Bedingungen geeignet.*

Es wäre unklug, den Eindruck erwecken zu wollen, dass alle winterblühenden Pflanzen stark duften, denn einige tun dies nicht. Schlimmer noch, manche haben sogar einen sehr ausgeprägten und ziemlich unangenehmen Geruch. Ein winterblühendes Staudengewächs, die Stinkende Nieswurz, hat einen ganz und gar nicht angenehmen Geruch, wenn die Blätter gequetscht werden, während der Duft des Lorbeerseidelbastes *(Daphne laureola)* von vielen als unangenehm beschrieben wird, und zu allem Übel sind die kleinen grünlichen Blüten nicht gut zu sehen, so dass Neugierige noch näher an die Pflanze herangezogen werden, um nachzusehen, ob sie eigentlich blüht.

Obwohl viele winterblühende Pflanzen stark duften, ist es bei Entwurf und Planung eines winterlichen Gartens doch wichtig, die Pflanzen so zu setzen, dass man den maximalen Nutzen aus der häufig relativ kurzen Blüte- und noch kürzeren Duftzeit zieht. Die Blüten duften möglicherweise nur in der Zeit, in der die Blüte ganz geöffnet ist, daher kann zwar die Blütezeit vom Öffnen der Knospen bis zum Welken der Blüten mehrere Wochen dauern, die

OBEN Crocus chrysanthus *'Snow Bunting' ist ein wahrer Schatz unter den vielen schönen winterblühenden Zwiebelgewächsen. Die weißen Blüten haben eine orangefarbenen Schlund und blasse purpurfarbene Zeichnung sowie den zusätzlichen Bonus eines zarten Duftes. Diese Pflanze ist bestens geeignet für den Anbau in halbschattigen Waldgärten oder gemischten Strauchrabatten.*

Hauptduftzeit jedoch nur ein Drittel dieser Zeit betragen. Ein weiteres praktisches Problem, das man bei der Planung vielleicht berücksichtigen muss ist, dass viele der duftenden Zwiebelblüher sehr kurze Stängel haben, so dass in einer normalen Gartenlage die volle Wirkung ihres Duftes kaum gewürdigt wird. Vom Spätherbst an bis in den Winter hinein kann man den Duft von *Cyclamen hederifolium* und *Crocus longiflorus*, und später in der Wintermitte den Duft von *Crocus chrysanthus* und *C. laevigatus* verpassen, wenn sie nicht in großen Kolonien gepflanzt werden, nur weil sie so niedrig wachsen. Wenn niedrig wachsende Pflanzen in Beeten gezogen werden, die etwa 60 cm über dem Grund stehen, kommt die volle Wirkung ihres Duftes zur Geltung.

Trifft man eine sorgfältige Auswahl der Pflanzen, die den Winter hindurch duftende Blüten hervorbringen, dann hat man die Möglichkeit, eine Kontinuität der Düfte und auch der Blüten zu erreichen. Das ist realistischer, als zu versuchen, die größtmögliche Anzahl duftender Pflanzen zur selben Zeit blühen zu lassen, was auch Nachteile hat. Die Blüten sehen vielleicht hübsch aus, aber zu viele duftende Pflanzen dicht beieinander verderben die Wirkung, da verschiedene Düfte gegeneinander stehen und die Schönheit jedes einzelnen Duftes sich in einer Wolke angenehmer, jedoch nicht zu unterscheidender Düfte verliert. Wählen Sie Gruppen derselben Pflanze, wie *Mahonia* x *media* 'Lionel Fortescue', die gemeinsam blühen, oder in einem kleineren Garten einzelne Exemplare von *M. lomariifolia* und *M. japonica*, so dass eine kontinuierliche Blüte stattfindet, wenn *M. japonica* genau dann zu blühen beginnt, wenn *M. lomariifolia* damit aufhört.

RECHTS *Die winterblühende* Mahonia *x* media *'Winter Sun' ist ein auffälliger immergrüner Strauch mit festen lederartigen Blättern. Die leuchtend gelben Blüten stehen in dichten aufrechten Trauben und erzeugen einen starken Duft, der dem von Maiglöckchen sehr ähnlich ist.*

Planen und pflanzen

Wenn Sie duftende winterblühende Bäume und Sträucher platzieren, damit Sie den größten Nutzen daraus ziehen, bedenken Sie dabei ihren gesamten Habitus. Die übliche Verfahrensweise wäre, die Pflanzen so nahe wie möglich an einem Garten- oder Verbindungsweg zu setzen, doch leider haben viele der Pflanzen, die dem Garten seine winterliche Farbe verleihen, zu anderen Zeiten des Jahres nur wenig aufzuweisen.

Daher ist es wichtig, bei der Standortwahl für diese Pflanzen einen Mittelweg zu finden, so dass man die Blüten riechen kann, ohne über die Erde laufen zu müssen, und sie den Sommer über von anderen Pflanzen verdecken lässt. Einige der höher wachsenden Pflanzen, die einen starken Duft haben, wie Winterblüte *(Chimonanthus praecox)*, Zaubernuss *(Hamamelis)* und Mahonie *(Mahonia)*, müssen weiter hinten in einer Rabatte gesetzt werden, wegen ihrer Größe und im Falle der Mahonie wegen ihrer stacheligen Blätter. Wenn sie hinter Laub abwerfenden Pflanzen gezogen werden können und in den Wintermonaten ihre Pracht gesehen werden kann, während sie im Sommer verdeckt wird, dann umso besser. Bedenken Sie jeden Aspekt beim Pflanzen, da zum Beispiel *Hamamelis*-Arten oft auch herrliche Herbstfarben haben.

Pflanzen dicht an Gebäude zu setzen kann eine gute Methode sein, die maximale Wirkung jeglichen Duftes zu erhalten, den ihre Blüten abgeben, besonders wenn solche Pflanzen dicht an ein Fenster oder an eine Tür gesetzt werden. Immer wenn das Fenster oder die Tür während der Blütezeit geöffnet werden, kann man im Haus auch kleine Duftmengen feststellen und voll

OBEN *Die auffälligsten winterblühenden Sträucher sind die der Zaubernuss, die zart duftende Blüten ausbilden.*

OBEN RECHTS *Der sommergrüne* Viburnum farreri *trägt Büschel zarter, duftender, rosa Blüten.*

UNTEN *Die winterharte immergrüne* Clematis cirrhosa *var.* balearica *bringt vom Spätherbst bis in die Mitte des Frühjahrs eine große Anzahl süß duftender Blüten hervor.*

genießen. Pflanzen, die nahe an Gebäuden wachsen, blühen oft ein wenig früher als ihre Artgenossen, die weiter entfernt im Garten stehen, da sie von der Restwärme profitieren, die von den Mauern freigesetzt wird, sowie von deren Schutz. Leider ist der Nachteil dieses vorzeitigen Wachstums, dass diese Pflanzen gewöhnlich am schwersten betroffen sind, wenn eine härtere Frostperiode einsetzt und Blüten und Duft einer ganzen Saison können über Nacht dahin sein.

Düfte müssen nicht auf das Freiland begrenzt sein und viele duftende winterblühende Sträucher können als Schnittblumen verwendet werden, indem Zweige mit teilweise geöffneten Blüten geschnitten und ins Wasser gestellt werden. Diese Blüten öffnen sich dann und hüllen einen Raum nach und nach in eine Duftwolke ein, oft ein Woche lang oder länger, bevor man sie austauschen muss. Hyazinthen und Narzissenzwiebeln sowie Zwiebelknollen von Krokussen können in Schalen vorgetrieben werden, damit sie in geschlossenen Räumen zeitiger blühen als es im Freien der Fall wäre; sie bringen dann eine Blütenpracht in Weiß, Rosa, Blau und Gelb hervor, die für ihren Duft ebenso geschätzt wird, wie für ihre Farben.

WINTERBLÜHENDE DUFTENDE PFLANZEN

Exotischer Duft
Eriobotrya japonica

Freesienduft
Mahonia haematocarpa

Fruchtiger Duft
Sarcococca ruscifolia

Gewürzdüfte
Abelia serrata
Daphne odora
Sarcococca saligna

Heliotropduft
Viburnum fragrans

Honigdüfte
Lonicera fragrantissima, L. x *purpusii, L. standishii*

Jasminduft
Stachyurus chinensis

Jonquilduft
Viburnum foetidum

Lilienduft
Osmanthus x *fortunei*

Maiglöckchenduft
Mahonia japonica

Mandelduft
Corylopsis pauciflora

Nelkenduft
Edgeworthia papyrifera
Viburnum carlesii, V. x *juddii*

Primelduft
Corylopsis himalayana, C. wilsonii

Schlüsselblumenduft
Corylopsis spicata, C. wilmottiae

Sehr süßer Duft
Hamamelis mollis

Süße Düfte
Abeliophyllum distichum
Arbutus hybrida
Camellia sasanqua
Coronilla glauca
Daphne collina
Dirca palustris
Fothergilla gardenii
Helleborus odorus
Jasminum nudiflorum
Loropetalum chinense
Luculia gratissima, L. pinceana
Mahonia bealei, M. lomariifolia, M. napaulensis
Sarcococca hookeriana, S. humilis
Spiraea pubescens
Viburnum x *bodnantense*

Unangenehme Düfte
Daphne laureola
Helleborus foetidus

Vanilleduft
Abelia chinensis
Forsythia giraldiana, F. ovata
Gordonia alatamaha
Stachyurus praecox

Veilchenduft
Chimonanthus fragrans
Daphne mezereum

Weiche Düfte
Eupatorium weinmannianum
Hamamelis japonica
Mahonia repens

Weicher/süßer Duft
Clematis cirrhosa

Weihrauchduft
Luculia grandifolia, L. standishii

Eine Containerpflanze verpflanzen

Ein Gefäß ist häufig die ideale Möglichkeit, eine Lieblingspflanze zu kultivieren, besonders, wenn der Bodentyp im Garten dafür völlig ungeeignet ist. Probleme treten vor allem dann auf, wenn die Pflanze für das Gefäß, in dem sie gepflanzt wurde, zu groß wird oder bei starkem Wind das Pflanzgefäß mit der Pflanze umgeweht wird.

Wenn eine neue Pflanze, die sehr hoch ist, bei der Verwurzelung nicht ausreichend gestützt wird, kann sie ebenfalls umkippen. Das ständige Schwanken im Wind verhindert, dass die Wurzeln in die neue Pflanzerde rund um den Wurzelballen hineinwachsen; die Pflanze kann dann am Ende absterben. Dieses Problem kann gelöst werden, wenn man zwei kurze Stücke Holz oder Bambusrohr zu einem Kreuz legt, das mit Hilfe des Gefäßrandes die Basis der Pflanze fest in Position hält.

Dadurch wird der Wurzelballen verankert und die Wurzeln können sich entwickeln, während der Spross sich im Wind biegen kann, was ihm hilft, sich beim Wachsen natürlich zu verdicken. Je höher die Pflanze, desto wichtiger ist es, dass man dem Spross Bewegung gestattet, das Wurzelsystem jedoch stabil hält. Dadurch wird der Topf bei windigem Wetter auch nicht so häufig umgeweht. Das Kreuz wird dicht unter der Oberfläche der Pflanzerde versteckt und bleibt weitgehend unentdeckt.

TIPP DES AUTORS:
Gute Dränage

Das Gefäß sollte im Boden eine ausreichende Anzahl an Dränagelöchern haben (mindestens 2,5 cm Lochdurchmesser aller 30 cm am Boden des Gefäßes). Schnelles Ablaufen ist für gewöhnlich viel leichter auszugleichen als Wasserstau.

VON OBEN LINKS IM UHRZEIGERSINN

Legen Sie ein Stück Papier über die Dränagelöcher am Boden des Gefäßes, um die Menge der Pflanzerde zu reduzieren, das beim ersten Wässern ausgespült wird. Füllen Sie das Gefäß mit Pflanzerde, bis sie den richtigen Stand erreicht hat, um den Wurzelballen der Pflanze abzustützen (die Oberseite des Wurzelballens sollte 5 – 7 cm unter dem Topfrand liegen).

Nehmen Sie die Pflanze aus ihrem bisherigen Container und senken Sie sie in das neue Gefäß, so dass sie auf der Pflanzerde aufsitzt.

Füllen Sie Pflanzerde bis zu 5 – 7 cm unter dem Rand auf und verteilen Sie sie gleichmäßig. Schütteln Sie das Gefäß, damit sich die Pflanzerde gleichmäßig rund um den Wurzelballen setzt.

Legen Sie zwei Hölzer zu einem Kreuz (die Arme des Kreuzes stimmen in der Länge mit dem Durchmesser des Gefäßrandes überein) und befestigen Sie sie mit Draht aneinander.

Zwängen Sie das Kreuz horizontal zwischen die Ränder des Gefäßes, so dass es glatt auf der Erdoberfläche aufliegt. Befestigen Sie den Spross der Pflanze mit starkem Draht an dem Kreuz.

Decken Sie das Kreuz mit Pflanzerde ab. Wässern Sie gleich nach dem Pflanzen die Pflanzerde gründlich, damit sie sich rund um die Wurzeln der Pflanze setzt und um eventuelle Lufttaschen zu entfernen.

ARBEITSGERÄTE

1 kleine Säge

MATERIALIEN

1 großer Behälter

1 Containerpflanze

Blatt Papier (Zeitungspapier ist ideal)

Pflanzerde

2 Holzstücke

(Bambusstäbe sind ideal)

Draht

PROJEKT 6

Eine Ballenpflanze verpflanzen

Viele Pflanzen werden als „Ballen"- (oder „Wurzelballen"-) Pflanzen verkauft, die mit einer kugelförmigen Schicht Erde rund um die Wurzel ausgehoben und so in ein Stück Sackleinen (Ballentuch) eingebunden werden. Solche Pflanzen können problematisch in der Handhabung sein, da die Vibrationen bei Fortbewegung und Umsetzung den Wurzelballen aufbrechen und die Wurzeln beschädigen können.

Gehen Sie vorsichtig mit diesen Pflanzen um, auch wenn sie schwer und voluminös sind. Pflanzen, die so verkauft werden, verwurzeln manchmal nur schwer in ihrer neuen Umgebung. Neu gepflanzte Bäume und Sträucher können sich aufrecht halten, sobald sie ausreichend verwurzelt sind. Anfangs werden sie etwas Hilfe benötigen, besonders, wenn sie an exponierten, windigen Standorten stehen.

Wenn die Wurzeln statisch in Position gehalten werden, wachsen und verwurzeln sie schnell, wodurch sie die Pflanze sowohl verankern als auch nähren. Dadurch kann der Stamm sich biegen und sich im Wind bewegen, was von Vorteil ist, da er sich dann verdicken und entwickeln kann, wie er es auch in der freien Natur tun würde. Diese Stütze muss so aufgestellt werden, dass sie den Wurzelballen nicht beschädigt.

TIPP DES AUTORS:
Winterpflanzung

Wenn Sie ruhende Bäume und Sträucher im Winter pflanzen, bringen Sie nach dem Pflanzen einen Dünger auf der Oberfläche des Bodens aus. Der Winterregen spült etwas von dem Dünger in den Boden in die Nähe der Wurzeln, so dass er sich dort befindet, wo die Pflanzen ihn brauchen, wenn sie im Frühjahr zu wachsen beginnen.

VON OBEN LINKS IM UHRZEIGERSINN

Markieren Sie das Pflanzloch, das etwa den doppelten Durchmesser des Wurzelballens haben muss und graben Sie das Loch mindestens auf doppelte Tiefe des Wurzelballens; trennen Sie den Mutterboden vom weniger fruchtbaren Unterboden.

Brechen Sie mit einer Gabel die Seiten und den Grund des Loches auf. Dadurch können die neuen Wurzeln in den Boden rund um das Pflanzloch hineinwachsen. Füllen Sie eine Schicht Erde in das Loch zurück und drücken Sie sie etwas an. Stellen Sie den Baum in die Mitte des Loches und prüfen Sie, ob die Pflanze sich auf der richtigen Höhe befindet – die Oberseite des Wurzelballens sollte 4 cm unter der Erdoberfläche liegen. Lösen Sie das Ballentuch und ziehen Sie es vorsichtig von der Basis der Pflanze weg.

Füllen Sie das Loch mit Erdschichten, die Sie gleichmäßig rund um den Wurzelballen verteilen und jeweils mit dem Schuhabsatz andrücken, bis das Loch auf seine ursprüngliche Höhe aufgefüllt ist.

Treiben Sie einen Stützpfahl in den um das Pflanzloch liegenden Boden im Winkel von 45° gegen den Baum und binden Sie den Baum in Höhe von etwa 30 cm über dem Boden mit einem Baumgurt und Abstandshalter am Pfahl fest. Bringen Sie eine Düngergabe auf die Erdoberfläche auf.

Mischen Sie den Dünger leicht in die oberste Bodenschicht rund um den Baum.

ARBEITSGERÄTE

1 Grabgabel

1 Standardspaten

MATERIALIEN

1 Ballenpflanze

Pflanzerde

Dünger

1 Holzpfahl

Baumgurt und Abstandshalter

Bäume
UND STRÄUCHER

Zierbäume werden aus unterschiedlichen Gründen kultiviert und stellen gewöhnlich die langlebigsten und dauerhaftesten Merkmale eines Gartens dar. Bäume bilden mit die dauerhafte Struktur eines Gartens und können sowohl als Bezugspunkte oder lebende Skulpturen eingesetzt werden, als auch Areale im Garten festlegen. Besonders in kleineren Gärten, die manchmal nur einen Baum aufnehmen können, bedarf es genauer Überlegung, welchen Baum man wählt, da dies die Atmosphäre und das Erscheinungsbild des gesamten Gartens beeinflussen wird.

Gartenbäume können für viele verschiedene Zwecke eingesetzt werden und haben attraktive Eigenschaften. Durch ihre Größe und ihr Volumen verbergen sie Schandflecken und bieten Farbe und Schatten oder sogar eine Stützstruktur für die kräftigsten der Kletterpflanzen. Viele Bäume können stürmischem Wetter widerstehen und machen sich als Windschutzstreifen nützlich. Viele der Bäume, die für diesen Zweck verwendet werden, mögen nicht zur Zierde gedacht sein; ihr wichtigster Beitrag ist, den weniger harten und eher zur Zierde dienenden Pflanzen innerhalb des Gartens Schutz vor starkem Wind zu gewähren. Sie liefern dem Garten nicht allein Struktur, sondern auch die Bedingungen, die dem Garten sein eigenes Mikroklima geben, wodurch sich die Palette der Pflanzen vergrößert, die in dieser speziellen Lage kultiviert werden können.

Man hat Bäumen, die in Hausgärten verwendet werden, zur Last gelegt, dass sie Bodensenkungen verursachen, wenn sie zu nahe an Wohngebäuden stehen. Tatsächlich entziehen manche Bäume dem Boden große Mengen Wasser; eine ausgewachsene Weide nimmt zum Beispiel mehr als 182 000 l pro Jahr auf. Das kann in Lehmböden Schrumpfung verursachen und dadurch wiederum die Gebäudefundamente angreifen. Zu allem Überfluss kann es passieren, dass das Fällen eines Baumes, den man als Verursacher für Bodensenkung in Verdacht hat, dazu führt, dass der Boden mit dem erhöhten Wasserspiegel anschwillt und dadurch Verwerfung und Anhebung der Fundamente hervorruft. Es ist besser, den Baum regelmäßig zurückzuschneiden, um die Größe zu reduzieren, als ihn zu entfernen. Setzen Sie beim Pflanzen nie einen neuen Baum näher als im Abstand seiner endgültigen Höhe an ein Gebäude; die Amerikanische Roteiche *(Quercus rubra)* zum Beispiel erreicht etwa 10 m Höhe und sollte deshalb mindestens um dieses Maß von Gebäuden entfernt gepflanzt werden.

RECHTS *Die nackten Äste von Bäumen und Sräuchern sehen im Winter direkt nach einem Schneefall besonders spektakulär aus.*

Bäume für den Garten *Den richtigen Baum auszuwählen ist Bestandteil der Planung eines Gartens; ein anderer ist die Auswahl des richtigen Standortes. In einem Garten beliebiger Größe sollte die Positionierung eines Baumes als Bestandteil des Gesamtentwurfes gesehen werden. Bäume sind bedeutende Elemente im Gesamtmuster der Ansichten, Sichtlinien, Windschutzstreifen und Tarnwände sowie der Wege, Rabatten und Rasenflächen.*

UNTEN *Bäume müssen keine festgelegte Form haben, da man sie für bestimmte Zwecke schneiden und erziehen kann. Im Bild eine Form der Weide* (Salix alba *subsp.* vitellina *'Britzensis'), die zurückgeschnitten wurde, damit sie regelmäßig farbige Triebe zeigt.*

STANDORTWAHL In einem großen Garten gibt eine größere Auswahl für die Positionierung von Bäumen als in einem Garten mit eingeschränktem Platz. Die Mitte des Gartens kann ein unpraktischer Platz für einen Baum sein, da er die Sicht verstellt und man ihn nicht mit etwas umpflanzen kann, ohne den Rasen umgraben zu müssen, zumal er dem Garten eine gewisse Regelmäßigkeit verleiht, die vielleicht ursprünglich nicht beabsichtigt war. Setzt man ihn weiter an den Rand des Rasens, vielleicht mit darunter gepflanzten Sträuchern und Zwiebeln, dann kann dies einen Schandfleck verdecken, das Gefühl von Naturnähe schaffen und im Betrachter den Wunsch wecken, den Garten weiter zu erkunden.

In einem kleineren Garten, der vielleicht nur Platz für einen einzigen Baum bietet, ist die geeignetste Stelle oft eine vom Haus abgelegene Gartenecke. Dies trifft besonders auf Vorgärten zu, wenn nicht Ihr Nachbar schon einen Baum auf der anderen Seite des Zaunes in dieser Ecke gepflanzt hat. Es schafft Privatsphäre, Schatten für ein Auto oder hilft, eine Grenze zu markieren.

Ein Baum kann auch als Blickfang entlang der Grundstücksgrenze am anderen Ende des Gartens verwendet werden, was auf kleinem Raum eine formale Wirkung schaffen hilft. In einem kleinen, aber eckigen Garten kann der Baum entweder in einem Eckwinkel positioniert werden oder, um eine ungünstige Form zu verdecken und das Auge abzulenken.

BODEN Der Boden in einem Garten wird oft als gegeben hingenommen, doch wenn er einem bestimmten Typ angehört und kalkhaltig, sauer oder schwer und wenig durchlässig ist, dann hat dies Auswirkungen auf den Baumtyp, der kultiviert werden kann. Der Boden kann zwar so vorbereitet werden, dass die bestmöglichen Bedingungen geschaffen werden, um den neu gepflanzten Baum zu unterstützen, damit er schnell anwächst, aber man darf nicht vergessen, dass der Baum nicht sein wahres Potenzial erreichen und die Merkmale aufweisen wird, wegen derer er ausgewählt wurde, wenn der Boden für diesen gepflanzten Baumtyp völlig ungeeignet ist.

GRÖSSE Sie muss eine Hauptüberlegung sein, wenn man Bäume für den Garten aussucht. Mehr als alle anderen Pflanzen hat ein Baum das Volumen und die Form, um einen Garten zu beherrschen, wenn seine Proportionen nicht mit dem Gesamtmaßstab des Entwurfes übereinstimmen. Ebenso kann die Wirkung eines winzigen Bäumchens in einem großen Garten völlig verloren gehen, wo es von den umgebenden Pflanzen quasi erdrückt wird.

OBEN *Manche Nadelbäume werden wegen ihrer dekorativen Nadeln kultiviert.* Chamaecyparis pisifera *'Golden Mop' produziert goldene, fadenartige Triebe, die sich sanft zum Boden neigen.*

UNTEN *Wenn Sie neue Bäume im Garten pflanzen, denken Sie immer an die Höhe, die der Baum erreichen wird. Lassen Sie generell nicht zu, dass ein Baum höher wächst, als sein Abstand zum Haus beträgt.*

Zwar sind die meisten Gärten zu klein, um Buche *(Fagus)*, Eiche *(Quercus)* oder Ahorn *(Acer)* zu beherbergen, doch es gibt langsamer wachsende oder Zwergformen eben dieser Bäume, die sehr hübsche dekorative Merkmale haben und für viele Gartenformen und -größen geeignet sind.

FORM Die Form eines Baumes kann ebenso wichtig sein wie seine endgültige Größe, jedenfalls in Bezug auf das Einrichten eines Stils oder einer Stimmung. Trauerweiden werden immer mit Wasserflächen assoziiert, wie zum Beispiel großen Teichen. Der Japan-Ahorn *(Acer palmatum)* ist ideal für einen Garten im orientalischen Stil oder einen Hof, in dem man ein Blätterdach benötigt, das durchbrochenen Schatten wirft. Der Essigbaum oder Hirschkolbensumach *(Rhus typhina)* andererseits wäre eher geeignet für einen Garten im modernen Stil mit Holzbeplankung oder Kiesflächen. Bäume mit einem ausladenden, hängenden Habitus wie Youngs Gemeine Hängebirke (*Betula pendula* 'Youngii') ergeben sanfte Konturen, was günstig ist, um die starren Linien von nahe gelegenen Gebäuden weicher erscheinen zu lassen. Die kegel- oder pyramidenförmige Umrisse von Dawycks Rotbuche (*Fagus sylvatica* 'Dawyck') und der pyramidenförmigen Einheimischen Stechpalme (*Ilex aquifolium* 'Pyramidalis') sind ideal als lebendige Skulpturen.

OBEN Acer griseum *(der Weißgraue Ahorn) wächst zwar nur langsam an, aber mit seiner satten kupferbraunen Rinde gibt er ein Prachtexemplar ab. Er eignet sich hervorragend als Blickfang im Garten und wird nicht allzu groß.*

Da Bäume langlebige Pflanzen in jedem Garten abgeben und lebendige und wachsende Objekt sind, unterliegen sie Wandlungen – wenn auch langsam –, und es ändert sich nicht nur ihre Größe, sondern auch ihre Form. Ein Baum, dem man im Katalog und beim Verkauf einen ausladenden Habitus zuschreibt, entwickelt sich möglicherweise erst in dieser Weise, wenn er erwachsen wird. Eine beliebte Zierkirsche, *Prunus* 'Kanzan', hat steif nach oben stehende Zweige, bis sie das Alter von 10–15 Jahren erreicht, ab dem sie zu einem breiteren, ausladenderen Habitus wechselt. Viele schmale, aufrechte oder „spitzige" (mit nach oben gerichteten Zweigen) Bäume öffnen sich mit zunehmendem Alter aus der Mitte und lassen die Zweige zu einer breiten konischen Form werden.

PFLANZEN Wo der Platz es zulässt, ist die Pflanzung von Bäumen in Gruppen zu überlegen, als Blickfang oder sogar als Schutzfläche. Die Bäume können dichter gepflanzt werden, da der Konkurrenzkampf zwischen den Bäumen ein gemeinsames ausladendes Blätterdach für die gesamte Gruppe hervorbringen wird.

Wenn der Platz ein Problem ist, ziehen Sie die Verwendung eines mehrstämmigen Baumes oder eine Massenanpflanzung von mehreren Bäumen derselben Art auf einer Fläche von 1 qm in Betracht. So entsteht immer noch eine waldähnliche oder Baumgemeinschaft, jedoch in viel kleinerem und besser zu handhabenden Maßstab als eine größere Pflanzung. Die Nähe der Bäume zueinander sorgt dafür, dass die Stämme im spitzen Winkel auseinander wachsen, wodurch die Gruppe eine schmale Basis, jedoch einen breiten oberen Teil erhält, wenn sich das Laubdach entwickelt. Diese Art der Pflanzung sieht hübsch aus, wenn man Bäume mit attraktiver Borke verwendet, wie zum Beispiel Birken, Kirschen und Ahornarten, die im Winter toll aussehen, besonders wenn darunter winterblühende Zwiebeln oder Heidearten gepflanzt werden.

RECHTS *Mit der großen Bandbreite an Farben und Strukturen ihrer Laubblätter (Nadeln) und ihrer immensen Vielfalt an Formen und Umrissen sind Nadelbäume ideal dafür geeignet, innerhalb des Gartens sowohl ein Thema zu liefern als auch unterschiedliche jahreszeitliche Reize zu bieten.*

LINKS *Eine der schönsten Birken im Hinblick auf die Wirkung ihrer Borke ist* Betula utilis *mit ihrer fast atemberaubenden leuchtenden Färbung. Dieser Baum kann als Teil einer Gruppe kultiviert werden oder, im kleineren Garten, als mehrstämmige Pflanze mit einem ähnlichen „Massen"- oder Gruppeneffekt.*

PROJEKT 7

Baumschnitt und Entfernung von Ästen

Es ist wichtig, Äste von Bäumen und großen Sträuchern schrittweise zu entfernen, um die Verletzungsgefahr sowohl für die Pflanze als auch für die Person, die den Schnitt vornimmt, zu verringern. Setzt man eine Serie von Schnitten an, um den Ast schrittweise statt mit einem Mal zu entfernen, so bietet dies einen gewissen Grad an Kontrolle über den Entfernungsprozess.

Befolgt man dieses Verfahren nicht und trennt einen schweren Ast bündig mit dem Stamm von der Oberseite des Astes nach unten ab, bevor ihm etwas von seinem Gewicht genommen wird, kann das Resultat katastrophal sein, wenn der Ast in den Stamm hinein abreißt und eine große kluffende Wunde hinterlässt, die eine potenzielle Stelle für Pilzinfektionen ist. Diese Art der Beschädigung kann schließlich dazu führen, dass der Baum komplett entfernt werden muss.

Die meisten verholzten Pflanzen können auf diese Weise in der Zeit zwischen Spätherbst und spätem Frühjahr geschnitten werden. Die wichtigsten Ausnahmen sind Kirschen (*Prunus* spp.), die häufig in voller Belaubung zurückgeschnitten werden, um das Risiko einer Pilzinfektion zu verringern.

SICHERHEITSTIPP

Für die hohen Äste, die nicht sicher erreicht werden können, kontaktieren Sie einen Fachmann, der über das erforderliche Spezialwerkzeug verfügt.

TIPP DES AUTORS

Wundbehandlung

Wundverbände können mit dem natürlichen Heilprozess der Pflanze kollidieren und schädliche Krankheitsorganismen beherbergen, daher ist ihre Verwendung allgemein nicht mehr üblich. Wenn ein Verband aus ästhetischen Gründen verwendet wird, sprühen Sie wasseremulgierten Baumteer als sehr dünne Schicht auf, um die geschnittene Oberfläche abzudunkeln.

VON LINKS OBEN IM UHRZEIGERSINN

Markieren Sie auf dem Ast Punkte, indem Sie farbige Etiketten und Reißzwecken als Führung für die drei Schnitte verwenden.

Setzen Sie mit einer geeigneten Säge einen Unterschnitt etwa 30 cm vom Stamm entfernt an und sägen Sie bis zu einem Viertel des Durchmessers des Astes. Wird der Schnitt zu tief ins Holz geführt, so schließt das Gewicht des Astes den Schnitt und klemmt die Säge ein.

Führen Sie einen zweiten Schnitt an der Oberseite des Astes aus, 5 – 7,5 cm weiter vom Stamm entfernt als der erste Schnitt.

Wenn der zweite Schnitt den Punkt erreicht, an dem er den ersten überlappt, bricht der Ast im Faserverlauf ab. Er sollte sauber fallen, ohne die Borke am Stamm zu verdrehen oder abzureißen.

Führen Sie den letzten Schnitt durch den Ansatz des Stumpfes bündig mit dem Stamm aus, um den letzten Teil des Astes zu entfernen.

Bürsten Sie lose Rinde oder Sägespäne von der frisch geschnittenen Oberfläche und untersuchen Sie das Holz auf Anzeichen von Spaltung oder Verfall. Ein sauberer Schnitt wird schnell zu heilen beginnen.

ARBEITSGERÄTE

1 Baumsäge
(mit einem Blatt, das mindestens dreimal länger ist als der Durchmesser des abzusägenden Astes)

1 scharfes Messer
(um offen liegende Rinde zurechtzustutzen)

1 Abdeckplane oder Plastikfolie
(um den Baumschnitt zu sammeln)

1 Schredder
(um den Baumschnitt zu beseitigen)

Plastik-Pflanzetiketten

Reißzwecken
(falls notwendig)

PROJEKT 8

Rückschnitt zur Wuchsförderung durch Kappen

Eine Reihe von Bäumen und Sträuchern können wegen ihrer hübschen Stämme gezogen werden, die während der Wintermonate einen farbenfrohen Anblick bieten oder wegen ihres besonders großen und hübschen Laubwerks im Sommer. Pflanzen, die bis zum Hauptspross zurückgeschnitten werden, blühen oft an Trieben, die in der vorigen Saison gebildet wurden; werden sie jedoch stark zurückgeschnitten, dann werden die Blüten oft geopfert.

Kräftiger Rückschnitt ist eine Abwandlung der traditionellen Methoden der Behandlung von Bäumen und Sträuchern, um ein konstantes und sich erneuerndes Angebot an Trieben zu erhalten.

Die meisten Bäume und Sträucher werden regelmäßig im Frühjahr auf ungefähr 5 – 8 cm Entfernung vom Stamm zurückgeschnitten, was bis zu 2 m über Bodenniveau sein kann. Eine Reihe kräftiger Sträucher, darunter *S. a.* subsp. *vitellina* 'Britzensis' (Weide), werden auf diese Weise geschnitten, um eine zuverlässige Darbietung ihrer leuchtenden Triebe sicherzustellen. Köpfen ist eine äußerst gute Methode, das Wachstum eines Baumes auf begrenztem Raum zu kontrollieren, wo nur leichter Schatten benötigt wird.

TIPP DES AUTORS:
Seien sie resolut

Nehmen Sie jedes Jahr eine Säge, um eine Reihe alter Aststümpfe zu entfernen, die vom Rückschnitt des vorhergehenden Jahres übrig geblieben sind. Dies verhindert übermäßige Verdichtung und verringert die Möglichkeiten für Schädlinge und Krankheiten altes, abgestorbenes Gewebe zu befallen.

VON OBEN LINKS IM UHRZIGERSINN

Für jede Art von Baumschnitt ist es unerlässlich, gut erhaltenes Schnittwerkzeug von hoher Qualität zu haben. Je nach Größe der Pflanzen und Äste, die geschnitten werden sollen, können Messer, Sägen und Gartenscheren erforderlich sein.

Beginnen Sie mit dem Entfernen aller Triebe, die sich am Hauptspross unter den Ästen an der Spitze des Baumes bilden und verwenden Sie dazu eine Gartenschere. Arbeiten Sie sich von einer Seite der Pflanze aus heran, um ein sauberes Arbeitsfeld zu schaffen und das Schneiden zu erleichtern.

Entfernen Sie alle Triebe, die abgestorben, im Absterben begriffen, beschädigt oder erkrankt sind, sowie jeglichen dünnen, schwachen Zuwachs. Bereiten Sie sich darauf vor, dass Sie eine Säge oder Langarmschere verwenden müssen, um größere Holzteile herauszuschneiden, wenn Sie Erkrankungen feststellen.

Schneiden Sie den Zuwachs der vorhergehenden Saison direkt über einer Knospe im Abstand von 5 – 8 cm vom Hauptgeäst zurück. Wenn die Triebe jetzt zu dicht zu stehen scheinen, entfernen Sie jeden dritten Trieb, indem Sie ihn bündig am Hauptspross abtrennen.

ARBEITSGERÄTE

Schutzbrille
(falls erforderlich)

Feste Gartenhandschuhe

1 Klappsäge

1 Gartenschere

1 Langarmschere

1 Schubkarre
(um den Baumschnitt wegzufahren)

MATERIALIEN

Schnittwundenanstrich
(falls erforderlich)

KAPPEN

Zu den Pflanzen mit attraktiven Winterstämmen, die mit dieser Methode geschnitten werden können, gehören:

Eucalyptus spp. (Eukalyptus)
Salix acutifolia (Spitzweide)
Sorten von *Salix alba* (Silberweide)
Salix 'Erythroflexuosa'
Tilia × euchlora (Krimlinde)
Tilia platyphyllos 'Rubra'
(Sommerlinde)

PROJEKT 9

Rückschnitt zur Wuchsförderung durch Unterholzschnitt

Viele verholzte Pflanzen haben auffällige Stämme oder farbige Borke, die im Winter einen hübschen Anblick bieten, oder im Sommer Laub, das größer als normal ist. Leider bedeutet ein starker Rückschnitt dieser Pflanzen für gewöhnlich, dass alle Blüten, die sich am Zuwachs des vorherigen Jahres gebildet haben, geopfert werden. Diese Art des Baumschnittes wurde ursprünglich praktiziert, um Holz zum Bau von Zaunshürden zu erhalten; in den letzten Jahren wurde sie abgeändert, um Zierpflanzen eine neue Dimension hinzuzufügen.

Sträucher wie der Hartriegel *(Cornus)* werden jedes Jahr stark auf etwa 5–8 cm über dem Grund zurückgeschnitten, um ein regelmäßiges Angebot ihrer attraktiven jungen Triebe zu erhalten, die im Winter beeindruckender sind. Pflanzen wie der Traubenholunder (*Sambucus racemosa* 'Plumosa Aurea') werden auf gleiche Weise behandelt, obwohl sie nicht wegen ihrer Stämme, sondern wegen ihrer großen goldenen Blätter kultiviert werden. Um eine starre, einheitliche Wirkung zu vermeiden, kann die Höhe, auf die diese Stämme geschnitten werden, variiert werden.

UNTERHOLZSCHNITT

Zu den Pflanzen mit attraktiven Winterstämmen, die mit dieser Methode geschnitten werden können, gehören:

Acer pensylvanicum 'Erythrocladum' (Streifenahorn)

Sorten von *Cornus alba* (Hartriegel)

Corylus avellana 'Contorta' (Korkenzieherhasel)

Corylus maxima 'Purpurea' (Bluthasel)

Cotinus coggygria (Perückenstrauch)

Eucalyptus-Arten (Eukalyptus)

Sorten von *Salix alba* (Silberweide)

VON OBEN LINKS IM UHRZEIGERSINN

Beginnen Sie mit einem prüfenden Blick auf die Pflanze und entscheiden Sie, welche Seite sich am besten für den Beginn des Schnittes eignet, so dass Arbeit und Zugang erleichtert werden.

Schneiden Sie alle Triebe heraus, die abgestorben, im Absterben begriffen, beschädigt oder erkrankt sind. Schneiden Sie in lebende Sprosse ein um sicherzustellen, dass dieses problematische Material vollständig beseitigt wurde.

Entfernen Sie jeglichen dünnen, schwachen Wuchs bis kurz über einem Auge im Abstand von 5 – 8 cm vom Hauptgeäst. Pflanzen, die weniger kräftig sind, wie der Tatarische Hartriegel *(Cornus alba 'Sibirica')*, der wesentlich weniger kräftig ist, benötigen eher aller zwei Jahre als jedes Jahr starken Rückschnitt.

Alle Schnitte sollten direkt über einem Knospenpaar ausgeführt werden.

Entfernen Sie alle Triebe sobald sie geschnitten sind. Das erleichtert das Arbeiten und verhindert, dass man denselben Spross mehrmals schneidet.

Wenn die Triebe zu dicht zu stehen scheinen, entfernen Sie jeden dritten Trieb, indem Sie ihn bündig am Hauptspross abtrennen. Es kann leichter sein, größere Abschnitte mit einer kleinen Baumsäge zu entfernen.

ARBEITSGERÄTE

Feste Gartenhandschuhe

1 Gartenschere

1 Langarmschere

1 Klappsäge

1 Schubkarre
(um den Baumschnitt wegzufahren)

MATERIALIEN

Schnittwundenanstrich
(falls erforderlich)

PROJEKT 10

Kletterpflanzen und Mauersträucher schützen

Viele Pflanzen, die an einer Mauer oder einem Zaun gesetzt werden, kultiviert man auf diese Weise, weil sie in diesem Areal nur teilweise winterhart sind und stark vom Schutz und von der Wärme profitieren, die eine Mauer oder ein Zaun bieten. Während kalter Winterperioden kann zusätzlicher Schutz erforderlich sein, um sicherzustellen, dass diese Pflanzen unbeschädigt durch den Winter kommen, besonders wenn die Bäume recht jung sind.

Eine verstellbare Abdeckung, die an warmen Tagen angehoben und für Kälteperioden heruntergelassen werden kann, ist die beste Lösung, und das verwendete Isolationsmaterial sollte etwas Licht an die Pflanze lassen. Diese Art Abschirmung sollte im frühen Winter gebaut werden, bevor das schlimmste Wetter einsetzt. Nicht winterharte oder ansatzweise harte Kletterpflanzen und Mauersträucher wie Kirschen, Feigen und *Solanum crispum*, ein kletterndes Nachtschattengewächs, profitieren von dieser Art Schutz.

Obwohl das Ziel darin besteht, die Pflanze vor der Winterkälte zu schützen, ist es wichtig, dass etwas Licht hindurchscheint, besonders wenn an der Pflanze Blätter vorhanden sind, wie bei einigen immergrünen *Ceanothus*-Sorten.

TIPP DES AUTORS:
Wintersonne

Sollte das Wetter warm werden, kann die Schutzwand aufgerollt werden, damit die Sonne die Pflanze wärmen kann. Das verhindert, dass der Zuwachs der Pflanze zu weich wird und hält schädliches Ungeziefer und Krankheiten davon ab, unter der Abschirmung Unterschlupf zu finden.

VON OBEN LINKS IM UHRZEIGERSINN

Stutzen Sie die Pflanze, um Teile beschädigten Wuchses zu entfernen und binden Sie Triebe an, die lose hängen oder sich reiben. Befestigen Sie vier Winkel am Zaun/an der Mauer. Platzieren Sie zwei knapp über dem oberen Teil der Pflanze und etwa 1,8 m voneinander entfernt und zwei weitere nahe an der Basis der Pflanze und ebenfalls 1,8 m voneinander entfernt.

Schneiden Sie ein Stück Faservlies auf eine Breite von 1,8 m und so lang, dass es die volle Höhe der Pflanze abdeckt; geben Sie oben und unten je 10 cm zu. Schlagen Sie die 10 cm am Ende des Vlieses um und heften Sie sie an (so dass sich ein Durchzug am oberen und unteren Ende des Vlieses bildet).

Ziehen Sie einen 2,1 m langen Stab in den Durchzug am oberen und unteren Ende des Vlieses ein.

Hängen Sie einen Stab zwischen die oberen Winkel und fixieren Sie ihn dort.

Lassen Sie das Vlies vor der Pflanze nach unten herab, bevor Sie den unteren Stab am unterem Winkelpaar anbinden.

ARBEITSGERÄTE

1 Gartenschere

1 Schraubendreher

1 scharfes Messer

1 Schere

1 Heftgerät und Heftklammern

MATERIALIEN

4 x 5 cm vorgebohrte L-förmige Aluminiumwinkel (oder Wandhaken)

4 x 5-cm-Schrauben

1 x 2 m langes Stück Faservlies (mindestens 2 m breit)

2 x 2,1 m lange Bambusstäbe

1 Knäuel Gartenschnur

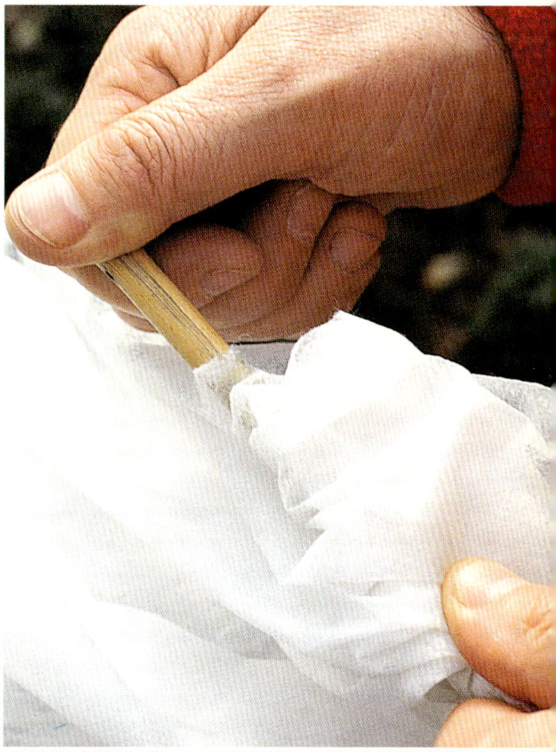

Wildtiere IM WINTER

Wildtiere spielen im Gleichgewicht der Natur eine bedeutende Rolle, indem sie Insekten fressen, Samen verbreiten und organische Substanz wieder verwerten. Ob wild lebende Vögel, Säugetiere und sogar Reptilien in einem Garten leben oder ihn aufsuchen, hängt in großem Maße von der Philosophie des Gärtners im Hinblick auf die Lebewesen als auch von dem Garten ab. Sie müssen spüren, dass sie willkommen und sicher sind, sonst kommen sie nicht wieder.

Eine der wichtigsten Bedingungen für Wildtiere ist ausreichende Deckung. Diese kann in einem Ziergarten ebenso leicht gewährt werden wie in einem wilden oder vernachlässigten Garten, obwohl Bereiche, die ungestört bleiben, doch die größte Anziehungskraft ausüben. Vögel und andere Wildtiere bevorzugen es beobachten zu können, was um sie herum geschieht. Dabei möchten sie selbst von anderen Vögeln, Wildtieren oder Menschen ungesehen zu bleiben. Das gibt ihnen ein Gefühl der Sicherheit. Wenn die Bedingungen stimmen, wird der Garten zu mehr als zu einem Futterplatz werden – für einige Arten wird er zu einer Heimstatt, indem sie die Pflanzen als Habitat für Nester und Höhlen nutzen.

Die Nahrungsansprüche wild lebender Tiere im Garten können vielfältig sein und eine große Bandbreite aufweisen, aber wenn es einen sicheren Weg gibt, Vögel, Insekten, Säugetiere und Reptilien anzulocken, dann ist es eine wie auch immer geartete Wasserfläche. Diese ist eine beinahe sichere Garantie dafür, dass Tiere einen Garten aufsuchen werden, um zu fressen oder zu trinken.

Jedoch ist die Auswahl der Pflanzen und Strukturen innerhalb eines Gartens nur ein Teil der Geschichte, und die Schaffung der geeigneten Atmosphäre wird nur begrenztes Interesse bei Vögeln und anderen Tieren der Gegend erwecken, wenn es Haustiere gibt, die den Garten als ihr Territorium betrachten. Viele Wildtiere werden davon abgeschreckt, sich in den Garten zu begeben, zumindest in den Stunden des Tageslichts und unabhängig davon, wie hungrig sie sind, wenn sie die dort ansässige Katze näher herumschleichen sehen, als dem Wohlbefinden zuträglich wäre.

Der häufige Einsatz bestimmter Chemikalien wirkt ebenfalls abstoßend. Selbst wenn die verwendeten Mittel ungiftig sind, wird der chemische Geruch (oder die Spuren), den der Rückstand hinterlässt, unnatürlich genug sein, um diese Besucher fern zu halten und auch die Insekten und Milben töten, derentwegen sie kamen, um sie zu fressen.

RECHTS *Leuchtend gefärbte Beeren an Gartenbäumen und -sträuchern locken im Winter viele von Früchten lebende Vögel an, wie dieses Amselmännchen.*

Wildtiere in den Garten locken *Gärtner erfreuen sich an den Pflanzen, die sie kultivieren, aber oft beeinflussen sie ohne es zu merken mit der Auswahl der angebauten Pflanzen, welche Insekten, Vögel und Säugetiere den Garten besuchen. Mit ein wenig zusätzlichem Planungsaufwand ist es möglich, sowohl einheimische als auch Zierpflanzen auszusuchen, die Wildtiere einladen, sich heimisch zu fühlen.*

NÄCHSTE SEITE UNTEN *Der schützende Außenkäfig dieses Futterhauses lässt kleinere Vögel durch die Stäbe ins Innere gelangen, um von den Nüssen zu fressen, während größere Besucher abgehalten werden.*

UNTEN *Samen des Efeu* (Hedera *spp.*) *sind ab Januar reif und werden von einer Reihe Vögel gern genommen, zum Beispiel von Eichelhähern, Staren, Drosseln, Türkentauben, Ringeltauben und Krähenvögeln. Die zähen, immergrünen Blätter bieten nachts auch hervorragenden Winterschutz.*

Im Frühjahr, Sommer und Herbst gibt es normalerweise ein reichliches Nahrungsangebot für die meisten Wildtiere. Es sind gewöhnlich die Wintermonate, die ihnen das Leben schwer machen, wenn sie keinen Winterschlaf halten. Wenn man Pflanzen wählt und anbaut, die im Winter Futterquelle sind, so regt das Vögel und Säugetiere an, sich in der Nähe niederzulassen, so dass sie regelmäßig im Garten auf Futtersuche gehen können und ihn schließlich als Teil ihres Territoriums betrachten. Versuchen Sie jedoch, sich nicht in die jahrhundertealte Diskussion hineinziehen zu lassen, ob die Pflanzen, die diese Besucher bevorzugen, einheimische oder nicht einheimische Arten sind – die Wildtiere interessiert das am Ende wirklich nicht. An einem kalten Wintermorgen, wenn Vögel hungrig sind (was sie normalerweise sind, da manche täglich das Sechsfache ihres Körpergewichtes fressen müssen, nur um zu überleben), ist es ihnen egal, ob die Pflanze, von der sie fressen, aus Deutschland, China oder Nordamerika stammt, solange die Früchte nur essbar sind.

Nachts lassen sie sich in den Bäumen nieder, die am besten Schutz und Sicherheit bieten, ungeachtet dessen, ob die Pflanze eine Gemeine Eibe *(Taxus baccata)* oder eine Steineiche *(Quercus ilex)* ist, die aus dem Mittelmeerraum stammt oder die nordamerikanische Lawsons Scheinzypresse *(Chamaecyparis lawsoniana)*.

BEKÄMPFUNG VON SCHÄDLINGEN UND KRANKHEITEN Einer der wichtigsten Vorteile, die man aus der besuchsweisen oder ständigen Anwesenheit von Wildtieren und Vögeln ziehen kann, ist ihre Hilfe bei der Bekämpfung von Schädlingen und Krankheiten, besonders während der Frühjahrs- und Sommermonate. Nackt- und Gehäuseschnecken, Blattläuse, Lappenrüsslerlarven, Schnakenlarven und Raupen – sie alle werden dankbar von vielen Vogelarten verzehrt. Igel fressen sehr gern Nackt- und Gehäuseschnecken und Lappenrüsslerlarven (Frösche und Kröten tun das auch), dazu noch alle Insekten, die sie finden können. Es wird während der Saison Zeiten geben, in denen bestimmte Insekten epidemische Ausmaße erreichen und der verursachte Schaden für den Gärtner unannehmbar wird. Es ist unwahrscheinlich, dass der Wildtierbestand mit diesen großen Populationen fertig wird und möglicherweise muss in diesen Situationen eine chemische Alternative eingesetzt werden. Diese Herangehensweise an das Gärtnern ist eine lohnende, aber für viele Gärtner kann sie eine völlige Änderung der Philosophie der Bewirtschaftung bedeuten. Chemikalien werden erst als letzte Rettung verwendet, statt als Reflexhandlung, und selbst dann belässt

OBEN *Viele Vögel, die im Winter unsere Gärten aufsuchen, sind sehr lebhaft und unterhalten den Beobachter stundenlang mit ihrem possierlichen Fressverhalten.*

LINKS *Wenn es kalt ist und das Futter knapp, gibt es häufig unter den Futtergästen Streit darum, wer fressen darf und wer nicht. Diese Auseinandersetzungen sind gewöhnlich kurz und schnell wieder vergessen.*

man sie auf einem absoluten Minimum und ersetzt sie, wo immer möglich, durch eine organische Alternative, wie zum Beispiel mit der Verwendung von Pampelmusenschalen als Nacktschneckenfalle.

Es ist wichtig dafür zu sorgen, dass die Wildtiere den Garten regelmäßig aufsuchen, und eine der besseren Vorgehensweisen besteht darin, einen Anreiz zu bieten, wenn raue Bedingungen herrschen und sie um das Überleben kämpfen. Die Bereitstellung von Futter den Winter hindurch verlockt Vögel und andere Tiere, den Garten täglich aufzusuchen und ihn als Teil ihres Territoriums anzunehmen. Lässt man Nahrungsreste oder Nüsse draußen liegen, so ist das ein Anreiz für diese Besucher, den gesamten Garten nach Futter abzusuchen, statt nur einen Futterplatz oder ein Vogelhäuschen. Vögel wie Finken, Blaumeisen und Kohlmeisen kann man oft dabei beobachten, wie sie in Bäumen und Sträuchern herumklettern und die Zweige anpicken. Gewöhnlich suchen sie nach überwinternden Eiern von Blattläusen oder ähnlichen Insekten, um sie zu fressen. Eine wichtige Nahrungsquelle besonders für größere Vögel sind oft die Samen, Früchte und Beeren von den Pflanzen im und rund um den Garten. Das Setzen von fruchttragenden Bäumen und Sträuchern ist eine seit langem gepflegte Methode der

OBEN *Ein Grauhörnchen frisst Früchte, die in Raureif eingehüllt sind. Diese lebhaften und akrobatischen Besucher stehlen unbekümmert Futter, das draußen für Vögel und kleine Säugetiere hinterlassen wurde.*

UNTEN *Dieser scheue junge Fuchs mag wohl ein häufiger Besucher des Gartens sein, wird aber selten beobachtet. Füchse bevorzugen es, ihren Besuch nach Einbruch der Dunkelheit oder früh am Morgen abzustatten.*

Gärtner, um dem winterlichen Garten Farbe zu geben, und der zusätzliche Bonus besteht in der großen Vielfalt der Vögel und Säugetiere, von der winzigen Maus zum viel scheueren Fuchs, die besagte Früchte und Samen fressen und damit ihre Nahrung ergänzen.

WASSER Die Einbindung einer Wasserfläche in den Garten lockt ein große Vielfalt an Lurchen, Vögeln, Insekten, Säugetieren und Reptilien zum Trinken und Fressen an das Wasser an, von denen einige sogar Wasser brauchen, um sich darin zu vermehren. Die wichtigste Überlegung ist hier entlang des Gewässerrandes mindestens eine Stelle einzurichten, an der das Ufer sanft ins Wasser abfällt und es den kleineren Säugetieren und Vögel zugänglich macht, ohne dass sie riskieren, hineinzufallen und zu ertrinken.

BELEUCHTUNG Tierliebende Gärtner erweitern oft die Reihe der Gartenbesucher, die sie beobachten können, indem sie Gartenlampen aufstellen, die abends angeschaltet werden können, und erhöhen über eine Zeitspanne nach und nach die Intensität, bis sie sich daran gewöhnt haben. Diese Art der Beleuchtung ermöglicht die Beobachtung von Dachsen, Rehwild, Füchsen und Igeln beim nächtlichen Fraß.

PROBLEMGÄSTE Leider ist es nicht einfach, unter den Wildtieren, die den Garten aufsuchen, eine Auswahl zu treffen, und es gibt bestimmte unwillkommene Gäste, die anfangen, Pflanzen anzufressen, die der Gärtner viel lieber behalten würde. Einige Finkenvögel sind für den Schaden berüchtigt, den sie an Obstbäumen anrichten können, indem sie die ruhenden Knospen im Winter fressen, während Ringeltauben schnell alle Blattgemüse zerstören, die sie finden können. Beide Probleme kann man umgehen, indem man Schutznetze über die Zielpflanzen breitet, doch muss man die Flug- und Fressgewohnheiten der Vögel studieren, um den bestmöglichen Schutz zu bieten. Zum Beispiel laufen Ringeltauben unter dem Netz zum Gemüsebeet, daher müssen Schutznetze im Boden verankert werden, so dass die Eindringlinge sie nicht unterwandern können.

Kaninchen, Rehe und Grau- und Eichhörnchen können ebenfalls Probleme verursachen, indem sie Pflanzen fressen und, im Falle der Grau- und Eichhörnchen, Futter stehlen, das draußen für Vögel aufgestellt wurde, und Zwiebeln und Staudengewächse ausgraben. Bei sehr kaltem Wetter knabbern Kaninchen und Hasen an der Rinde der Bäume, besonders der Apfelbäume, hinterlassen dabei klaffende Wunden am Stamm und töten schlimmstenfalls den Baum.

OBEN *Ein Nistkasten bietet Vögeln im Winter lebenswichtige Deckung und Schutz vor Wind und Schnee; alternativ können Vögel im Winterlaub Zuflucht suchen.*

LINKS *Ein typischer Anblick im winterlichen Garten – ein Rotkehlchen im Schnee. Diese kleinen Vögel sind sehr bedacht auf die Verteidigung ihres Territoriums und verjagen jeden Rivalen.*

UNTEN *Viele Vögel legen wie dieser Star mehrere Kilometer zurück, um frisches Wasser zu finden. Das ist wichtig, denn sie brauchen Wasser, um schlucken und die Nahrung verdauen zu können, die sie finden.*

PFLANZEN, DIE WILDTIERE ZUM VERZEHR IHRER FRÜCHTE IM GARTEN IM WINTER ANLOCKEN

Sträucher
Aucuba (Aucube)
Berberis (Berberitze)
Callicarpa (Japanische Schönfrucht)
Cotoneaster (Zwergmispel)
Hypericum (Johanniskraut)
Leycesteria formosa (Leycesterie)
Ligustrum vulgare (Gemeiner Liguster)
Mahonia (Mahonie)
Pyracantha (Feuerdorn)
Rosa spp. (Wildrose)
Sambucus spp. (Holunder)
Skimmia (Skimmie)
Symphoricarpos (Schneebeere)

Bäume
Crataegus spp. (Weißdorn)
Euonymus europaeus (Spindelbaum)
Ilex aquifolium (Stechpalme)
Malus spp. (Crabapfelbaum)
Prunus padus (Traubenkirsche)
Sorbus aria (Mehlbeere)
Sorbus aucuparia (Gemeine Eberesche)
Taxus baccata (Gemeine Eibe)

Kletterpflanzen
Hedera (Efeu)
Lonicera (Heckenkirsche)

PROJEKT 11

Eine Futtereinrichtung für Vögel bauen

Um Vögel und andere Arten von Wildtieren in den Garten zu ziehen, ist es nötig, Futtervielfalt und (wenn möglich) eine Reihe von Fressplätzen anzubieten, um den Bedürfnissen der unterschiedlichen Arten von Lebewesen entgegenzukommen, die in den Garten gelockt werden. Wenn man das Futter auf mehrere Plätze verteilt, ist es auch möglich, eine große Anzahl an Lebewesen zur selben Zeit zu füttern.

Die wichtigsten Fresszeiten für Vögel sind am frühen Morgen und am späten Nachmittag (etwa eine Stunde vor der Dämmerung). Wild lebende Vögel benötigen Zufütterung normalerweise nur zwischen Spätherbst und zeitigem Frühjahr, aber wenn mit dem Füttern einmal begonnen wurde, sollte man es den Winter hindurch fortsetzen, da viele Arten sich auf diese Fütterungen verlassen.

Es gibt zwar viele industriell hergestellte Futtereinrichtungen für Vögel, aber es ist sehr leicht, mit ein paar einfachen Haushaltartikeln und einer gebrauchten Getränkeflasche zu Hause selbst eine zu bauen.

Die folgende Futteraufzählung wird eine große Vielfalt an Wildvögeln in den winterlichen Garten locken: Gebackene Kartoffeln, gehacktes Kochschinkenfett, gehackte Früchte, gekochter Reis, Käse, Fleischknochen, frische Kokosnuss, unbehandelter Teig, gemischte Nüsse, Hafer und Hafermehl, Erdnüsse, Rosinen und Sultaninen, altbackenes Brot, altbackener Kuchen und Sonnenblumenkerne.

TIPP DES AUTORS:
Vögel anlocken

Die Größe der Löcher, die in die Kunststoffflasche geschnitten werden, kann dafür eingesetzt werden festzulegen, welche Vögel an der Futtereinrichtung fressen. Größere Löcher locken größere Vögel an, die ihren Kopf durch die Futterlöcher stecken können. Um bestimmte Vogelarten anzulocken bestücken Sie das Gerät außerdem mit dem Futter, das sie bevorzugen.

VON OBEN LINKS IM UHRZEIGERSINN

Waschen Sie eine leere 2-Liter-Getränkeflasche aus Kunststoff gründlich aus und entfernen Sie alle äußeren Hüllen und Etiketten. Zeichnen Sie etwa 10–15 cm über dem Boden der Flasche vier Kreise mit einem Durchmesser von jeweils 3 cm in gleichmäßigen Abständen rund um die Flasche an.

Schneiden Sie die vier Löcher in die Seitenwände der Flasche (ohne scharfe gezackte Plastteile zu hinterlassen). Bringen Sie etwa 1 cm unter jedem Futterloch ein kleines Loch an, indem Sie mit der Spitze einer Schere in den Kunststoff stechen.

Schneiden Sie mit der Gartenschere zwei 15 cm lange Stücke aus einem dünnen Rohr oder Stock und schieben Sie sie durch eines der kleinen Löcher hinein und auf der gegenüberliegenden Seite wieder heraus, so dass vier kleine Sitzstangen etwa 3 cm weit aus der Plastflasche ragen, jede direkt unter einem Futterloch.

Füllen Sie den Grund der Flasche bis etwa 1 cm unter den Stangen mit Kies.

Nehmen Sie den Deckel von der Flasche und bohren Sie ein kleines Loch hindurch. Fädeln Sie ein Stück Schnur oder dünnen Draht durch das Loch. Setzen Sie den Deckel wieder auf. Füllen Sie Vogelfutter in das Füttergerät, bis auf Höhe des unteren Randes der Futterlöcher. Hängen Sie das Futtergerät an einen geeigneten Ort, wo die Vögel es finden und zu fressen beginnen können.

ARBEITSGERÄTE

1 Stift

1 stabile scharfe Schere

1 Gartenschere

1 kleiner Handbohrer und Bohreinsatz

1 Drahtschneider oder Kneifzange

MATERIALIEN

1 Getränkeflasche mit Deckel aus Plast

1 dünnes Rohr oder Stock
(Bleistiftdicke)
30–45 cm lang

Kleine Menge Kies

1 Stück Schnur oder dünner Draht,
60 cm lang

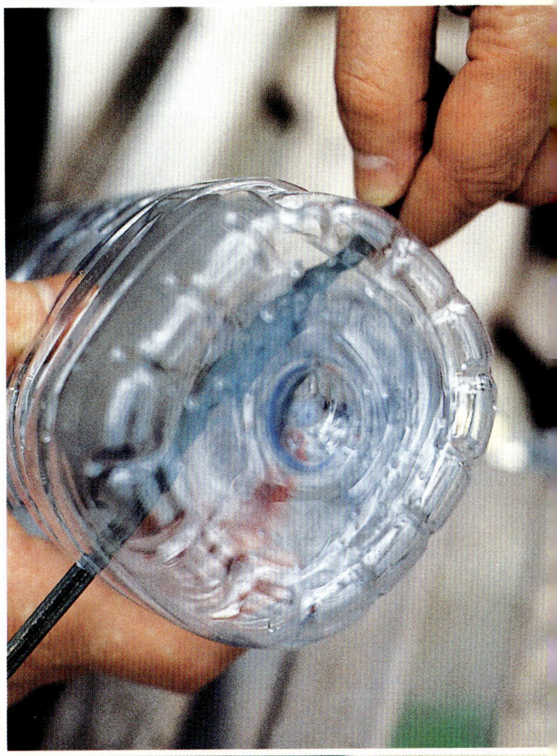

PROJEKT 12

Einen Unterschlupf zum Überwintern bauen

Damit sich Wildtiere in einem Garten sicher fühlen, müssen sie sich verstecken können. Sie brauchen einen Ort, an dem sie sitzen und beobachten können, ohne gesehen zu werden. Wenn sie sich wirklich sicher fühlen, entscheiden sie sich vielleicht dafür, ihre Jungen im Garten oder in der Nähe aufzuziehen und den Garten mindestens für einen Teil des Jahres als Stützpunkt und Quelle für Nahrung und Unterschlupf zu nutzen.

Viele kleine Tiere werden ihren Weg in einen Gartenschuppen finden, während Frösche und Kröten sich Zugang zu einem Gewächshaus verschaffen, wo das Feuchtigkeitsniveau viel höher ist. Alte Töpfe und Kisten werden, besonders wenn es darin Stroh oder Papier für ein warmes Nest gibt, von Lebewesen mit Beschlag belegt, die den Winter auf Streu verbringen möchten. Oft wird der Unterschlupf gewählt, weil er mehr als einen Eingang oder Fluchtweg hat; daher sind auch alte Abflussrohre so beliebt. Holzhaufen, Komposttonnen und sogar Haufen mit Gartenabfall, die für lange Zeit ungestört gelassen wurden, können Unterschlupf bieten, und das kann dem Gärtner Probleme verursachen. Das Verbrennen von Gartenabfall und Baumschnitt ist immer noch die beste Möglichkeit, kranke Pflanzen zu beseitigen und die Ausbreitung von Infektionen zu verhindern; jedoch ist es eine weise Vorsichtsmaßnahme, das Material immer erst im letzten Moment zu dem Ort zu bringen, an dem es verbrannt werden soll, oder den Haufen vor dem Anzünden umzuschichten. So können Sie sichergehen, dass darin keine Tiere Winterschlaf halten.

Wenn man Haufen mit „sauberem" Schnitt oder Laub in abgelegenen Ecken liegen lässt, lockt man damit die Wildtiere zum Winterschlaf in Bereiche des Gartens, in denen sie ungestört bleiben.

TIPP DES AUTORS: Die eigene Anwesenheit verbergen

Tragen Sie Handschuhe, während Sie den Unterschlupf vorbereiten, denn je schwächer der menschliche Geruch rund um den Unterschlupf, desto schneller besteht die Aussicht, dass er bewohnt wird.

VON OBEN LINKS IM UHR-ZEIGERSINN

Wählen Sie zuerst eine Kiste oder einen anderen Behälter aus Holz, der mindestens 30 x 30 cm lang und breit ist und 15–20 cm hoch. Dies ist groß genug für einen Igel oder kleinere Säugetiere. Lassen Sie, wenn möglich, beide Schmalseiten offen.

Platzieren Sie den Behälter an einem geschützten, trockenen Ort, vorzugsweise fern von einem Hauptgehweg in einem Areal, das den ganzen Winter hindurch ungestört bleibt. Streuen Sie lose ein paar Handvoll trockener Blätter oder Stroh in den Behälter.

Beginnen Sie nun, an den Seiten des Behälters entlang Äste und Zweige zu legen, und nach und nach auch über den Behälter, bis er kaum noch zu sehen ist.

Lassen Sie in der obersten Zweigschicht Lücken, um den Tieren zu ermöglichen, den Unterschlupf zu erreichen.

Der Unterschlupf wird umso wahrscheinlicher angenommen, wenn er gut getarnt und versteckt ist. Das einzige Anzeichen dafür, dass der Unterschlupf bewohnt ist, ist meist das gelegentliche Rascheln in der Dämmerung, wenn der Bewohner sich darin bewegt, entweder beim Aufwachen oder beim Niederlegen zum Schlafen. Es kann passieren, dass der Unterschlupf mehrere Versuche bestehen muss, bevor er als Winterquartier angenommen wird.

ARBEITSGERÄTE

1 kleine Säge

1 Gartenschere

1 Schubkarre

Dicke Gartenhandschuhe

MATERIALIEN

Holzkiste oder ähnlich geeigneter Behälter (als Basis für den Unterschlupf)

Ein paar trockene Blätter oder Stroh

Winter-arbeiten

Der Winter bietet die Gelegenheit, viele Arbeiten zu erledigen, die für andere Jahreszeiten ungeeignet wären. Reparaturen, Wartung, Bau, Bodenbearbeitung, Baumschnitt und andere Aufgaben können alle im Winter ausgeführt werden und sind oft entscheidend dafür, wie erfolgreich das kommende Gartenjahr wird.

Jetzt ist die Zeit, ruhende Pflanzen umzusetzen oder zu vermehren. Alle Pflanzen, die für einen bestimmten Standort nicht geeignet waren, können versetzt oder entfernt und neue Pflanzen eingeführt werden. Das Pflanzen im Spätherbst und Frühwinter ist günstig, da der Boden noch etwas von seiner Sommerwärme behalten hat. Oft entwickeln Pflanzen, die zu dieser Zeit versetzt werden, neue Wurzeln, bevor sie sich für den Winter in den Ruhezustand begeben, und wachsen unterirdisch weiter, obwohl der obere Teil der Pflanze für den Winter stillgelegt zu sein scheint.

Viele der anstrengenderen Gartenarbeiten werden im Winter ausgeführt. Das kann zum einen wegen der Bequemlichkeit geschehen, weil leichter zu sehen ist, was man getan hat, wenn weniger Blätter an den Pflanzen sind, oder aus praktischen Gründen wegen des Wetters. Wenn man im Winter im Freien arbeitet, ist es wichtig Arbeiten auszuführen, die es einem erlauben, sich warm zu halten, statt sich statischen Aufgaben zu widmen, bei denen komplizierte Fingerarbeit erforderlich ist. Deshalb bleiben so viele Bauprojekte den Wintermonaten vorbehalten, weil die damit verbundenen Tätigkeiten Wärme erzeugen.

Wenn das Wetter zu schlecht ist, um sich im Freien aufzuhalten, gibt es immer Arbeiten, die man unter Schutz ausführen kann. Pflanzen, die in einem Kalthaus oder im Haus wachsen, brauchen dennoch etwas Pflege und Aufmerksamkeit. Man kann Pflanzen, die geschützt im Kalten Kasten oder Gewächshaus wachsen, nicht ignorieren, und zusätzliche Schichten für Dämmung oder Schutz können erforderlich sein, um ihr Überleben zu sichern, und sei es nur für kurze Perioden, wenn das Wetter am kältesten ist. Selbst an den Tagen, an denen es keine körperliche Arbeit gibt, schafft der Winter die Zeit zum Nachdenken und zum Planen. Sie können überlegen, welche Entwicklungen und Projekte weniger erfolgreich waren als erhofft, um für das kommende Jahr vorzuplanen. Der Winter mag kalt sein, aber er ist mit Sicherheit nicht ruhig.

RECHTS *Der frühe Morgen ist schön anzusehen, aber Vorsicht! Bei so viel Frost ist es besser, den Garten nur aus der Entfernung zu bewundern.*

Einteilung der Aufgaben *Obwohl eine große Anzahl an Pflanzen im Garten während der Wintermonate ruht, bleibt der Gärtner alles andere als untätig. Mit einer Vielzahl an Arbeiten, von der Bodenbearbeitung und dem Schutz der Pflanzen vor dem ärgsten Winterwetter bis hin zu Bau und Erhaltung verschiedener Gartenstrukturen, ist der Winter im Garten ebenso betriebsam wie zu jeder anderen Jahreszeit.*

UNTEN *Zusätzlicher Schutz in einem Gewächshaus vermindert kalte Zugluft. Diese ist eine der Hauptursachen für vorzeitiges Abwerfen der Blätter während der Wintermonate bei Pflanzen in Innenräumen.*

SCHUTZ DER PFLANZEN Wenn der Garten Gewächshäuser und Kästen hat, die für die Überwinterung von Pflanzen verwendet werden oder um im Frühjahr einen zeitigen Beginn zu ermöglichen, sind in gewissem Umfang Pflanzenpflegemaßnahmen durchzuführen. Es müssen regelmäßig die ersten Spuren von Schädlingen oder Krankheiten kontrolliert werden, die leicht Vorteil aus dem Schutz ziehen, der ihren Wirtspflanzen zuteil wird. Besondere Aufmerksamkeit sollte man der Hygiene und der Entfernung jeglicher verfallener Pflanzenteile widmen, um das Infektionsrisiko zu mindern. Die gründliche Untersuchung zur Entfernung aller infizierten Pflanzenteile ist besonders wichtig für Gärtner, die sich vor der Verwendung chemischer Schutzmittel scheuen.

PFLANZEN IN INNENRÄUMEN Pflanzen, die aktiv wachsen, entweder in einem kalten oder beheizten Gewächshaus oder in einem Haus oder Wintergarten, benötigen ebenfalls etwas Pflege und Aufmerksamkeit. Das betrifft besonders saisonale Pflanzen wie Zwiebeln in Schalen, in Töpfen gezogene Chrysanthemen, Weihnachtssterne (Poinsettias) und den Weihnachtskaktus *(Schlumbergera truncata)*. Von allen müssen verwelkte Blüten ebenso wie vergilbte Blätter entfernt werden, sobald sie sich entwickeln, bevor sich Schimmel zu bilden beginnt. Dies ist alles zusätzlich neben einer sorgfältigen Bewässerung zu beachten, damit abgesichert ist, dass Blüte und Wachstum weder durch Überwässerung noch durch Austrocknen der Pflanzen behindert werden.

Verholzte Pflanzen in Innenräumen, wie Hibiskus oder Zitrusbaum, neigen dazu, weichen, saftigen Zuwachs hervorzubringen, wenn sie in warmer Umgebung mit niedrigem Lichtniveau im Winter wachsen und es wird fast mit Sicherheit etwas Rückschnitt notwendig sein, um ausgewogenen Wuchs zu erhalten.

Als Energiesparmaßnahme lohnt es sich, über Methoden der Isolierung für Gewächshäuser oder Wintergärten (siehe Seiten 154–155) und Kalte Kästen mit Blisterfolie oder ähnlichem Material nachzudenken. Allein die Reduzierung von Zugluft erspart den Winter über beträchtlichen Wärme- und Pflanzenverlust.

PFLANZEN IM FREIEN Im Freien benötigen einige Pflanzen Schutz (siehe Seiten 148–149), wenn das Winterwetter streng wird, besonders Neuzugänge, die seit dem vorhergehenden Winter gepflanzt wurden. Wie winter-

OBEN Das Abdecken eines Komposthaufens hilft, die Wärme drinnen und den Regen draußen zu halten. Dadurch wird eine gleichmäßige Temperatur erreicht, die dazu beiträgt, schneller besseren Kompost herzustellen.

UNTEN Das Anbinden loser Triebe an Kletterpflanzen und Mauersträuchern sorgt für Ordnung und reduziert Schäden, die durch lose Zweige im Wind verursacht werden.

hart diese auch sein mögen, sie werden ein wenig liebevolle Zuwendung gern annehmen, um an einem neuen Standort über den ersten Winter zu kommen. Der Wind ist meist eher eine Todesursache als richtig extrem kalte Temperaturen. Höhere Pflanzen, die bisher nicht fest verankert sind, einschließlich aller Pflanzen über 45 cm, sowie Immergrüne sind am empfindlichsten, oder Pflanzen, die in Behältern wachsen. Höhere Pflanzen können durch Windbewegung schwer beschädigt werden, wo die Pflanze regelmäßig vom Wind geschüttelt und Wurzeln gelöst oder im Extremfall beschädigt werden. Diese Pflanzen müssen wieder befestigt und abgestützt oder geschützt werden.

Nadelbäume und belaubte Immergrüne können Opfer von Windfrostschäden werden, wo frostige Winde den Blättern schneller Feuchtigkeit entzieht, als durch die Wurzeln wieder ersetzt werden kann, was braunes, vertrocknetes Laub an der dem Wind zugewandten Seite zur Folge hat. Eine zeitweilige Abschirmung oder Deckung kann diese Art der Beschädigung wirksam verhindern.

Bei Pflanzen, die in Behältern wachsen, liegt das Problem ein wenig anders, da es hier gewöhnlich die Wurzeln sind, die Schutz vor der Kälte benötigen, entweder durch Isolierung des Behälters (siehe Seiten 160–161), oder indem die Pflanze zeitweilig in eine geschütztere Umgebung gebracht wird.

Bodenpflege Grundlegende Gartenarbeiten wie die Bodenverbesserung sind Winterarbeiten, da zu dieser Zeit des Jahres weniger Pflanzen wachsen und es mehr Flächen nackter Erde zwischen den Pflanzungen gibt. Je schwerer der Boden, desto wichtiger ist es, die elementare Bearbeitung wie Umgraben im Frühherbst durchzuführen; nicht nur, weil zu dieser Zeit des Jahres die Bodenverhältnisse gewöhnlich trockener sind, sondern weil die Winterfröste klebrige Lehmböden viel besser auflockern und aufbrechen als jedes Bodenbearbeitungsgerät, das bisher erfunden wurde. Für schwere Böden ist der Winterfrost viel mehr ein Verbündeter als ein Feind, und das Einbringen von Kompost oder anderer organischer Substanz nützt sowohl der Bodenstruktur als auch dem Wachstum der Pflanzen darin auf Jahre hinaus.

Wenn der Boden nicht zu nass ist, so dass er durch Begehung und Schubkarren in seiner Struktur beschädigt wird, können Dränagesysteme angelegt oder verbessert werden, und obwohl die Sommermonate oft als die beste Zeit zum Anlegen von Dränagegräben in schweren Lehmböden angesehen werden, kann der Boden in dieser Zeit des Jahres steinhart und außerdem mit Pflanzen besetzt sein.

OBEN *Lassen Sie das Wetter arbeiten! Schwere Böden können bearbeitet und über den Winter liegen gelassen werden, so dass die Frosttätigkeit Klumpen in kleinere Teilchen aufbricht, ohne die Bodenstruktur zu zerstören.*

Bau und Erhaltung Gärtnern im Winter hat mit einmaligen Projekten zu tun sowie mit Routinearbeiten, die oft von Jahreszeit zu Jahreszeit und von Jahr zu Jahr weitergehen. Dies ist eine gute Zeit, um sich mit Bau- und landschaftsgestalterischen Arbeiten zu beschäftigen, wenn Abschnitte des Gartens

OBEN *Gefrorenes Gras wird leicht beschädigt, wenn man darüber läuft, bevor es auftaut. Problematisch wird es, wenn Unkraut und Moos in den freien Raum eindringen.*

LINKS *Neu verlegter Rasen muss möglicherweise bei mildem Wetter mehrfach sanft angedrückt werden. Dadurch wird verhindert, dass die Ränder sich aufbiegen, wodurch das Gras austrocknet und abstirbt.*

vielleicht kahl sind und es leicht ist, die Grundstruktur des Gartengrundrisses zu sehen und Veränderungen für das kommende Frühjahr anzubringen.

Reparaturen und Wartungsarbeiten nehmen im Winter eine herausragende Stellung ein. Das Fehlen von Vegetation kann insofern ein Vorteil sein, als die laufenden Arbeiten nicht durch Pflanzen behindert werden. Ein gutes Beispiel dafür sind Wasserflächen aller Art im Garten, da dies eine ideale Zeit dafür ist, Tümpel und Teiche nicht nur zu leeren und zu reinigen, sondern auch laufende Reparaturarbeiten an Teichrändern, Mauern und Einlagen auszuführen (siehe Seiten 156 – 157), während die Pflanzen ruhen und die Fische in der Starre sind.

Auch dem Rasen kommt ein wenig Aufmerksamkeit in dieser Zeit des Jahres zugute, besonders im Spätwinter und zeitigen Frühjahr, kurz bevor das neue Wachstum beginnt. Reparaturen können aus dem erneuten Angleichen von Höhenunterschieden (siehe Seite 30 – 31) bestehen oder aus der Änderung der Form eines Rasens, dem Umformen und Vergrößern von Randflächen, oder dem erneuten Besäen von Flächen, wo der Bewuchs spärlich ist (oder an Stellen, wo das Gras völlig abgestorben ist). Wichtig ist daran zu denken, dass keine Arbeiten ausgeführt werden sollten, wenn das Gras gefroren ist. Selbst Fußabdrücke auf gefrorenem Gras können es braun werden lassen, da die Zellen in den Grasblättern bei kaltem Wetter mit Eis statt mit Saft gefüllt sind. Jeglicher Kontakt mit dem Gras beschädigt die Zellen. Wenn es aufgetaut ist, wird das Gras braun und verwelkt.

OBEN UND UNTEN *Teiche brauchen während der Wintermonate besondere Pflege und Aufmerksamkeit. Lassen Sie die Oberfläche nicht für mehr als fünf Tage hintereinander vollständig zufrieren, da dies für Fische schädlich sein kann. Lange Perioden des Zufrierens und Auftauens können auch die Teichanlage beschädigen.*

PROJEKT 13

Zimmerpflanzen zurückschneiden und erziehen

Zimmerpflanzen benötigen regelmäßige Erziehung und Rückschnitt, um kräftigen Wuchs zu erhalten, die Blüte zu fördern und das Wachstum zu steuern. Die meisten Pflanzen, die in Innenräumen wachsen, haben eine längere Vegetationsperiode als jene, die im Freiland wachsen und sie können von Zeit zu Zeit farblos aussehen. Deshalb benötigen Sie einen regelmäßigen Schnitt nach dem Motto „wenig und häufig".

Viele Pflanzen wachsen in Räumen schneller, was dazu führen kann, dass eine Pflanze Blätter abwirft, besonders im unteren Drittel. Das kann nur durch regelmäßigen Schnitt und Erziehung behoben werden. Die Grundprinzipien für den Schnitt und die Erziehung von Pflanzen, die nicht im Freien gedeihen, sind im Großen und Ganzen analog jenen im Freiland, obwohl es erforderlich sein kann, dass der verlängerten Vegetationsperiode und dem begrenzten Raum Beachtung gezollt werden muss. Manche Pflanzen blühen nur am Zuwachs der laufenden Saison und bei diesen Pflanzen kann der alte Wuchs im Frühjahr gefahrlos zurückgeschnitten werden, ohne dass die Ausbildung von Blüten der nächsten Saison gefährdet wird. Andere blühen an älterem Holz und sollten erst nach der Blüte zurückgeschnitten werden.

Die beste Zeit für den Schnitt hängt von der Blütezeit der Pflanze ab und davon, ob sie an neuem oder altem Holz blüht, sowie vom angestrebten Ziel des Schnittes.

TIPP DES AUTORS:
Das Wachstum einschränken

Nehmen Sie übermäßig wuchernde Pflanzen aus dem Behälter, beschneiden Sie die Wurzeln, um sie anschließend wieder in den gleichgroßen Behälter einzusetzen. Das verringert die Menge des Sprosswachstums, da es die Pflanze zwingt, einen Großteil ihrer Energie auf die Heilung der gekappten Wurzeln zu verwenden und wieder volles Wurzelwerk zu entwickeln.

VON OBEN LINKS IM UHRZEIGERSINN

Bei manchen Pflanzen, die zu dicht stehen, kann die beste Methode der Auslichtung darin bestehen, die Pflanze ganz und gar zu teilen. Nehmen Sie sie zuerst aus dem Topf.

Teilen Sie die Pflanze in Abschnitte, indem Sie die einzelnen Sprossachsen sanft auseinander ziehen und achten Sie dabei darauf, dass Sie Blätter, Triebe und Wurzel möglichst wenig beschädigen.

Untersuchen Sie sorgfältig die Wurzeln dieser kleinen, neuen Pflanzen und schneiden Sie solche ab, die offensichtlich gequetscht oder gebrochen sind.

Setzen Sie die neuen jungen Pflanzen wieder in kleine Töpfe ein. Nachdem sie in einer geeigneten Umgebung aufgestellt wurden, muss gründlich gegossen werden.

Bei manchen anderen Arten von Zimmerpflanzen reicht es, wenn man die verschlungenen Sprosse ausdünnt, indem man mit einer Gartenschere die ältesten und schwächsten herausschneidet oder solche, die deutliche Anzeichen für Schädlinge und Krankheiten aufweisen.

Entfernen Sie alle abgestorbenen Blüten, sobald sie zu welken beginnen, und werfen Sie diese sofort weg. Belässt man solch totes Gewebe an der Pflanze, kann sich Pilzfäule wie Grauschimmel (Botrytis) einnisten und ausbreiten oder aber auch gesunde Pflanzen befallen.

ARBEITSGERÄTE

1 Gartenschere

1 scharfes Messer

1 Eimer oder Schale (für Abfall)

Gießkanne

MATERIALIEN

Pflanzerde für Töpfe

Blumentöpfe

Bindegarn (falls erforderlich)

Aussaatkisten (oder Tragekisten)

PROJEKT 14

Eine temporäre Abdeckung für Pflanzen bauen

Man kann Pflanzen schützen, indem man um sie herum eine temporäre Abdeckung baut, um mit dieser Methode Schäden durch Windfrost zu reduzieren. Bambusstäbe sind ideal für die Verwendung als strukturelle Stützen, da sie eine gewisse Biegsamkeit aufweisen und sich bei starkem Wind eher biegen, als zu brechen oder umgeblasen zu werden. Verwenden Sie Plastnetze oder Sackleinen als Verkleidung, um die Stäbe zu umhüllen, da diese Materialien den Wind filtern, statt ihm zu widerstehen, und auch Schnee oder Graupel sammeln, wodurch noch mehr Schutz geboten wird.

Wo es möglich ist, lassen Sie eine Seite des Schutzes offen, damit die Pflanze winterhart bleibt und etwas Sonnenlicht eindringen kann. Die offene Seite der Abdeckung ist besonders zu schützen; eventuell kann sie sogar während Schlechtwetterperioden geschlossen werden.

Im Idealfall sollte diese Art einer temporären Pflanzenabdeckung im Frühwinter gebaut werden, bevor strenger Frost einsetzt. Neu gepflanzten Nadelgehölzen und belaubten Immergrünen, wie beispielsweise der Ölweide, kommt diese Art Schutz sehr zugute. Diese temporäre Abdeckung kann dann im Frühjahr leicht entfernt werden.

TIPP DES AUTORS:
Plastfolie

Vermeiden Sie, Plastfolie als Schutz zu verwenden. Wenn die Folie die Pflanze berührt, bildet sich an den Kontaktstellen Kondenswasser, das bei Frostwetter gefriert und das Pflanzengewebe beschädigt. Plastfolie lässt außerdem die Wärme innerhalb des Zeltes wieder in die Umgebungsluft zurückstrahlen, was oft dazu führt, dass die Temperatur im Inneren der Struktur mehrere Grad niedriger ist.

VON OBEN LINKS IM UHRZEIGERSINN

Wählen Sie 1,5 m lange Bambusstäbe und platzieren Sie jeden etwa 30 cm vom Fuß der Pflanze entfernt. Treiben Sie das untere Ende jedes Stabes etwa 15 cm weit in den Boden.

Wenn der Boden hart ist, nehmen Sie einen Fäustel, um den Stab in den Boden zu schlagen. Ist der Stab einmal in den Grund eingedrungen, drücken Sie ihn mit der Hand weiter.

Nehmen Sie die Spitzen der vier Bambusstäbe zusammen, indem Sie sie sanft über der Pflanze zur Mitte ziehen.

Binden Sie die Spitzen mit Bindegarn zusammen, so dass sich die Form eines Indianerzelts um die Pflanze herum bildet. Die Pflanze darf aber mit diesem Schutz keinen Kontakt haben.

Bedecken Sie drei Seiten des Zeltes mit einer Verkleidung aus Kunststoff oder Naturfaser und befestigen Sie sie mit Schnur. Versenken Sie an exponierten Standorten auch den unteren Rand der Verkleidung im Boden um zusätzliche Stabilität zu erreichen.

Lassen Sie die vierte (am besten geschützte) Seite offen, damit Licht eindringen kann. Bei strengem Frost legen Sie ein wenig Stroh oder Heu zwischen Pflanze und Verkleidung und schließen Sie dann den vierten Abschnitt des Zeltes, um zusätzlich Schutz zu gewähren.

ARBEITSGERÄTE

1 scharfes Messer

1 Fäustel

1 Schere

MATERIALIEN

4 x 1,5 m lange Bambusstäbe

1 x 5 m langes Stück Kunststoffmaschengeflecht, Sackleinen (Hessian) oder Faservlies (mindestens 2 m breit)

1 Knäuel Gartenschnur

Etwa 12 „Blitzanbinder" aus Draht

Etwas Stroh oder Heu

Einen Kompostbehälter bauen

Abgestorbenes Pflanzenmaterial und organische Gartenabfälle im Allgemeinen gehören zu den wertvollsten Materialien, die ein Gärtner einsetzen kann. Organische Substanz kann entweder als Bodenverbesserungsmittel oder als Mulch verwendet werden, und obwohl sie als Material einen relativ geringen Gehalt an Nährstoffen für Pflanzen hat, besonders im Vergleich mit Düngern, hat sie doch sehr vorteilhafte Auswirkungen auf die Gartenerde.

Die wahrscheinlich wertvollste Wirkung kompostierter organischer Abfälle ist die Verbesserung der Bodenfruchtbarkeit, die entsteht, wenn sich die organische Substanz weiter zersetzt, nachdem sie in den Boden eingebracht wurde und dabei organische Säuren freigesetzt werden. Die Anwesenheit dieser Säuren trägt zur Freisetzung von Pflanzennährstoffen bei, die im Boden eingeschlossen sind und sich außerhalb der Reichweite der Wurzeln der Pflanzen befinden. Die Einbringung von Nährstoffen in den Boden und die fortwährende Zersetzung werden hauptsächlich durch in der Erde lebende Organismen wie Bakterien, Käfer und Würmer herbeigeführt.

Beigefügter Kompost hilft schwerem Lehmboden, den Boden „aufzuschließen" (so dass mehr Luft eindringen kann) und verbessert die Bodenstruktur, wodurch der Boden sich besser bearbeiten lässt. In einem mageren, frei durchlässigen, sandigen Boden erhöht zugesetzte organische Substanz das Wasserhaltevermögen des Bodens.

TIPP DES AUTORS:
Zusätzliche Auskleidung

Das Auskleiden des Behälters mit schwarzem Kunststoff hält den Inhalt warm, da der Kunststoff die Wärme der Sonne absorbiert, und er verhindert auch, dass der Kompost um die Ecken herum zu trocken wird. Das ist eine gute Möglichkeit sicherzustellen, dass der Inhalt des Behälters ein gleichmäßiges Feuchtigkeits- und Temperaturniveau hat und nicht so oft umgesetzt werden muss.

VON LINKS OBEN IM UHRZEIGERSINN

Markieren Sie eine Fläche von bis zu 1 m^2 und ebnen Sie den Boden mit einer Grabgabel oder Harke.

Schlagen Sie mit einem Pfostentreiber oder Vorschlaghammer an den vier Ecken der Fläche je einen Pfosten von 1,5 m ein, der mindestens 10 cm dick ist. Lassen Sie die Pfosten etwa 1 m herausragen.

Errichten Sie an drei Seiten der Fläche einen 1 m hohen Zaun aus Maschendraht von 2 – 3 cm Weite und befestigen Sie den Draht mit Heftklammern an den Außenseiten der Pfosten, so dass eine dreiseitige Bucht entsteht.

Legen Sie den Rest des Maschendrahtes auf den Boden (um Ratten und anderes Ungeziefer fern zu halten) und klappen Sie überstehende Teile an den Seiten der Bucht hoch, so dass sich eine Überlappung von mindestens 15 cm ergibt.

Schlagen Sie die drei Seitenwände der Bucht mit dicker schwarzer Plastfolie mit vielen Luftlöchern darin aus. Befestigen Sie die schwarze Plastfolie mit Heftklammern an den Pfosten.

Schieben Sie ein paar Holzbretter direkt hinter den beiden vorderen Eckpfosten ein, um die letzte (Vorder-) Seite der Bucht zu errichten. Fügen Sie weitere Bretter hinzu, wenn der Kompostbehälter sich mit Gartenabfällen füllt. Die Abfälle werden gegen diese Bretter drücken und sie so in Position halten.

ARBEITSGERÄTE

1 Gartengabel oder Harke

1 Vorschlaghammer oder Pfostentreiber

1 Klauenhammer

1 Kneifzange oder Drahtschneider

1 Pflanzschnur

1 Heftmaschine (Tacker)

MATERIALIEN

4 Pfosten; 1,5 m hoch und 10 cm stark

Feinmaschiges Drahtgeflecht (oder Ähnliches): 2 – 3 cm Maschengröße, 1 m breit und 5 m lang

Schwarze Plastfolie 1 m breit und 3 m lang

1 Schachtel schwere verzinkte Heftklammern

4 Holzbretter (auf Maß geschnitten)

Dränagesysteme im Lehmboden

Schwere Lehmböden können große Wassermengen anstauen und damit das Graben und andere Arten der Bodenbearbeitung zu bestimmten Zeiten unmöglich machen. Irgendeine Art Dränagesystem wird dann benötigt, um den Wasserstand zu reduzieren, so dass zumindest die oberen Bodenschichten trockener sind. Positionierung und Verlegung von Dränagerohren sind normalerweise unkomplizierte Verfahren.

Dränagesysteme werden im Allgemeinen fächerartig angeordnet, wobei auf den schwersten Lehmböden die Gräben etwa 60–75 cm tief und 4–5 m voneinander entfernt sind. Der Boden des Grabens sollte leicht und gleichmäßig abschüssig zum tiefsten Punkt des Gartens führen, dabei münden die Nebendränagen in die Hauptdränage. Eine Schicht Asche, Sand oder Kies wird über die Rohre gelegt, bevor der Graben wieder mit Erde aufgefüllt wird. Diese poröse, vertikale Schicht wirkt so, dass das Wasser auf seinem seitwärts gerichteten Weg im Boden unterbrochen und nach unten zu den Rohren geführt wird.

Wenn es einen natürlichen Abfluss wie einen Graben oder einen Bach gibt, wird die Dränage gewöhnlich diesem zugeführt, aber falls ein offensichtlicher Abfluss fehlt, kann es notwendig sein, ein Sickerloch anzulegen (siehe Seite 31).

TIPP DES AUTORS:
Das Graben erleichtern

Legen Sie, wenn möglich, das Dränagesystem dort an, wo der Boden trocken ist, um leichtere Arbeitsbedingungen zu schaffen. Wenn Sie bei nassem Wetter arbeiten, verwenden Sie breite Holzplanken, damit der Boden durch das Begehen nicht noch nasser und klebriger wird. Legen Sie den Graben an einer abschüssigen Stelle an und arbeiten Sie sich vom tiefsten Punkt nach oben, damit das Wasser ablaufen kann.

VON OBEN LINKS IM UHRZEIGERSINN

Markieren Sie mit einer Pflanzschnur und Stäben den Verlauf des Dränstranges, wo die Dränagerohre verlegt werden sollen.

Legen Sie einen Graben von etwa 60–75 cm Tiefe und 30 cm Breite an. Trennen Sie den Mutterboden vom Unterboden.

Legen Sie eine 5 cm dicke Schicht aus Kies, Asche und Sand auf den Grund des Grabens und verlegen oder „betten" Sie die Dränagerohre auf diese Schicht. Legen Sie die Rohre so, dass sich ihre Enden berühren.

Füllen Sie den Graben mit einer Schicht aus Kies, Asche oder Sand über den Rohren bis etwa 25–30 cm unter der Bodenoberfläche auf.

Füllen Sie den Graben mit Mutterboden und lassen Sie über dem Graben einen leichten Hügel stehen (dieser wird sich binnen vier Wochen setzen). Drücken Sie die Erde nicht in den Graben, besonders dann nicht, wenn sie nass ist.

Verteilen Sie übrig gebliebene Erde über die Fläche, wo sie innerhalb einiger Monate in den Mutterboden aufgenommen wird. Die Dränage sollte in einen natürlichen Abfluss münden, zum Beispiel einen Graben oder Bach.

ARBEITSGERÄTE

1 Standard- oder größerer Spaten (zum Ausheben von Gräben)

1 Schaufel

1 Schubkarre

1 Pflanzschnur

MATERIALIEN

Ausreichend Kies, Asche oder Sand, um den Graben aufzufüllen

Dränagerohre aus Ton oder Kunststoff

2 lange, breite Holzplanken

PROJEKT 17

Gewächshausisolierung

Damit Heizkosten gesenkt werden und das Gewächshaus dennoch über den Winter warm bleibt, kann Isolierung eingesetzt werden, um die Zugluft zu reduzieren und die wärmere Luft in der Nähe der Pflanzen einzuschließen. Zieht man eine Zwischendecke in ein Gewächshaus ein, so reduziert auch dies den Wärmeverlust durch das Gewächshausdach (oft wachsen in diesem Bereich ohnehin keine Pflanzen).

Setzen Sie diese Methode der Wärmekonservierung ab dem Spätherbst ein, so dass viel von der Wärme, die die Sonne abgibt, im Gewächshaus eingefangen werden kann. Pflanzen wie Osteospermum, Fuchsien und Pelargonien, die im Gewächshaus überwintern, werden mit diesem zusätzlichen Schutz besser überleben.

Die warme, ruhige Luft im Gewächshaus kann das Risiko erhöhen, dass Pilzkrankheiten und Insekten und andere Schädlinge die Pflanzen angreifen; versuchen Sie daher, das Gewächshaus bei mildem Wetter für einige Stunden zu belüften. Stellen Sie sicher, dass die Lüftungsklappen einzeln abgedeckt werden, so dass sie leicht geöffnet werden können. Verwenden Sie Reißzwecken, um Blisterfolie an einem Holzrahmen anzubringen; bei Gewächshäusern aus Aluminium verwenden Sie kleine Plastclips, die im Frühjahr entfernt werden können.

TIPP DES AUTORS:
Gewächshauswartung

Bevor Sie das Gewächshaus isolieren, befestigen Sie Glas, das sich eventuell gelockert hat und ersetzen Sie gebrochene Glasscheiben durch neue. Dies ist genau der richtige Zeitpunkt für die Ausführung kleinerer Reparaturarbeiten am Gewächshaus.

VON LINKS OBEN IM UHRZEIGERSINN

Reinigen Sie zuerst das Glas des Gewächshauses außen mit einer weichen Bürste und Reinigungsmittel oder Wasser und Seife, wodurch während der dunklen Wintermonate ein Maximum an Licht eintreten kann.

Spülen Sie das Reinigungsmittel mit reichlich klarem Wasser ab.

Bürsten Sie das Stützgerüst im Gewächshaus ab, um Schutt und überwinternde Schädlinge und Krankheiten zu entfernen. Säubern Sie dann die Innenseite des Gewächshauses und spülen Sie alles ab, wie vorher beschrieben.

Befestigen Sie Bahnen aus Blister- oder Plastfolie mit Reißzwecken innen im Gewächshaus am Stützgerüst und lassen Sie einen Hohlraum für Luft zwischen dem Glas und der Isolierung.

Schneiden Sie Pflanzetiketten aus Plastik in Drittelstücke und zwecken Sie diese beim Anbringen auf die Blisterfolie. Dadurch wird zusätzlich Druck ausgeübt und die Wahrscheinlichkeit verringert, dass das Isolierungsmaterial durch Risse zerstört wird.

Isolieren Sie das Dach entweder auf dieselbe Weise oder spannen Sie Bahnen aus Blister- oder Plastfolie innen unter dem Dach als Zwischendecke, die die Möglichkeit des Wärmeverlustes durch Entweichen aufsteigender warmer Luft durch das Dach verringert.

ARBEITSGERÄTE

1 10-Liter-Eimer

1 weiche Bürste

1 scharfes Messer

1 Schere

MATERIALIEN

Halbe Tasse Reinigungsmittel/Seife

Blisterfolie, durchsichtig (2 m breit)

2 Schachteln Reißzwecken mit großen Köpfen (oder kleine Plastclips für ein Gewächshaus aus Aluminium)

Einige 10 cm lange Pflanzetiketten aus Plast (jedes wird in Drittel geschnitten)

PROJEKT 18

Teichpflege

Im Sommer, wenn das Wetter warm und trocken ist, erleiden Teiche oft über längere Zeit einen fallenden Wasserstand. Auch wenn dieser Umstand zur Besorgnis Anlass gibt, ist ein Verlust von 2–3 cm je Woche jedoch normal. Wenn allerdings der Wasserstand stark abfällt und nach dem Auffüllen immer auf den gleichen Stand fällt, ist es höchste Zeit nach einem Leck zu suchen. Wenn Wasser abgelassen wird, kann sich ein nasser Fleck auf der Auskleidung bilden, da das Wasser aus dem nassen Boden an der Außenseite des Lecks zurück in den Teich fließt. Das ist der einfachste Weg, um die fehlerhafte Stelle zu finden.

Zwar kann es sein, dass sich bis zum Hochsommer keine Schäden zeigen, denn in den meisten Fällen sind es die frostigen Bedingungen des Winters, die Unheil an Teichen anrichten. Die schwierigste Zeit für eine Teichreparatur ist nach einer Regenperiode, wenn der Boden sehr nass ist, da es dann sehr schwierig wird, das Leck zu entdecken.

Die meisten nicht-flexiblen Teichauskleidungen bestehen aus Beton, und die meisten Lecks werden durch Risse verursacht, die sich im Beton bilden – für gewöhnlich hervorgerufen durch strengen Frost oder ungleichmäßiges Absetzen des Teiches. Der Wasserstand des Teiches muss dann verringert werden, damit die verdächtige Fläche untersucht werden kann. Unter Umständen ist es erforderlich, zuerst alle Fische und Pflanzen aus dem Teich zu entfernen.

TIPP DES AUTORS:
Frostschaden

Frost ist der häufigste Grund für Lecks – wenn Wasser gefriert, dehnt es sich aus und der Druck kann bewirken, dass Beton reißt. Lassen Sie einen Holzblock oder einen Ball aus Kunststoff auf der Oberfläche treiben, um zu verhindern, dass sich eine Eisfläche bildet und damit Frostschäden zu verringern.

VON LINKS OBEN IM UHRZEIGERSINN

Bürsten Sie Schmutz oder Schutt rund um die gerissene Fläche ab und lassen Sie die Oberfläche trocknen.

Schlagen Sie mit einem Hammer und einem Maurermeißel etwas von dem Beton rund um den Riss ab, um ihn zu erweitern. Das erleichtert dem Dichtungsmittel die Haftung und die Verbindung mit der Auskleidung.

Säubern Sie die vorbereitete Fläche.

Drücken Sie wasserabweisenden Mastixzement fest in die beschädigte Stelle und stellen Sie eine glatte Oberfläche her, die mit der umgebenden Auskleidung bündig abschließt.

Der Teich kann am folgenden Tag wieder gefüllt werden, wenn der Zement völlig trocken ist. Beobachten Sie nach dem Füllen des Teiches zwei Wochen lang den Wasserstand genau, um sicherzustellen, dass das Leck behoben ist. Wenn das Wasser weiterhin unter den gewünschten Stand fällt, suchen Sie nach nassen Stellen über der Wasserlinie, da sie neue Lecks anzeigen können.

ARBEITSGERÄTE

1 Bürste mit harten Borsten oder Scheuerbürste

1 Hammer und Maurermeißel

1 Fugenkelle

1 Schlauch

MATERIALIEN

1 Tube wasserabweisender Mastixzement

PROJEKT 19

Rasenreparaturen

Der Rasen ist normalerweise ein dominanter und der größte Bestandteil in einem Durchschnittsgarten und seine Erhaltung ist über das ganze Jahr hinweg eine der wichtigsten Aufgaben im Garten. Selbst der schönste Rasen benötigt schließlich etwas „Chirurgie", entweder wegen Abnutzung, versehentlicher Beschädigung oder durch natürliche Ursachen. Wir neigen oft dazu im und rund um den Garten dieselben Strecken zu laufen, ohne es zu bemerken. Manchmal benutzen wir Wege, manchmal nicht; dann schaffen wir Wege, die gewünschten Verbindungslinien entsprechen – ein guter Hinweis darauf, wo Sie einen neuen Weg anlegen sollten, wenn Sie dies vorhaben.

Mitunter kann ein Teil einer Rasenkante brechen oder beschädigt werden, entweder beim Rasen mähen oder bei einer der allgemeinen Arbeiten zur Pflege von Rändern.

Wenn diese Stelle nicht ausgebessert wird, beginnt die Rasenkante auf beiden Seiten zu bröckeln und die Stelle wird größer. Das Hauptproblem bei dieser Art der Beschädigung ist, dass ein sehr dünner Abschnitt des Rasens betroffen ist und es schwierig werden kann, wenn man versucht, die vorhandenen kleinen Stücke beschädigten Rasens für die Reparatur zu verwenden. Diese kleinen Abschnitte sind ziemlich instabil und anfällig für Austrocknung oder Frostschäden und können kaum verwendet werden.

TIPP DES AUTORS:
Glatter Rasen

Lassen Sie die neue Rasensode immer ein wenig höher als die Fläche des übrigen Rasens stehen, denn sie wird sich bald setzen und sich dem umliegenden Rasen anpassen. Innerhalb von sechs Wochen dürfte es nicht mehr möglich sein, die reparierte Stelle auszumachen.

VON OBEN LINKS IM UHRZEIGERSINN

Entfernen Sie alle zerdrückten oder gebrochenen Abschnitte, damit sich der volle Umfang des Schadens leichter einschätzen lässt, wie auch die Arbeit, die zur Reparatur notwendig ist.

Stechen Sie mit einem Halbmond-Kantenstecher drei Linien in den Rasen, die ein Rechteck um die gebrochene Kante bilden. Verwenden Sie ein Holzbrett als Führung, damit die Linien wirklich gerade sind.

Unterschneiden Sie mit einem Spaten oder Rasenstecher in einer Tiefe von 5 cm den Rasen horizontal, um die Wurzeln abzutrennen, damit der Rasen abgehoben werden kann. Schneiden Sie von der Kante aus unter die Rasensode, um weniger Schaden am Rasen anzurichten.

Heben Sie die ausgeschnittene Rasensode heraus und drehen Sie sie so, dass der beschädigte Abschnitt innen im Rasen liegt und die neu geschnittene gerade Seite die äußere Kante bildet. Setzen Sie die Sode wieder ein und drücken Sie diese dann sanft fest, bis sie noch ein wenig höher liegt als der umliegende Rasen.

Das kleine Loch im Rasen (das einmal die gebrochene Kante war) kann mit fein gesiebter Gartenerde gefüllt und mit einer Schicht sandigem Kopfdünger oder Gartenerde abgedeckt werden.

Streuen Sie eine kleine Menge Grassamen über den nackten Boden. Hält man ihn feucht, wird er schnell zu keimen und zu wachsen beginnen.

ARBEITSGERÄTE

1 Halbmond-Kantenschneider

1 Schubkarre

1 Spaten oder Rasenstecher

1 Grabgabel

MATERIALIEN

Etwas Mutterboden

1 lange Holzplanke (mit geraden Kanten)

Dünger

Grassamen

PROJEKT 20

Containerpflanzen schützen

Alle Pflanzen haben einen Temperaturbereich, in dem sie gedeihen und einen anderen, den sie tolerieren. Die Mehrheit der Pflanzen, die wir im Freien in Kübeln kultivieren, kommt aus gemäßigten und subtropischen Gebieten und wächst bei unterschiedlichen Temperaturen gut, jedoch besser in der von ihnen bevorzugten Umgebung.

Die Wurzeln von Pflanzen sind jedoch viel empfindlicher gegenüber Frostschäden und niedrigen Temperaturen als der oberirdische Wuchs, vor allem deshalb, weil sie normalerweise durch ein großes Volumen Gartenerde isoliert sind. Daher werden in einem strengen Winter Pflanzen, die im Boden wachsen, überdauern, während solche, die in Kübeln wachsen, oft absterben oder schwer beschädigt werden, da das relativ kleine Volumen der Pflanzerde im Kübel den Wurzeln sehr wenig Schutz bietet. Damit diese Kübelpflanzen den Winter überdauern, müssen sie entweder mit einer zusätzlichen Isolierung versehen oder aber an eine frostsichere Stelle gebracht werden.

Diese Methode des Pflanzenschutzes dürfte nur erforderlich sein, wenn es wahrscheinlich ist, dass frostharte Pflanzen über Zeiträume von fünf bis sieben Tagen oder länger Temperaturen bis –5 °C ausgesetzt sein werden. Für längere Perioden anhaltenden Frostes sollten Pflanzen unter Schutz eingestellt und die Isolierung entfernt werden.

TIPP DES AUTORS:
Sonnentage

Lassen Sie an warmen Wintertagen die Plasthülle um den Pflanzkübel ein paar Stunden lang herunter, damit der Kübel die Wärme der Sonne absorbieren kann. Umhüllen Sie ihn wieder, bevor die Temperatur fällt, um die Wärme rund um die Pflanze einzuschließen.

VON OBEN LINKS IM UHRZEIGERSINN

Stellen Sie die Kübelpflanze in einen großen Polyäthylenbeutel und schlagen Sie den Rand des Beutels über den Rand des Kübels. Öffnen Sie einen zweiten großen Polyäthylenbeutel und packen Sie eine dicke Lage Altpapier (alte Zeitungen sind dafür ideal) auf den Boden des Beutels.

Stellen Sie die eingepackte Pflanze in den zweiten Polyäthylenbeutel auf das Papier und lassen Sie den zweiten Beutel offen.

Zerknüllen Sie trockenes Altpapier zu Kugeln und packen Sie diese in den Raum zwischen den beiden Polyäthylenbeuteln. Füllen Sie den Zwischenraum, bis die Papierkugeln den oberen Rand des Kübels erreicht haben. Diese Lage Papier isoliert die Wurzeln der Pflanze gegen niedrige Temperaturen im Winter. Für denselben Zweck kann Stroh verwendet werden; jede Art von Isolationsmaterial muss jedoch trocken gehalten werden.

Ziehen Sie den äußeren Beutel hoch und binden Sie den oberen Rand so zu, dass die Seiten des Kübels mit Papierkugeln bedeckt sind. Achten Sie darauf, dass keine Blätter der Pflanze mit in den Beutel eingebunden werden.

Die Pflanze kann nun während der Wintermonate draußen stehen. Entfernen Sie Lagen der Isolierung im Frühjahr, wenn das Wetter wärmer wird.

ARBEITSGERÄTE

1 scharfes Messer

MATERIALIEN

1 Pflanze im Kübel

2 große Polyäthylenbeutel (Müllsäcke oder Ähnliches)

Große Mengen altes Zeitungspapier (oder Stroh)

1 Knäuel Gartenschnur

PROJEKT 21

Stämme säubern

Viele Bäume und Sträucher werden wegen ihrer dekorativen Stämme und Zweige kultiviert. Der Weißgraue Ahorn (Acer griseum) *oder die Papierbirke* (Betula papyrifera) *haben abrollende Borke, die immer farbig aussieht, da jedes Jahr eine neue Schicht zum Vorschein kommt. Andere, wie die Gemeine Hängebirke* (Betula pendula) *und der Schlangenhautahorn* (Acer pensylvanicum) *behalten ihre attraktive Borke mehrere Jahre lang.*

Nach einigen Jahren kann die Borke stumpf und farblos werden. Wo Bäume von ihren Nachbarn überschattet werden, tritt dies auf natürliche Weise ein, wenn sich am Stamm Flechten und Algen bilden, während in dichter besiedelten Gebieten Verschmutzung und Staub in der Umgebungsluft Stammverfärbungen hervorrufen können. Wenn das passiert, dienen die Pflanzen nicht mehr dem Zweck, zu dem sie einmal ausgewählt und gepflanzt wurden.

Um aus diesen Pflanzen den größten Nutzen zu ziehen, lohnt es sich zu überlegen, ob man die Stämme ab und an wäscht und säubert, um Schmutz und Ruß zu entfernen und um den dekorativen Wert der Pflanze zu erhöhen. Das Waschen kann auch andere Vorteile haben, denn Bürsten entfernt Pilzsporen und Insekteneier, die in Ritzen im Baumstamm überwintern. Die Seife trägt dazu bei, die wachsartige Schutzschicht auf Insekteneiern aufzulösen, die dann durch Austrocknung im Wind zerstört oder durch Frost abgetötet werden.

TIPP DES AUTORS:
Zeit sparen

Wenn man die Pflanze nur von einer Seite sieht, überlegen Sie, ob Sie nur diese Seite des Stammes säubern, besonders wenn es eine große Pflanze ist, bei der das Säubern des gesamten Stammes wahrscheinlich einen zu großen Aufwand darstellt.

VON OBEN LINKS IM UHRZEIGERSINN

Schütten Sie bei trockenem Wetter einen Eimer kaltes Wasser über den Stamm des Baumes oder gießen Sie Wasser über den Stamm, um die Ablagerungen auf der Rinde aufzuweichen und abzulösen.

Geben Sie einen Dessertlöffel weiche Seife auf einen 10-Liter-Eimer heißen (nicht kochend heißen) Wassers und mischen Sie sie gründlich unter das Wasser. Streichen Sie die Seifenlösung mit einer harten Bürste auf den Baumstamm, wobei Sie von oben beginnen und nach unten arbeiten und kräftig über die Oberfläche des Stammes bürsten.

Wenn die zu säubernde Fläche abgebürstet ist und der größte Teil des Seifenwassers zum Fuß des Stammes abgelaufen ist, wenden Sie die Seifenwassermischung nochmals auf Stellen an, die noch schmutzig sind und bürsten Sie ein zweites Mal. Waschen Sie alle Rückstände mit kaltem Wasser ab.

Bei Bäumen mit relativ glatter Borke wie *Prunus serrula* kann die Stammfarbe verbessert werden, indem der Stamm mit kaltem Wasser gewaschen wird. Leichtes Bürsten mit einer weichen Bürste kann in Gegenden mit starker Luftverschmutzung wie Staub oder Schmutz erforderlich sein.

Nachdem zurückgebliebenes Wasser auf dem gewaschenen Stamm oberflächlich abgetrocknet ist, polieren oder schwabbeln Sie die gewaschenen Stellen mit einem dicken Tuch.

Der fertig behandelte Abschnitt wird dann in der Wintersonne glänzen.

ARBEITSGERÄTE

1 Dessertlöffel

1 Scheuer- oder harte Bürste

1 10-Liter-Eimer oder Gießkanne

1 weiches Tuch

MATERIALIEN

Heißes und kaltes Wasser

Kleine Mengen weiche Seife

Winter-pause

Für den eifrigen Gärtner ist es schön, dass es auch im Winter immer etwas zu tun gibt. Pflanzen im Freiland mögen vielleicht nicht viel Aufmerksamkeit beanspruchen, doch gibt es für gewöhnlich eine Reihe Pflanzen im Haus, Gewächshaus oder Wintergarten, die regelmäßig Pflege benötigen.

Gartenarbeit im Haus kann den Winter hindurch zu den Hauptbeschäftigungen gehören und man kann für die Weihnachtszeit viele schöne und genussreiche Anblicke schaffen, weil es im Freien zu kalt ist und man sich nicht nach draußen wagt. Das Kultivieren von Pflanzen im Haus ist einfach eine Erweiterung des Gartens, allerdings ohne die oftmals schwere körperliche Arbeit. Sie ist eine Gelegenheit, die Palette der angebauten Pflanzen zu erweitern und schließt auch Fertigkeiten und Techniken ein, die im Freiland nicht erforderlich sind.

Dies ist auch eine Gelegenheit, sich mit Pflanzen zu beschäftigen, wenn Sie überhaupt keinen Garten haben. Solange Sie ein Fensterbrett haben oder einen Tisch in die Nähe des Fensters stellen können, damit die Pflanzen genügend Licht zum Überleben erhalten, werden Sie Farbenfrohes zu sehen bekommen. Selbst das Treiben einiger Zwiebeln in einem abgedunkelten Raum oder Schrank kann jemandem mit Interesse für die Gärtnerei einen erstaunlichen Grad an Befriedigung bringen und zu einem gesteigerten Interesse an anderen Pflanzen führen. Es gibt Zimmerpflanzen für alle Gegebenheiten, außer für starken Schatten, und ein wenig eigene Forschung wird zu einem wundervollen Anblick führen.

Es gibt auch andere Möglichkeiten für den Gärtner, im Winter im Haus zu arbeiten. Arbeitsplätze wie der Schuppen benötigen einen gründlichen Winterputz (dem Frühjahrsputz vorzuziehen, da zu viele andere Gartenarbeiten ausgeführt werden müssen, wenn das Frühjahr einmal gekommen ist), um alle noch vorhandenen Schädlinge und Krankheiten loszuwerden. Gewächshäuser und andere Anbaueinrichtungen wie Kalte Kästen oder Hauben, die nicht in Benutzung sind, können für kommende Zeiten gereinigt und sterilisiert werden, und benutzte Rabattenerde oder Kompost kann zurückgebracht oder auf Vorrat gelegt werden. Dies sind grundlegende gewohnheitsmäßige Tätigkeiten, die aus hygienischen Gründen regelmäßig ausgeführt werden müssen. Man nennt sie „Schlechtwetterarbeiten", und sie sollten für solche Zeiten aufgehoben werden, wenn das Arbeiten im Freien entweder unklug oder unmöglich ist.

RECHTS *Das Ziehen einer Reihe von Zimmerpflanzen trägt dazu bei, dass der eifrige Gärtner während der kurzen Wintertage Beschäftigung hat.*

Winter im Zimmer *Zimmerpflanzen sind seit Viktorianischen Zeiten immer beliebter geworden. Sie gewähren uns Kontakt mit der Natur, erfrischen die Luft und geben einem Raum Charakter und Atmosphäre. Die meisten Pflanzen, die wir im Zimmer ziehen, waren ursprünglich Freilandpflanzen in wärmeren Ländern und viele sind tropisch oder subtropisch; als solche benötigen sie Pflege und Aufmerksamkeit, damit ihre idealen Wachstumsbedingungen erhalten bleiben.*

NÄCHSTE SEITE OBEN *Orchideen sind sehr beliebte Zimmerpflanzen und wegen ihrer ausdauernden Blüten sind sie ideal für die Haltung im Haus oder im Gewächshaus.*

NÄCHSTE SEITE UNTEN *Dieses hübsche und abwechslungsreiche Zimmerpflanzenarrangement in einem Wintergarten hilft jedem Gartenfreund, das schlechte Gärtnerwetter draußen zu vergessen.*

UNTEN *Die Amaryllis ist eine saisonale Zimmerpflanze, die eng mit Weihnachten verbunden wird. Mit ein wenig Pflege und Aufmerksamkeit überdauern die Zwiebeln mehrere Jahre.*

Diese Pflanzen würden sich normalerweise nicht für ein Leben im Zimmer entscheiden, wo die Luft trocken, die Wasserzufuhr begrenzt, der Wuchsraum eingeschränkt und das natürliche Lichtniveau vermindert ist (und im Hinblick auf die Bedürfnisse der Pflanze auch oft von schlechter Qualität), besonders während der Wintermonate. Selbst Pflanzen, die ständig im Haus wachsen und mit ihrem gegenwärtigen Standort zufrieden zu sein scheinen, können von einem Standortwechsel innerhalb des Hauses profitieren, wenn der Winter naht, besonders, wenn sie in einer dunklen Ecke gestanden haben. Manche Pflanzen benötigen eine Periode der Ruhe und müssen in einen kälteren Raum gebracht werden, wie in ein ungenutztes Schlafzimmer oder in einen Verandenbereich, damit sie sich in der Ruhe auf die neue Saison vorbereiten können. Andere, die normalerweise auf dem Fensterbrett stehen, müssen in das Wohnzimmer gebracht oder wenigstens über Nacht in die Mitte des Zimmers geholt werden, damit sie den kalten Temperaturen entgehen.

Das Gute am Winter ist, dass Zimmerpflanzen weniger Konkurrenz um Pflege und Aufmerksamkeit haben. Die meisten Gärtner verbringen in dieser Jahreszeit mehr Zeit im Haus, und es gibt eine ganze Reihe Pflanzen, die „außerhalb der Saison" gezogen werden können, um dem Haus Farbe zu geben. Manche sind ausdauernde Pflanzen, die viele Jahre lang gehalten werden können und während der Winterperiode blühen, dazu gehören der Weihnachtskaktus (*Schlumbergera* spp.) und das Flammende Kätchen *(Kalanchoe blossfeldiana)*. Andere sind kurzlebiger, bieten aber dennoch einen wunderschönen Anblick und können überdauern und ein zweites Mal zur Blüte gelangen, wie das Usambaraveilchen (*Saintpaulia* spp.). Manche Pflanzen, wie die Zierorange (x *Citrofortunella microcarpa*), der Korallenstrauch *(Solanum pseudocapsicum)* und der Spanische Pfeffer *(Capsicum annuum)* werden wegen ihrer leuchtend gefärbten Früchte gezogen, die über mehrere Monate hinweg Farbe bieten, wenn man sie unter ausreichend feuchten Bedingungen hält, indem man ihre Töpfe auf eine Schale mit feuchtem Kies stellt. Weitere Saisonpflanzen sind Alpenveilchen *(Cyclamen persicum)*, Azalee *(Rhododendron indicum)* und der Weihnachtsstern *(Euphorbia pulcherrima)*, der unscheinbare Blüten und große farbenfrohe Blätter am Ende jedes Triebes besitzt.

Die Palette der Begonien, die in Innenräumen gezogen werden, ist riesig, wobei einige, darunter *Begonia* x *elatior*, wegen ihrer großen Bandbreite attraktiver Blüten gezogen werden und andere wegen ihrer bunten Blätter (und vielleicht Blüten als Zugabe), darunter die Blattbegonie *(Begonia rex)* und das Schiefblatt 'Iron Cross' *(Begonia masoniana)* mit hübscher Blattzeichnung.

Es gibt eine Reihe Zwiebelpflanzen, die als Innenschmuck verwendet werden können, da sie in den ersten Monaten des Jahres Farbe und Duft bieten, zu einer Zeit also, in der es kaum anderes gibt und viele der Weihnachtsblüher sich ihrem Ende nähern. Unter kühlen, dunklen Verhältnissen gezogen, haben Hyazinthen Stiele mit stark duftenden Blüten, die mehrere Wochen aushalten und wenn Sie etwas Aufsehen erregendes haben möchten, versuchen Sie es mit Amaryllis oder Ritterstern *(Hippeastrum)* mit seinem langen Stängel und großen trompetenförmigen Blüten.

Pflanzen werden gewöhnlich unter Schutz gezogen – sei es nun im Gewächshaus, Wintergarten, Kalten Kasten oder unter Hauben – um die Auswahl der Pflanzen zu erweitern, die kultiviert werden können, um weniger frostharten Pflanzen Schutz zu bieten oder um die natürliche Vegetationsperiode der Pflanzen zu verlängern.

OBEN *Alpenveilchen sind zuverlässige Zimmerpflanzen und pflegeleicht. Viele Arten haben hübsch gezeichnetes Laub, wodurch sie selbst nach dem Verwelken der Blüten noch interessant sind.*

OBEN *Das Kreuzkraut ist eine hübsche, pflegeleichte saisonale Zimmerpflanze. Die kleinen, gänseblümchenartigen Blüten werden in einer Reihe kräftiger Farben angeboten.*

UNTEN *Primeln sind vielseitige Pflanzen, die mehrere Jahre ausdauern können. Einige Arten wachsen im Haus, einige im Freien und andere wiederum an beiden Standorten.*

Daher muss jeder Gärtner, der Schutzvorrichtungen auf diese Weise verwendet, der Tatsache gerecht werden, dass regelmäßig zwei Jahreszeiten gleichzeitig ablaufen: die natürliche Jahreszeit für das Freiland und eine verlängerte oder vorgezogene Jahreszeit im Haus, wo Pflanzen wegen des Schutzes, der ihnen zuteil wird, nach etwas anderen Regeln wachsen. Das kann bedeuten, dass die Mitte des Winters im Freien eigentlich unter Schutz Spätwinter oder zeitiges Frühjahr ist und daher müssen Planung und Vorbereitung ebenso wie Vermehrung und Anzucht früher beginnen.

Wegen der Natur dieser geschützten und in gewissem Maße gesteuerten Umgebung neigen die Jahreszeiten dazu, ineinander überzugehen. Während dies für eine dauerhaft interessante Periode sorgt, kann es auch zu einigen sehr speziellen Problemen führen, die schwierig zu überwinden sind. Der Schutz, den man den Pflanzen bietet, wird oft von einer ganzen Reihe von Schädlingen und Krankheiten ausgenutzt und die verlängerte Saison und die wärmeren Temperaturen, gepaart mit dem Fehlen natürlicher Feinde, bedeuten, dass viele dieser Probleme sich nicht nur im Haus schneller vermehren, sondern dies auch noch über den Rest des Jahres hinweg tun.

Da die Wuchsgeschwindigkeit der Pflanzen und die Vermehrungsrate der Schädlinge und Krankheiten in den Wintermonaten ihr geringstes Niveau erreichen, ist dies normalerweise die beste Zeit des Jahres, diese Probleme zu beseitigen, bevor die neue Vegetationsperiode beginnt. Arbeiten wie das Begasen von Gewächshäusern und Wintergärten werden oft im Spätherbst und Frühwinter ausgeführt, um schädliche Insekten und Pilzpathogene auszuschalten, bevor die Pflanzen für das kommende Jahr in die Erde eingebracht werden. Das Abwaschen von Glas und Stützrahmen kann in dieser Zeit des Jahres sehr nützlich sein. Es hilft den Pflanzen nicht nur durch den Winter, sondern auch für den Rest des Jahres. Wo Pflanzen unter Schutz in Rabattenerde wachsen, sollte die Erde möglichst aller drei Jahre ersetzt werden, um eine Anreicherung mit erdgebundenen Schädlingen und Krankheiten zu verhindern, besonders wenn die gleichen Pflanzen, wie Gurken oder Tomaten, jedes Jahr an derselben Stelle angebaut werden.

Andere, eher nüchterne aber ebenso wichtige Tätigkeiten in Räumen, wie das Säubern benutzter Töpfe und Saatschalen, werden oft für diese Zeit des Jahres aufgespart, wenn das Wetter zu frostig oder nass ist, um das Arbeiten draußen im Garten sinnvoll erscheinen zu lassen. Das Sterilisieren von Stäben und anderen Pflanzstützen zur Abtötung überwinternder Insekteneier und Pilzsporen mag trivial erscheinen, ist jedoch ein wichtiger Präventivschlag, um im Frühjahr Probleme zu verhindern und reduziert die Notwendigkeit, sich allzu sehr auf chemische Bekämpfungsmittel zu verlassen.

Die Wartung des Rasenmähers und das Reparieren von Werkzeugen sind wichtige Arbeiten, die im Schuppen oder Gewächshaus ausgeführt werden können, wenn der Boden zu nass oder gefroren ist, als dass man ihn bearbeiten könnte oder wenn das Wetter zu kalt ist. Die Zeit, die man jetzt auf diese Arbeiten verwendet, spart später im Jahr Zeit, Geld und Chemikalien.

OBEN Gardenia augusta *ist eine strauchartige Zimmerpflanze, die im Winter Blüten hervorbringen kann.*

UNTEN *Nicht alle Zimmerpflanzen dienen der Zierde; essbare Pflanzen oder Küchenkräuter sind auch funktional.*

Einen Kalten Kasten bauen *Ein Kalter Kasten ermöglicht Gärtnern, die keinen Platz für ein Gewächshaus haben, im kleineren Maßstab Gewächshausgärtnerei zu betreiben. Kalte Kästen schützen Pflanzen während der Wintermonate, zum Beispiel Chrysanthemen, Pelargonien, Osteospermen und viele andere, die zum Überleben Schutz vor dem kalten Winterwetter benötigen.*

Samen und Stecklinge können drei oder vier Wochen früher als im Freiland zum Austreiben angeregt werden. Der Kasten hält auch die Luft rund um die Spitzen der Stecklinge feucht und verhindert, dass sie austrocknen. Manche Gärtner bauen lieber ihren eigenen Kalten Kasten, entweder aus Holz mit einem Erdboden, oder einen Kasten aus Ziegeln mit einem Betonboden und Holzdeckel mit Glasscheiben.

Diese Gebilde sind hervorragend für den Schutz der Pflanzen geeignet, aber sie sind normalerweise fest stehend und wenn die Kästen nicht richtig platziert sind, kann es Einschränkungen geben, zum Beispiel Lichtmangel zu bestimmten Zeiten im Jahr.

Eine Alternative ist, sich einen Kasten für die Selbstmontage zu besorgen, den man in vielen Baumärkten bekommt. Die meisten bestehen aus Materialien, die gute Dämmeigenschaften haben und dennoch eine gute Lichtzufuhr gewähren, ziemlich leicht und im Garten gut zu bewegen sind, was dem Gärtner größere Flexibilität gibt.

TIPP DES AUTORS:
Gartensicherheit

Viele der heutigen Kästen sind aus Polykarbonat-Materialien, die viel stabiler als Glas sind und weitaus mehr Sicherheit für im Garten spielende Kinder bieten, da die Verletzungsgefahr gegenüber Glas geringer ist.

VON OBEN LINKS IM UHRZEIGERSINN

Nehmen Sie den Inhalt aus der Packung und prüfen Sie, ob alle Teile, die auf der Bauanleitung stehen, vorhanden sind.

Verwenden Sie die mitgelieferten Eckclips, um die beiden Deckelteile mit den genuteten Aluminiumkanten zu versehen (mit dem Scharnier an einem Ende jedes Deckelteils). Befolgen Sie die Bauanleitung und befestigen Sie die genuteten Aluminiumkanten oben und unten an allen Grundplatten (mit der Scharnierleiste oben an der rückseitigen Platte).

Befestigen Sie die Eckwinkel mit Schrauben an den seitlichen Grundplatten. Stellen Sie sicher, dass sie gut befestigt sind, bevor Sie die vordere und hintere Grundplatte in die Eckwinkel hineinschieben und sie mit Schrauben befestigen.

Befestigen Sie den Deckel am Grundgestell des Kastens, indem Sie die beiden Scharnierleisten an der rückseitigen Wand des Kastens zusammenschieben. Wiederholen Sie dies mit dem zweiten Deckelteil, so dass der Kasten komplettiert wird.

Befestigen Sie am Deckel des Kastens einen Abstandhalter (dies geschieht, um den Kasten in unterschiedlichen Stufen belüften zu können). Stellen Sie den Kasten an seinen vorgesehenen Ort und pflanzen Sie die Pflanzen ein, die Schutz oder Deckung benötigen.

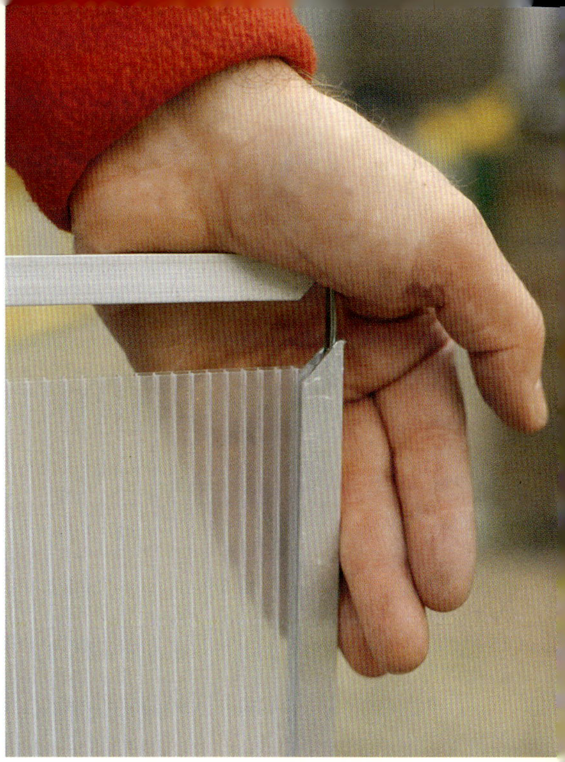

ARBEITSGERÄTE

1 Schraubendreher

MATERIALIEN

1 Selbstmontagesatz für einen Kalten Kasten, bestehend aus:

Seitenflächen aus Kunststoff

Deckelflächen aus Kunststoff

Rück-/Vorderseitenflächen aus Kunststoff

Genutete Aluminiumkanten

Scharnierleistenaufsatz (für Rückseite des Kastens)

Scharnierleistenaufsatz (für Deckelteile)

Abstandhalter (für Belüftung)

Gefederte Eckclips aus Metall

Blechschrauben

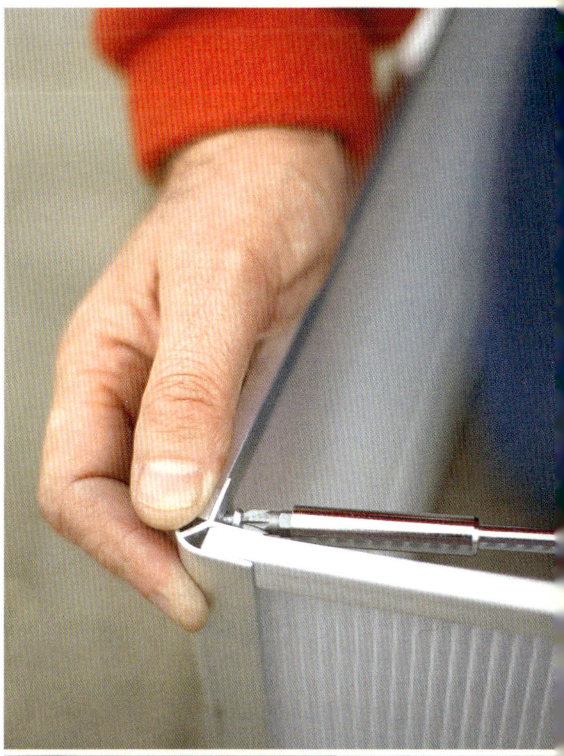

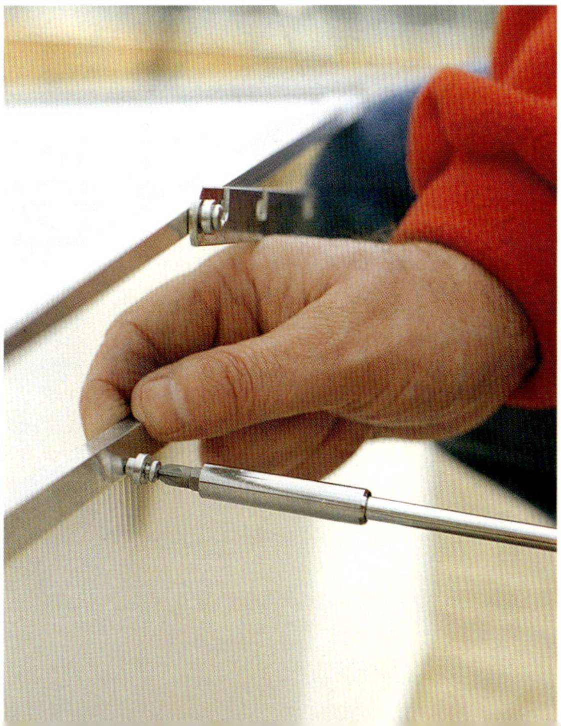

PROJEKT 23

Kübelpflanzen umstellen *Pflanzen in Kübeln müssen nicht als fest stehend betrachtet werden. Wenn die Pflanzen und Kübel nicht zu groß sind, können sie auf der Terrasse oder im Garten bewegt werden, so dass jahreszeitlicher Reiz gewahrt ist. Bewegen Sie Pflanzen, die gerade zur Blüte gelangen, an einen ins Auge fallenden Platz und stellen sie solche, die ihre beste Zeit hinter sich haben, etwas aus dem Weg, bis sie sich erholt haben und wieder zu blühen beginnen.*

Größere Pflanzen können als Windbrecher oder Schutzschild verwendet und dem vorherrschenden Wind entsprechend umgestellt werden. Diese Mobilität macht es leichter, nicht winterharte Pflanzen zu kultivieren, da sie unter Schutz bewegt werden können, wenn kaltes Wetter vorhergesagt wird und wieder ins Freie gebracht werden können, wenn wieder mildere Bedingungen herrschen. Viele Pflanzen, die in einem Gewächshaus oder Wintergarten gezogen werden, profitieren aus einem Aufenthalt im Freien im Sommer oder selbst von ein paar Stunden an einem geschützten Platz an einem warmen Tag im Winter.

Bei größeren Kübeln und Pflanzen ist es günstig, wenn der Kübel auf Laufrollen oder kleine Räder montiert wird, um das Umstellen zu erleichtern. Selbst wenn der Bereich auf verschiedenen Ebenen liegt, ist es möglich, den Kübel an so gut wie jeden Standort zu bewegen, indem man Bretter über die Stufen legt. Der einzige einschränkende Faktor ist wahrscheinlich die Größe der Pflanze.

TIPP DES AUTORS:
Varianten

Weichen Sie vor dem Bohren den Boden von Kübeln aus Ton in einer Schale mit Wasser ein. Dadurch lässt sich der Topf leichter anbohren und die Staubmenge wird reduziert, die entstehen würde, wenn der gebrannte Ton trocken wäre.

Nehmen Sie vier Räder oder Laufrollen für quadratische Kübel, eine an jeder Ecke des Kübels. Wenn runde Kübel verwendet werden, ordnen Sie drei Laufrollen in gleichmäßigem Abstand rund um den Boden des Kübels an.

VON OBEN LINKS IM UHRZEIGERSINN

Wählen Sie einen geeigneten Kübel, entweder aus Kunststoff oder aus Ton. Untersuchen Sie ihn auf Schadstellen oder Risse, die dazu führen können, dass der Kübel splittert oder bricht. Wählen Sie drei oder vier geeignete Räder oder Laufrollen. Nehmen Sie stabile, wenn der Kübel groß ist und der Inhalt vermutlich schwer wird (diese haben dann normalerweise eine äußere Metallhülle).

Nehmen Sie eine Bohrmaschine und bohren Sie vier Löcher in den Boden des Kübels. Verwenden Sie bei Tontöpfen einen Mauerbohrer (der Bohrerdurchmesser sollte mit dem Durchmesser der äußeren Metallhülle der Laufrollen übereinstimmen).

Trennen Sie die Laufrolle von ihrer äußeren Hülle und führen Sie die Hülle in das Bohrloch am Boden des Kübels ein; verwenden Sie, falls erforderlich, einen Hammer. Bei Kübeln mit einem dünnen Boden nehmen Sie einen Holzklotz mit einem gebohrten Loch (Größe gleich dem Durchmesser der äußeren Metallhülle der Laufrollen). Dieser kann über der äußeren Hülle der Laufrolle montiert werden, um sie zu stabilisieren und die Gefahr zu reduzieren, dass der Kübel reißt.

Führen Sie die Laufrolle in die Hülle ein und drücken Sie sie fest in Position.

Bei einem großen Kübel müssen Sie eventuell zusätzlich Dränagelöcher bohren.

Wenn alle Laufrollen angebracht sind, drehen Sie den Kübel wieder um und setzen die neue Pflanze ein.

ARBEITSGERÄTE

1 Bohrmaschine
(Mauerbohrer für Tonkübel)

1 Hammer

MATERIALIEN

1 Pflanzbehälter

3 oder 4 Räder/Laufrollen
(mit Befestigung)

Pflanzen-gemeinschaften

Die wahrscheinlich größte Herausforderung für jeden Gärtner besteht darin, eine Auswahl an Pflanzen auszusuchen und zu kultivieren, die ein Thema oder ein Ziel innerhalb des Gartens ergänzen. Eine breite Palette an Pflanzen zur Auswahl zu haben ist gut und schön, aber die Auswahl einzuengen und die Pflanzen auszuwählen, die nicht nur gut gemeinsam wachsen, sondern auch als Gemeinschaft funktionieren, ist einer der interessanteren und anspruchsvolleren Aspekte der Gärtnerei.

Da der Durchschnittsgarten immer kleiner wird, gibt es eine Tendenz, Kletterpflanzen zu wählen, um Mauern und Zäune besser zu nutzen oder möglichst Mehrzweckpflanzen auszusuchen, die lange Interessantes bieten. Die Zaubernuss (*Hamamelis* spp.) hält nicht nur im Winter Farbe und Duft bereit, sondern ihre Kultivare bieten auch herrliche Herbstfarben, wenn ihre Blätter die Farbe von Grün über Gelb bis Orange wechseln, bevor sie abfallen.

Wenn Sie erwägen, Pflanzen zu mischen, ziehen Sie all ihre Eigenschaften in Betracht. Beschränken Sie sich nicht auf die Färbung von Blättern und Blüten oder die Struktur der Blätter, sondern denken Sie auch an die Stimulation anderer Sinne, indem Sie Klang und Duft einsetzen. Gräser liefern zum Beispiel ein sanftes Hintergrundgeräusch, wenn der Wind mit Blüten und Blättern raschelt. Duft ist ein Hauptfaktor in jedem Garten, besonders aber im Winter, da ein großer Teil der winterblühenden Pflanzen stark duftet.

Setzen Sie sich zum Ziel, Pflanzen im Garten harmonisch zu mischen, statt eine Art oder Gruppe dominieren zu lassen. Verteilen Sie, wenn möglich, winterliche Reize überall im Garten, so dass es sich lohnt, den gesamten Garten zu erkunden, statt alles in einem Bereich zu konzentrieren, der für kurze Zeit Aufsehen erregt, jedoch während der übrigen drei Jahreszeiten ziemlich trostlos aussehen mag. Die Standortwahl für Pflanzen kann besonders wichtig sein, wenn ein Exemplar für begrenzte Zeit interessant erscheint. Dieser Pflanzentyp muss an einem ins Auge fallenden Platz stehen, wenn er am schönsten ist, kann jedoch während der übrigen Jahreszeiten fast verdeckt werden. Eine Auswahl sowohl Laub abwerfender als auch immergrüner Pflanzen kann verwendet werden, um sich gegenseitig zu verdecken oder zu ergänzen, wenn sie abwechselnd ihre schönste Zeit erreichen.

RECHTS *Versuchen Sie Pflanzen auszuwählen, die denselben Bodentyp oder gleiche Wuchsbedingungen bevorzugen, um sie zu ihrem vollen Potenzial heranwachsen zu lassen.*

Ästhetik im Garten *Das gesamte Konzept des Gärtnerns besteht darin, Pflanzen aus ihrer natürlichen Umgebung in ein gelenktes Umfeld umzusetzen, sei es formal oder naturnah. Dabei ist es die Kunst, die gesamte Wirkung so erscheinen zu lassen, als ob sie ganz natürlich entstanden sei. Das Mischen von verschiedenen Bäumen, Sträuchern, Zwiebelpflanzen und Staudengewächsen auf natürlich anmutende Weise kann dem Gärtner ein Gefühl der Befriedigung geben, besonders, wenn der Garten immer weiter heranwächst.*

NÄCHSTE SEITE *Viele winterharte Alpenveilchen gedeihen viel besser im Halbschatten und dem trockeneren Boden rund um die Basis von Pflanzen wie diesem Japanischen Ahorn.*

UNTEN *Viele Birken sind ziemlich flach wurzelnde Bäume, die gern dicht am Wasser wachsen. Hier verstärkt die Spiegelung der farbigen Stämme im Wasser das durchdachte Pflanzschema.*

Manche Pflanzenkombinationen und -gemeinschaften werden Ihnen sofort einfallen, wenn Sie über Ihren Entwurf nachdenken. Das kann auf Grund von Pflanzungen geschehen, die Sie beim Besuch anderer Gärten wahrgenommen haben, oder von Ideen, die Sie aus Büchern und Zeitschriften zusammengetragen haben. Die weißen, rosa-weißen oder rostbraunen Stämme von Birken (*Betula* spp.) geben in jedem Garten einen auffallenden Blickfang ab, besonders wenn Heide oder winterharte Alpenveilchen darunter gepflanzt werden, um im Winter Farbe und jahreszeitlichen Reiz zu verleihen, wenn die Stämme der Bäume wegen des fehlenden Laubes viel besser sichtbar sind. Allein die Tatsache, dass die niedrig wachsenden Pflanzen rund um den Fuß des Baumes in voller Blüte stehen können oder dass ihre Blätter anders als grün gefärbt sind, dient dazu, die Bäume zu ergänzen, statt von ihnen abzulenken, da ihre Stämme durch diese Pflanzen nicht verdeckt werden.

Für Pflanzen mit farbigen Stämmen muss der Standort so gewählt werden, dass sie einen schlichten (vorzugsweise dunklen) Hintergrund haben, vor dem ihre Farben zur Geltung kommen. Mauern, Zäune oder Immergrüne bilden allesamt geeignete Hintergründe. Pflanzen wie der grünstämmige Weiße Hartriegel (*Cornus stolonifera* 'Flaviramea') oder die weiß bereiften Himbeerarten (*Rubus cockburnianus* und *R. thibetanus*) profitieren von dieser Anordnung, da ihre zarten blassgrünen und weißen Farbtöne sich leicht verlieren, wenn nicht der geeignete Hintergrund gewählt wird.

Andere Kombinationen können weniger augenfällig erscheinen, besonders für den winterlichen Garten. Das sind solche, bei denen Pflanzen versteckt oder verkleidet werden, um fehlendem Reiz in anderen Jahreszeiten Rechnung zu tragen oder die Anforderungen an das natürliche Habitat der Pflanze zu erfüllen. Viele der Zwiebeln und Zwiebelknollen, die in der Winterzeit blühen, lieben ziemlich trockene Verhältnisse und können Wurzelstörungen übel nehmen. Sie bevorzugen auch eher kühle, schattige Verhältnisse in der Zeit des Jahres, in der sie ruhen, aber viel Licht, wenn sie aktiv wachsen. Das Pflanzen unter Laubbäumen ist die beste Möglichkeit, diese Wuchsbedingungen zu erfüllen und eine schöne Blütenpracht von Pflanzen wie beispielsweise von Schneeglöckchen (*Galanthus* spp.) und Alpenveilchen (*Cyclamen hederifolum* und *C. coum*) zu erhalten. Auf diese Weise bekommen sie im Frühjahr das Licht, das sie brauchen, bevor die Bäume Blätter haben und sie erhalten auch den sommerlichen Schatten, den sie brauchen, wenn das Blätterdach des Baumes das Licht vom Boden abhält, in dem sie wachsen. Will

man Pflanzengemeinschaften richtig zusammenstellen, so ist ein wenig Forschungsarbeit erforderlich, aber sie zahlt sich in jedem Jahr vielfach aus, wenn die Pflanzen eine spektakuläre Farbenpracht entwickeln.

In mancher Beziehung ist es viel leichter zu sagen, was im Garten nicht gelingen wird, denn schließlich obliegt die Auswahl der Pflanzen dem Gärtner.

Bodentyp und pH-Wert Pflanzen gedeihen prächtig in für sie idealem Boden, machen sich leidlich in einem Boden, der nicht ganz ihren Anforderungen entspricht, aber kämpfen und gehen ein in einem Boden, der für sie ungeeignet ist. Einschränkende Faktoren für die Zusammenstellung von Pflanzen sind Bodentyp – da die meisten Pflanzen Vorlieben in Bezug auf Feuchtigkeitsgehalt und Dränage haben – und pH-Wert (der Basen- oder Säuregehalt im Boden). Der Bodentyp variiert stark, selbst innerhalb eines kleinen geografischen Gebietes. Er ist beispielsweise abhängig vom darunter liegenden Gestein. In einem Kalksteingebiet ist der Boden wahrscheinlich alkalisch (basisch), während er in einem Waldgebiet wahrscheinlich eher sauer ist (besonders, wenn es dort Kiefern gibt). Dies kann durch Verwendung eines pH-Testsatzes aus einem Gartencenter bestätigt werden. Säure liebende Pflanzen sind wählerisch und mögen in einem Boden mit hohem pH-Wert einfach nicht überleben. Zu den im Winter und im zeitigen Frühjahr blühenden Pflanzen mit einer Vorliebe für saure Böden gehören Zaubernuss, Kamelien, Heidekraut und *Rhododendron praecox*.

OBEN *Dieser* Hamamelis x intermedia *wurde an einem Standort gepflanzt, der die niedrige Wintersonne einfängt, mit dem Ergebnis, dass die Blüten dadurch in Farbe erstrahlen.*

FROSTHÄRTE Das Klima hat ebenfalls einen entscheidenden Einfluss darauf, wie gut Pflanzen wachsen und obwohl Pflanzen in enger Gemeinschaft kultiviert werden können, damit die größeren Pflanzen die zarteren abschirmen und unterstützen können, wird doch schließlich die vorhandene oder nicht vorhandene Winterhärte die Fähigkeit einer Pflanze bestimmen, in einer bestimmten Situation zu überleben. Dies trifft noch mehr als für andere Typen für einen winterlichen Garten zu, wo das Wetter mit hoher Wahrscheinlichkeit kalt, nass und frostig ist und wo die Blüten nur ein kurzes Leben haben und leicht durch Frost beschädigt werden. Eine Laub abwerfende Pflanze wie *Daphne bholua* var. *glacialis* 'Gurkha' wird von der Abschirmung umstehender großblättriger Immergrüner oder Nadelgehölze profitieren, die vor Wind schützen und Frost absorbieren helfen.

Bei sorgfältiger Planung können sowohl Laub abwerfende Pflanzen als auch Immergrüne (mit Nadeln oder Laub) so eingesetzt werden, dass sie gerade ausreichend Deckung bieten, um die Bandbreite der Pflanze zu erweitern, die im Garten kultiviert werden können, indem sie solchen Pflanzen Schutz gewähren, die an exponierterem Standort nicht überleben würden. In einem kleineren Garten dienen Umzäunung, Schutzwände und transportable Windschützer dem gleichen Zweck und bieten Kletterpflanzen Hilfe.

OBEN *Hier bietet der winterharte* Garrya elliptica *mit seinen kätzchenartigen Blüten zusätzliche Deckung für* Iris unguicularis. *Dieser zusätzliche Schutz regt Pflanzen an, ein wenig zeitiger zu blühen.*

DUFT Die Kombination duftender Pflanzen in einer funktionierenden Gemeinschaft kann schwieriger sein, denn man muss vermeiden, dass Farben nicht harmonieren, aber ebenso wichtig ist es auch, dass Düfte nicht aufeinanderprallen, sonst kann die Wirkung der Duftnote beider Pflanzen verloren gehen. Umgibt man die Duftpflanzen mit belaubten Immergrünen oder Nadelbäumen, so verstärkt dies die Intensität des Duftes und kann den Duft in eine bestimmte Richtung konzentrieren.

Wo mehrere Arten oder Sorten der Zaubernuss in ein und demselben Garten verwendet werden sollen, ist es viel besser, Pflanzen auszuwählen, die zu unterschiedlichen Zeiten blühen, um eine Kontinuität der Blütenfarben und des Duftes zu erreichen, statt alle auf einmal blühen zu lassen. Wählen Sie Sorten der Virginischen Zaubernuss *(Hamamelis virginiana)* für die Blüte im Spätherbst und Frühwinter, Hybriden von *H.* x intermedia für die Mitte der Winterperiode und Sorten der Weichhaarigen Zaubernuss *(H. mollis)* für Spätwinter und zeitiges Frühjahr.

Wenn man sorgfältig verschiedene Arten und Sorten winterblühender Zwiebelgewächse auswählt, wie Krokus und Schneeglöckchen, kann man einen Blütenteppich unter den Zaubernüssen haben, der sich öffnet, wenn diese gerade verblühen. Sie können auch mit niedrig wachsenden Winterblühern wie Heidekraut oder *Daphne mezereum* unterpflanzt werden.

LINKS *Nadelgehölze und Heidekraut werden oft zusammengepflanzt. Verwendet man Pflanzen auf diese Weise, so ist sichergestellt, dass die Rabatte immer etwas Reizvolles bietet.*

RECHTS Crocus chrysanthus *'Princess Beatrix' in einer Grasfläche angesiedelt ist ein Beispiel dafür, wie zwei verschiedene Pflanzen mit unterschiedlichen Wachstumszyklen miteinander auskommen.*

LINKS Dies ist ein ruhiger, sonniger Zufluchtsort für den ausruhenden Gärtner. Ein Standort wie dieser ist die perfekte Stelle für die Anpflanzung einer Auswahl duftender winterblühender Pflanzen.

RECHTS Die hübsche Borke einer Kirsche und die ständige Suche dieses Hedera helix 'Glacier' nach neuem Raum haben sich hier zu einer Verstärkung der Merkmale beider Pflanzen verbunden.

UNTEN Eine Gruppe gemischter Gräser fängt die Wintersonne ein. Die Gelb- und Brauntöne dieser abgestorbenen Pflanzen kann die Trostlosigkeit des Winters aufheitern und ihr Schwanken im Wind kann Aktivität vermitteln.

STANDORTWAHL Vernünftigerweise müssen Pflanzen, die im Winter blühen, dorthin gepflanzt werden, wo man sie von einem Weg oder einer Terrasse aus gut sehen und den Duft genießen kann. Sie können unter ein nach Süden hinausgehendes Fenster gepflanzt werden, bei dem es wahrscheinlich ist, dass es an einem warmen Tag geöffnet wird, so dass der Duft die Gewissheit vermittelt, dass der Winter nicht ewig dauert.

Der Duft niedrig wachsender Pflanzen ist oft nicht so leicht wahrzunehmen und das behebt man, indem zum Beispiel mehrere gemeinsam in einem Hochbeet gruppiert werden, vielleicht in der Nähe einer Sitzecke, so dass sie auf einer Höhe mit einer sitzenden Person sind. Zwiebeln können in Kübel gesetzt und während der Blütezeit in der Nähe des Hauses gehalten oder in Rabatten unter andere Pflanzen eingestreut werden. Wenn ihre Blüte beendet ist und sie abzusterben beginnen, können sie in den Garten gepflanzt werden, wo sie im nächsten Jahr für eine erneute Blüte bereit stehen.

Manche winterblühenden Sträucher haben einen kräftigen Duft, der in zu großer Menge leicht berauschend ist – *Daphne bholua* 'Jacqueline Postill' gehört dazu. Sie ist die meiste Zeit des Jahres über ein einfacher Strauch, hat aber während der Wintermonate einen plötzlichen Ausbruch von Herrlichkeit, wenn ihre Blüten einen reichen, zu Kopf steigenden Wohlgeruch abge-

ben, der sich an einem warmen, ruhigen Tag zu einem Duft konzentriert, der stark genug ist, den Garten zu durchziehen. Wenn Sie den Duft mögen, wird dies eine reine Freude sein. Ist aber das Gegenteil der Fall, sollte die Pflanze besser weiter entfernt von Haus, Weg oder Terrasse platziert werden. Diese Pflanze macht sich gut in einer Rabatte vor immergrünen Sträuchern, deren Blätter zum Hervorheben der hübschen Blüten beitragen.

STRUKTUR Umriss und Form der Pflanzen in einem Garten geben ihm Struktur, und während der Wintermonate ist dies ein Gefüge, das trotz des Mangels an Farbe existiert. Reif auf Blättern betont ihre Form und kann kleine Details hervorheben, die einem sonst möglicherweise entgehen. Wenn Sie Immergrüne mit Laub abwerfenden Pflanzen und Sträucher mit Gräsern, Staudengewächse mit Bodendeckern mischen und überall Zwiebelgewächse verwenden, können Sie dem Garten Reiz und Vitalität verleihen. Das verhindert, dass er in irgendeiner Jahreszeit langweilig aussieht und schon gar nicht im Winter.

Die scharf gezähnten Blätter des krautigen *Helleborus argutifolius* stechen im Winter ebenso (wenn nicht noch mehr) hervor wie die grünen Blüten und er wird das Auge auf in der Nähe stehende Pflanzen lenken. Nutzen Sie dies aus, indem Sie ihn an den Fuß eines sommergrünen *Viburnum* x *bodnantense* 'Dawn' mit seinen hübschen rosa Blüten und dem köstlichen Duft setzen und dann noch ein Büschel *Narcissus* 'Jetfire' als besondere Frühjahrszugabe hinzufügen. Kleinere Pflanzen mit spitzen Blättern, wie *Iris reticulata* und die vielen Ziergräser, sehen hübsch aus vor Immergrünen mit großen runden Blättern, wie *Viburnum tinus* mit seinen rosa-weißen Blütenköpfen und blauschwarzen Beeren. Folgen Sie dem Thema weiter, indem Sie Krokusse dicht in Scharen pflanzen, so dass ihre langen dünnen Blätter zur Gesamtwirkung beitragen.

UNTEN RECHTS *Struktur muss nicht auf Pflanzen beschränkt bleiben. Eine Kombination aus harten Materialien wie Pflanzgefäßen und Kieselsteinen können dazu dienen, die Formen und Farben von Pflanzen zu ergänzen.*

UNTEN *Die glitzernden Triebe von* Rubus cockburnianus *scheinen gefroren zu sein, doch die attraktive weiße Farbe trägt dazu bei, die jungen Triebe in ihrer Entwicklung zu unterstützen.*

UNTEN *Die niedrigen Wintertemperaturen stellen die Charakteristika einiger Pflanzen heraus. Hier verstärkt Reif auf den Blättern von Gräsern und Farnen die feinen Details des Blattwerks.*

Reif verstärkt auch die scharf gespitzten Blätter von *Sarcococca hookeriana* var. *digyna*, die winzige duftende weiße Blüten hat und *Ruscus aculeatus* mit seinen ungewöhnlichen roten Beeren, die direkt auf den „Blättern" stehen (eigentlich sind es modifizierte Triebe). Pflanzen Sie niedrig wachsende Zwiebelgewächse rund um den Saum des Busches, um Farbe hinzuzufügen oder stellen Sie ihm einen rosa blühenden Helleborus zur Seite, der um so mehr auffallen wird, da er dann das Blattwerk hat, das ihn heraushebt.

Wenn ein Strauch wegen seiner attraktiven Triebe oder gedrehten Äste kultiviert wird, wie der Gedrehtwüchsige Hasel (*Corylus avellana* 'Contorta'), der gegen einen blauen Winterhimmel wunderbar aussieht, verschmelzen die kahlen Triebe und gelben Kätzchen gut mit Varietäten von Narzissen. Pflanzen Sie die Narzissen so an, dass sich eine Blütenfolge ergibt, bis der Strauch im Laub steht; für eine erweiterte reizvolle Saison pflanzen Sie Schneeglöckchen, die vor den Narzissen blühen.

Es gibt Varietäten von Zwiebelgewächsen, die von Januar an den Spätwinter und das zeitige Frühjahr hindurch blühen, und wenn Sie die richtigen auswählen, muss Ihr Garten in dieser Zeit nie grau aussehen. Ziehen Sie eine ausreichende Anzahl, so dass Sie sie auch als Schnittblumen verwenden können. Zwiebelgewächse wachsen in jedem gut durchlässigen Boden und können so ausgewählt werden, dass sie die anderen Pflanzen im Garten ergänzen, ob sie nun gerade blühen oder nicht. Gelb ist eine aufheiternde

Farbe und Krokusse, Winterlinge und Narzissen mischen sich gut mit allen Grüntönen; lassen Sie diese also im Blickfeld der Fenster des Hauses vor schlichten immergrünen Pflanzen stehen. Weiße Schneeglöckchen und Krokusse lassen einen dunklen Winkel oder einen kahlen sommergrünen Strauch freundlicher aussehen und wo Staudengewächse abgestorben sind, deckt purpurfarbener Krokus den nackten Boden und gibt einen willkommenen Farbtupfer ab, bis die Stauden wieder nachwachsen.

GEMÜSE Pflanzengemeinschaften sind nicht auf das Freiland oder auf Zierpflanzen beschränkt; vielmehr werden Gemüse schon seit Jahren zur besseren Bewirtschaftung in Gruppen angebaut. Gemüsegruppen werden auf der Basis ihrer botanischen Beziehungen aufgestellt, weil ihre Nahrungs- und Wachstumsanforderungen sehr ähnlich sind und sie oft denselben Schädlingen und Krankheiten als Wirtspflanzen dienen.

Kultiviert man diese Pflanzengruppen jedes Jahr auf einem anderen Stück Land, kommt das den Pflanzen auf lange Sicht sehr zugute (siehe Pflanzenrotationstabelle S. 41). Die Anwendung des Fruchtwechsels (Rotation) im Gemüsegarten reduziert die Notwendigkeit, Pestizide anzuwenden und gibt dem Land Zeit, die Nährstoffe zu ersetzen, die jede Gruppe ihm entzieht.

ZIMMERPFLANZEN In welche Richtung Ihr Fenster oder Wintergarten auch weist, es wird eine Pflanze geben, die zum Lichtniveau passt; im Winter, wenn das Lichtniveau niedriger wird, kann es allerdings notwendig werden, sie zu versetzen, um das verfügbare Licht bestmöglich zu nutzen. Um das Beste aus der Pflanze und der Situation herauszuholen, lohnt es, verschiedene Varietäten zu erproben, die zusammen wachsen können und ihr eigenes Mikroklima schaffen. Dies erhöht die Feuchtigkeit um die Pflanzen und erhält sie gesund und wenn Sie Blattpflanzen mit blüten- oder beerenbildenden Pflanzen mischen, bringen Sie die Farben vorteilhaft zur Geltung.

OBEN *Diese schwankenden goldgelben Samenstände der Cardy* (Cynara cardunculus) *heben sich silhouettenartig gegen den frischen blauen Winterhimmel ab.*

LINKS *Die verwobenen Zweige dieses Gedrehtwüchsigen Hasels* (Corylus avellana *'Contorta'*) *ziehen die Aufmerksamkeit auf sich, bevor die zarten Blüten herauskommen.*

UNTEN *Die Blütezeiten der winterharten Alpenveilchen und Schneeglöckchen überschneiden sich und sichern dadurch ein ständiges Angebot wechselnder Farben.*

UNTEN RECHTS *Der niedrig wachsende* Narcissus cyclamineus *ist eine gute Wahl für die Ansiedlung in einem Waldgebiet oder auf einer Wiese.*

Frühlings-erwachen

Pflanzen können am empfindlichsten sein, wenn der Winter sich dem Ende zuneigt und das Frühjahr die ersten Anzeichen des Beginns einer neuen Wachstumsperiode hervorbringt. Im tiefsten Winter bekommen Pflanzen mit niedrigen Lufttemperaturen und einem kalten, nassen Boden keine Probleme, weil sie während des Herbstes dafür konditioniert wurden; sie haben außerdem Nährstoffvorräte, die ihnen helfen, Wetterverhältnisse auszuhalten, die für das aktive Wachstum ungeeignet sind. Wenn die Tage wärmer und die Nächte kürzer werden, beginnt nach und nach das Wachstum: einer zunächst unmerklichen Zellaktivität folgt ein schrittweises Erscheinen von Blättern und Blüten, die oft sehr zart sind.

Die wechselnden Wetterverhältnisse des zeitigen Frühjahrs verursachen regelmäßig viel größeren Schaden als ein harter Winter. Für viele Pflanzen wird der Beginn einer neuen Wachstumsperiode durch chemische Veränderungen markiert, die im Inneren der Pflanze ablaufen; ein Prozess, der in Gang gesetzt wird, wenn die Tage länger werden, auch wenn die Wachstumsrate von Luft- und Bodentemperaturen bestimmt wird. Bodentemperaturen steigen langsam, aber stetig und viele Pflanzen benötigen Bodentemperaturen von etwa 5 – 7 °C, bevor das Wurzelwachstum beginnt. Lufttemperaturen andererseits schwanken über eine Zeit von 24 Stunden ständig und können bis zu mehreren Wochen in die neue Saison hinein von einigen Minusgraden in der Nacht bis zu 12–15 °C am Nachmittag reichen. Das bedeutet, dass Pflanzen einem Wachstumsmuster nach dem Prinzip „Los–Stopp" unterworfen sind, bei dem Frostschaden oft den zeitigsten Wuchs hemmt. Selbst die Eiche (*Quercus* spp.) mit all ihrer Widerstandsfähigkeit und Langlebigkeit kann durch späte Fröste Brand erleiden, da Keimlinge in den ersten Wochen nach dem Keimen nur unwesentlich härter sind als eine Zimmerpflanze.

Für den Gärtner kann das eine stressige Zeit sein, wenn er sich um Pflanzen kümmert, um sie widerstandsfähiger zu machen und weiter aktiv wachsen zu lassen und daneben das Wetter auf Anzeichen von Frosteinbrüchen hin beobachtet, die sorgfältig ausgearbeitete Pläne für die kommende Saison aus dem Lot bringen können. Halten Sie stets einen Begleitplan bereit, falls Pflanzen die letzten Wochen des Winters und das zeitige Frühjahr hindurch besondere Pflege brauchen.

RECHTS *Im Frühjahr blühende Zwiebelgewächse wie diese* Puschkinia scilloides *var.* libanotica *zeigen an, dass der Winter sich seinem Ende nähert.*

Vorbereitung auf das Frühjahr *Viele unterschiedliche Pflanzen sind dafür angepasst, im Winter blühen zu können. Manche, wie* Prunus x subhirtella *'Autumnalis' beginnen im Herbst zu blühen und setzen dies über die Wintermonate fort, so lange es die Wetterverhältnisse gestatten, doch werden nur Blüten gebracht. Das Wachstum von Trieben und Blättern wird durch die niedrigen Temperaturen verhindert. Viele der Pflanzen, die in einem gemäßigten Klima wachsen, sind nicht in der Lage, aktiv zu wachsen, bevor nicht die Temperatur über 6 °C steigt und keine noch so großen Überredungskünste werden nützen, bevor nicht der Boden warm genug ist, damit die Pflanze wachsen kann.*

Selbst wenn die Tage im Spätwinter und zeitigen Frühjahr warm und sonnig sind, ist die Lufttemperatur doch nur ein Faktor von vielen, die das Wachstum beeinflussen, so dass eine Woche warmer Sonne wenig unmittelbare Wirkung auf das Pflanzenwachstum haben kann. Die Temperatur im Boden rund um die Wurzeln, die normalerweise knapp über oder unter dem Gefrierpunkt liegt, hat den größten Einfluss darauf, wie zeitig Pflanzen mit dem aktiven Wachstum beginnen. Bis der Boden wärmer wird und ständig mehr als 5 – 6 °C hat, wird nur sehr wenig Wurzelwachstum stattfinden, und wenn die Wurzeln nicht wachsen können, gibt es auch an den Trieben sehr wenig oberirdisches Wachstum. Der Boden ist generell während der ersten Januarwoche am kältesten und erwärmt sich langsam mit dem Fortschreiten des Jahres.

Zeitiger Beginn Mit ein wenig Überlegung ist es möglich, Vorbereitungen zu treffen, um den frühesten Beginn im Garten anzuschieben und einige der Probleme zu überwinden, die durch die niedrigen Temperaturen hervorgerufen werden. Das Abdecken des Bodens mit einer schwarzen Kunststofffolie hilft, die Wärme der Sonne zu absorbieren und lässt den Boden unter der Kunststoffabdeckung einige Grade wärmer werden. Das verleiht den Pflanzen einen Wachstumsvorsprung. Das Wichtigste ist, den Kontakt zwischen Kunststoff und Erdoberfläche zu reduzieren, damit der Boden nicht zu nass wird, wenn Kondenswasser aus dem warmen Boden unter dem Kunststoff gesammelt wird. Dieser Effekt kann stark reduziert werden, indem man in regelmäßigen Abständen umgedrehte Töpfe auf den Boden stellt, bevor man die Plastikfolie auflegt. Das ermöglicht eine gute Luftbewegung unter der Abdeckung und lässt die Feuchtigkeit entweichen.

Auf Flächen, auf denen Gemüse wachsen soll, kann man Vlies oder weißen Kunststoff lose über die gerade erscheinende Saat legen, um darunter ein warmes Mikroklima zu schaffen. Diese „schwebenden" Mulche dehnen und heben sich, wenn die Pflanzen unter ihnen wachsen und können entfernt werden, wenn die Temperaturen einmal ausreichend angestiegen sind, so dass die Pflanzen keine weiteren Behinderungen erleiden.

Auch Bodenbearbeitung kann eingesetzt werden, um den Boden warm werden zu lassen. Lockert man den Boden mit einer Gabel, so wird mehr

VORHERGEHENDE SEITE, OBEN *Ein Mulch aus schwarzem Kunststoff oder aus Gewebebahnen absorbiert die Wärme der Sonne und trägt dazu bei, den Boden schnell zu erwärmen. Dadurch haben Pflanzen im Frühjahr einen viel zeitigeren Beginn.*

VORHERGEHENDE SEITE, UNTEN *Dem Schutz wachsender Pflanzen dient eine als Isolierdecke lose darüber gelegte Abdeckung aus weißem Faservlies, die trotzdem Licht an die Pflanzen gelangen lässt.*

LINKS *Früh blühende Pflanzen wie Äpfel, Birnen und Pflaumen können zu Schäden durch Frühjahrsfrost neigen. Ein guter Luftstrom zwischen den Bäumen kann verhindern helfen, dass sich kalte Luft ansammelt und die Blüten beschädigt.*

UNTEN *Hauben können für den Schutz kleinerer Flächen oder einzelner Pflanzen verwendet werden. An warmen Tagen kann man sie wegnehmen und nachts, wenn die Temperaturen zu fallen beginnen, wieder aufsetzen.*

warme Luft hineingelassen und die Struktur wird geöffnet, so dass das natürliche Sonnenlicht besser eindringen kann, aber Vorsicht: Wenn der Boden wärmer wird, keimen Unkrautsamen oftmals schneller. Bearbeiteter Boden ist in den oberen 7–8 cm viel wärmer als unbearbeiteter Boden. Wenn organischer Mulch verwendet wird, um den Boden anzuwärmen, sollte er aufgebracht werden, sobald sich der Boden zu erwärmen begonnen hat, um die Wärme einzuschließen, sonst erwärmt sich der Mulch, während der Boden darunter kalt bleibt. Wenn zur Verbesserung der Bodenstruktur Dung verwendet werden soll, wählen Sie einen, der auf Pferde- oder Hühnermist basiert, da dieser bei seiner Verrottung eine Heißvergärung in Gang setzt.

Wo Kalte Kästen oder Hauben verwendet werden, um nicht ganz winterharte Pflanzen zu überwintern oder um Setzlingen oder Sämlingen Schutz zu bieten und frühes Wachstum zu ermöglichen, die für einen zeitigen Beginn im Garten benötigt werden, gibt es mehrere Methoden, die eingesetzt werden können. Arbeitet man dunkles Material (wie Torf oder Ähnliches) in den Boden ein, so wird die Wärme der Sonne absorbiert und das Milieu innerhalb des Kastens wärmt sich schneller auf. Legen Sie außerdem, um die Wärmemenge zu verringern, die über Nacht aus dem Inneren des Kastens verloren geht, jeden Abend eine Isolierdecke aus Blisterfolie über den Glasdeckel. Entfernen Sie sie am nächsten Morgen, um die Schwankungen zwischen Tages-

und Nachttemperatur verringern zu helfen. Der Vorteil der Verwendung von Blisterfolie ist, dass sie etwas Sonnenlicht hindurchlässt.

UNTER DECKUNG Für Pflanzen, die in einem Gewächshaus, Wintergarten oder im Zimmer auf einem Fensterbrett wachsen, kann das zeitige Frühjahr eine Periode mit ernstem Risiko sein. Den Winter über haben viele dieser Pflanzen sich nach und nach an ein niedriges Lichtniveau angepasst, mit dem Ergebnis, dass jeder neue Zuwachs saftig und weich und empfindlich gegenüber plötzlichen Veränderungen sein kann. Diese Pflanzen können in einer warmen Periode mit strahlender Sonne Brand erleiden, selbst wenn diese nur einige Stunden dauert. Die Kraft der Sonne kann, wenn sie durch die Glasfenster verstärkt wird, die Pflanzen beschädigen und eine Unterbrechung des Wachstums, wenn nicht gar die Verformung einiger Triebe bewirken.

Es kann notwendig sein, diese Pflanzen in den ersten wirklich warmen Tagen des Frühjahrs zu schützen, bis sie sich auf das ungewohnte Lichtniveau eingestellt haben. Nehmen Sie die Pflanzen aus dem direkten Sonnenlicht oder verwenden Sie eine Form der Beschattung, um das Licht zu filtern und die Intensität während der hellsten und wärmsten Zeit des Tages zu mindern. Wenn man Wasser auf den Boden oder in Schalen mit Kies rund um die Basis der Pflanzen gibt, dann steigt der Feuchtegrad und es trägt dazu bei, die Auswirkungen des intensiven Sonnenlichts zu reduzieren. Während dieser Zeit Wasser direkt auf die Blätter zu geben, kann zu Verbrennungen der Pflanzenfasern führen.

OBEN *Wenn Pflanzen auch langsam wachsen, selbst in einem Gewächshaus, müssen sie dennoch regelmäßig kontrolliert und gegossen werden, besonders, wenn die Tage im Winter und im zeitigen Frühjahr sonnig gewesen sind.*

RECHTS *Jüngere Pflanzen profitieren vom Schutz eines Kalten Kastens, aber es ist wichtig, an warmen Tagen für Belüftung zu sorgen, sonst wird der frische Wuchs zu sehr verweichlicht.*

OBEN LINKS UND RECHTS *Pflanzen, die im tiefsten Winter blühen, haben ziemlich frostharte Blüten, während solche, die im Frühjahr blühen, wegen stark schwankender Temperaturen durch warme Tage und frostkalte Nächte viel anfälliger sind. (Links:* Scilla bifolia *'Rosea'. Rechts:* Cornus mas)

FROSTSCHADEN Bei Temperaturen, die nur minimal unter 0 °C liegen, beginnt sich in den Zellen der Pflanzen Eis zu bilden. Das muss nicht unbedingt schädlich sein, da jeder Schaden, der tatsächlich entsteht, von der jeweiligen Pflanze, der Geschwindigkeit, mit der die Temperatur sinkt und dem Alter des Gewebes, das diesen niedrigen Temperaturen ausgesetzt ist, abhängt. Schnelles Gefrieren zarter, junger Fasern kann bei neuen Schossen großen Schaden anrichten, aber das Ausmaß des Schadens hängt noch von weiteren Faktoren ab.

Das empfindliche Gewebe winterharter Pflanzen erholt sich, wenn die Temperatur langsam und stetig fällt, so lange sie auch langsam ansteigt und dem Gewebe die Möglichkeit gibt, sich auf das Eis einzustellen, das sich schrittweise in den Zellen bildet und dann wieder zu Wasser wird. Der größte Frostschaden tritt gewöhnlich im Spätwinter und zeitigen Frühjahr auf, wenn die Temperatur nachts langsam knapp unter den Gefrierpunkt fällt und am nächsten Morgen schnell mehrere Grade über den Gefrierpunkt steigt. Dies ist besonders dann der Fall, wenn die abgekühlten Pflanzen von warmem direkten Sonnenlicht auf das gefrorene Gewebe erwärmt werden, so dass in vielen Fällen die Frühlingsschäden an Blüten und jungen Trieben eher durch schnelles Auftauen als durch langsames Gefrieren entstehen.

FROSTSCHUTZ Schäden durch Gefrieren können durch die Bildung von Eis an der Außenseite der Pflanze stark reduziert werden. Dies kann auf natürliche Weise geschehen, wenn sich vor einem Nachtfrost Tau bildet, denn der Tau wird vor dem Saft der Pflanze gefrieren. Wenn die Oberfläche der Pflanze trocken ist, bildet sich Eis im Inneren der Pflanze, was zu Frostschäden an jungen Schossen und Blüten führt. Das Besprühen der Pflanzen mit Wasser funktioniert als Frostschutzmaßnahme, weil die Wärme, die das Wasser abgibt, wenn es zu Eis wird, das darin eingeschlossene Pflanzengewebe schützen hilft. Wenn das

UNTEN *Immergrüne, wie zum Beispiel Nadelgehölze, werden eher durch Windfrost als durch niedrige Temperaturen beschädigt. Eisige Winde entziehen der Pflanze in hohem Tempo Feuchtigkeit und beschädigen dadurch die Blätter beziehungsweise Nadeln, die dann braun werden.*

Wasser von außen nach innen gefriert, kann auch eine Schicht Wasser zwischen dem Eis und dem Pflanzengewebe liegen, das wie eine zusätzliche Isolierung wirkt. Sprüht man Wasser über die Pflanzen, so können sie kurzfristig Fröste bis unter – 5 °C aushalten. Besprüht man gefrorene Pflanzen mit Wasser, bevor die Sonne aufgeht und sie wärmt, kann das dazu beitragen, dass die Schosse langsam und kontrolliert auftauen, was Frostschäden reduziert.

Auch das Bedecken gefrorener Schosse mit Vlies, um sie vor der frühen Morgensonne zu schützen, ermöglicht es ihnen, sich langsam über einige Stunden hinweg zu erwärmen, was Frostschäden nach Kälte von 2 – 3 °C reduziert. Bei niedrig wachsenden Pflanzen verhindert selbst trockenes Zeitungspapier, das über sie gebreitet und in Position verankert wird, Schaden durch einen leichten Frost. Das am wenigsten wirksame Schutzmaterial, das in dieser Situation verwendet werden kann, ist durchsichtige Plastfolie, da sie zulässt, dass die Wärme der Erde an die Außenluft abgegeben wird.

OBEN *Junge Schosse, die durch den Boden stoßen, können mit einer losen Abdeckung geschützt werden, die während des wärmsten Tagesabschnittes aufgelegt werden sollte, um etwas Wärme einzuschließen.*

SCHÄDLINGE UND KRANKHEITEN Eine Reihe von Schädlingen und Krankheiten, die winterharte Pflanzen angreifen, nutzen aus, dass ihre Wirtspflanze den Winter überdauert. Mehltau an Äpfeln und Zieräpfeln, Pfirsichkräuselkrankheit und Rutenkrankheit an Pflaumen und Kirschen und Gallmilben an Schwarzer Johannisbeere überleben alle den Winter in den ruhenden Knospen von Pflanzen. Problematisch wird es beim Öffnen der Knospen, wenn sich die neuen Blätter entwickeln und die Schädlinge und Krankheiten mit ihnen erscheinen und eine frühzeitige Infektion des neuen Wuchses bewirken. Sobald sich die Knospen öffnen, lohnt das Besprühen mit einem geeigneten Pestizid oder Fungizid, da diese zeitige Bekämpfung die Notwendigkeit später mehr Chemikalien einzusetzen stark reduzieren kann.

LINKS *Wenn die neuen Blätter aus den Winterknospen hervortreten und sich ausdehnen, wie bei diesem* Prunus subhirtella, *erscheinen oft auch gleichzeitig bestimmte Arten von Pflanzenschädlingen und Krankheiten, um dieses weiche Gewebe anzugreifen.*

RECHTS *Um das Risiko von Frostschaden abzuwehren, öffnen manche Pflanzen, wie dieser* Corylus avellana *'Contorta', ihre Blüten in Etappen, so dass einige den harten Frösten entgehen.*

Europäische Zonenkarte *Diese Karte zeigt, wie Europa in Pflanzzonen unterteilt werden kann. Diese entsprechen den Zonen des United States Department of Agriculture (Landwirtschaftsministerium der USA), die auf Tiefsttemperaturen im Winter basieren.*

LEGENDE ZU PFLANZZONEN

Die Schneeflockensymbole, die in den Pflanzenbeschreibungen in Kapitel 4 verwendet wurden, zeigen den ungefähren Minimaltemperaturenbereich an, den die jeweilige Pflanze aushalten kann. In Verbindung mit dieser Karte ermöglichen Ihnen diese Zonen eine Planung mit den Pflanzen, die ausreichend frosthart sind, um während der Wintermonate in Ihrem Garten überleben zu können.

ZONE 1
UNTER –45°C

ZONE 2
–45°C BIS –40°C

ZONE 3
–40°C BIS –34°C

ZONE 4
–34°C BIS –29°C

ZONE 5
–29°C BIS –23°C

ZONE 6
–23°C BIS –18°C

ZONE 7
–18°C BIS –12°C

ZONE 8
–12°C BIS –7°C

ZONE 9
–7°C BIS –1°C

ZONE 10
–1°C BIS 4°C

Glossar

Abhärten Die Pflanzen an andere Bedingungen (gewöhnlich kältere) gewöhnen als die, unter denen sie derzeit wachsen.

Abkühlung Periode niedriger Temperatur (normalerweise 2,2°C), die Pflanzen während der Winterruhe benötigen, damit die Blütenbildung angeregt wird.

Absenken Eine Vermehrungsmethode, bei der Wurzeln an einem Spross gebildet werden, bevor die neue Pflanze von der Mutterpflanze getrennt wird.

Achselknospe Knospe, die in der Blattachsel wächst.

Akklimatisierung (Akklimation) Das Gewöhnen der Pflanzen an andere Bedingungen (normalerweise kältere) als die, unter denen sie im Augenblick wachsen.

Alkalisch (basisch) Substanz (Boden) mit einem pH-Wert von 7,0 oder höher.

Alpenpflanze (Hochgebirgspflanze) Pflanze, die aus einer Gebirgsgegend stammt; häufig für eine große Auswahl an Steingartenpflanzen verwendet.

Annuelle (Einjährige) Pflanze, die ihren Reproduktionszyklus in einem Jahr vollendet.

Anorganisch Künstlich hergestellte chemische Zusammensetzung (die keinen Kohlenstoff enthält).

Ansatz Jene Stelle an der Pflanze, an der die Wurzeln an der Basis der Sprossachse beginnen (1); der verdickte Bereich, an dem ein Ast am Stamm sitzt (2).

Apex Die Spitze eines Triebes oder Astes.

Ast Trieb, der direkt aus dem Leitspross einer verholzten Pflanze wächst.

Auslichten Das Entfernen von Ästen, um die Qualität der verbleibenden zu verbessern.

Axilla (Blattachsel) Der Winkel an der Stelle, wo das Blatt oder der Ast in den Leitspross übergehen.

Ballenpflanze Pflanzen, die mit in einen Erdklumpen eingeschlossenen Wurzeln ausgegraben werden; der Ballen wird mit Sackleinen oder einem ähnlichen Material zusammengehalten.

Basistrieb Aus der Basis der Pflanze austretender Trieb oder Knospe.

Baum Verholzte mehrjährige Pflanze, die normalerweise aus einem glatten Spross oder Stamm und einem Kronengerüst oder Wipfel aus Ästen besteht.

Beetpflanzen Pflanzen, die in großen Anlagen (Beeten) angeordnet werden, um ein zeitlich begrenztes farbenfrohes Bild zu bieten.

Beetsystem System, bei dem Gemüse in eng beieinander liegenden Reihen angebaut wird und Pflanzenblöcke bildet, wodurch sich die für Wege verwendete Fläche reduziert.

Belüften (Boden) Mit physikalischen oder mechanischen Mitteln auflockern, um Luft in den Boden zu lassen; zum Beispiel einen Vertikutierer verwenden, um den Rasen aufzulockern.

Bewässerung Allgemeiner Begriff für die Anwendung von Wasser.

Bienne (Zweijährige) Pflanze, die ihren Wachstumszyklus in zwei Vegetationsperioden vollendet. Eine Zweijährige keimt und treibt Wurzeln und Blätter im ersten Jahr, blüht und bildet Samen im zweiten Jahr aus.

Blatt Das Hauptseitenorgan einer Grünpflanze.

Blüte Der Teil der Pflanze (oft stark gefärbt), der die Fortpflanzungsorgane enthält.

Bodendecker Bezeichnung für niedrig wachsende Pflanzen.

Borke (Rinde) Schützende Zellschicht an der äußeren Oberfläche der Wurzeln und Stämme verholzter Pflanzen.

Calcicole (kalkliebende) Pflanze Pflanze, die alkalischen, gewöhnlich kalkhaltigen Boden liebt.

Calcifuge (kalkfliehende) Pflanze Pflanze, die sauren, gewöhnlich torfhaltigen oder organischen Boden liebt.

Dränage Die freie Bewegung überschüssigen Wassers durch Boden/Pflanzerde.

Dünger Organische oder anorganische Zusammensetzung, die als Nährstoff eingesetzt wird, um das Pflanzenwachstum zu unterstützen.

Entspitzen Das Entfernen des Vegetationspunktes oder Triebes einer Pflanze, um die Entwicklung von Seitentrieben zu fördern.

Erneuerungsschnitt Schnittsystem, das auf dem systematischen Ersetzen seitlicher Frucht tragender Triebe basiert.

Erziehung Die Praxis, Pflanzen dazu zu zwingen, zu einer bestimmten Silhouette oder einem Muster heranzuwachsen.

Erziehungsschnitt Das Beschneiden junger Pflanzen, um eine gewünschte Pflanzenform und Aststruktur zu erzielen.

Feldlagerung Methode der Lagerung von Pflanzen (normalerweise Gemüse) an ihrem Ernteort, bis sie benötigt werden.

Fibrös Feine, stark verästelte Wurzeln einer Pflanze.

Formschnitt Die Praxis, Pflanzen auf formale Silhouetten und Muster zu schneiden.

Freilandlagerung Methode der Lagerung von Produkten im Freien, aber unter Schutz, zum Beispiel eine Kartoffelmiete.

Frostloch Ort, an dem sich Kaltluft sammelt.

Frucht Das Samen tragende Gehäuse an einer Pflanze.

Fruchtbar Boden, der reich an Nährstoffen und biologischem Leben ist.

Fruchtfolge (Rotation) Ein System, bei dem Nutzpflanzen in einem planmäßigen Kreislauf verlegt werden, um das Wachstum zu fördern und Schädlinge und Krankheiten zu bekämpfen.

Fruchtspieß Kurzer Frucht oder Blüten tragender Ast.

Fungizid Ein chemisches Mittel, das zur Bekämpfung von Pilzkrankheiten eingesetzt wird.

Furche Schmale, gerade Linie, in die Samen gesät werden.

Gabel Grabgerät mit Zinken, das zur Bodenbearbeitung verwendet wird.

Gefleckt Pflanzenteile (gewöhnlich Blätter), die mit einem unregelmäßigen Fleckenmuster in Farben wie Gold oder Silber auf einer grünen Grundfärbung gezeichnet sind.

Gewächshaus Mit Glas oder Kunststoff verkleidete Struktur für die Kultivierung von Pflanzen unter kontrollierten (geschützten) Verhältnissen.

Grundgabe Die Anwendung von Dünger oder organischem Material, das vor dem Pflanzen oder Säen in den Boden eingebracht wird.

Hacken Flache Bodenbearbeitungsmethode, die zum Vernichten von Unkrautsämlingen eingesetzt wird.

Halbhart Pflanze, die niedrige Temperaturen toleriert, bei Frost jedoch abstirbt.

Härtezonen Klimazonen, die nach der jährlichen Tiefsttemperatur der jeweiligen Zone geordnet sind.

Haube Kleines, durchsichtiges, tragbares Gebilde (aus Glas oder Kunststoff), das verwendet wird, um Pflanzen vor extremen Wetterverhältnissen zu schützen.

Heidekrautgewächs Vertreter der Heidekrautfamilie, die saure Bodenverhältnisse lieben.

Hochbeetsystem System der Kultivierung in Beeten mit Erde über dem Niveau des umgebenden Bodens.

Humus Der organische Rückstand aus verfallenem organischem Material.

Immergrüne Pflanzen, die ihre aktiv wachsenden Blätter den Winter über behalten.

Kalter Kasten Ein niedriger, durchsichtiger, tragbarer oder fest installierter Gegenstand, der für den Schutz und die Abhärtung von Pflanzen verwendet wird.

Kantenstecher Gerät mit einem halbrunden Schnittblatt, das zum Säubern von Rasenkanten verwendet wird (oft Halbmond genannt).

Kappen Starker Rückschnitt eines Baumes bis zum Hauptspross oder Stamm.

Keimung Der Vorgang, durch den sich ein Samen zur Pflanze entwickelt.

Kletterpflanze Pflanze, die in der Lage ist, vertikal zu wachsen und sich selbst zu stützen.

Klon Sammelbegriff für mehrere Pflanzen, die aus einem einzigen Exemplar vegetativ vermehrt wurden.

Knolle Ein unterirdischer modifizierter Spross, der ein Speicherorgan bildet.

Knospe Verdichteter Trieb, der den Ansatz zu einem Trieb oder einer Blüte enthält.

Kohl Vertreter der Familie der Kreuzblütler *(Cruciferae)*.

Kompost Gut verrottete organische Substanz, zum Beispiel aus Gartenabfällen.

Kopfdüngung Die Anwendung von Dünger oder loser organischer Substanz, die auf die Oberfläche des Bodens gegeben und um die Basis der Pflanze eingearbeitet werden.

Kordon (Spalierbaum) Ein Baum, der so erzogen wurde, dass er aus einem Hauptstamm Frucht tragende Triebe bildet.

Krautig Nicht verholzte Pflanze mit einjährigem oberirdischen und mehrjährigem Wurzelsystem oder Speicherorgan.

Kronengerüst Dauerhafte Hauptstruktur der Äste einer verholzten Pflanze.

Kultivar (Kulturpflanzensorte) Eine Pflanzenform, die aus der Kultivierung entstand und nicht wild wachsend gefunden wurde.

Lagerung Eine Methode, Pflanzen in einer Umgebung zu belassen, die Reifung und Verfall verzögert.

Lateral Seitentrieb, der aus einer Achselknospe wächst.

Laub abwerfend Pflanzen, die im Frühjahr neue Blätter hervorbringen und sie im Herbst abwerfen.

Lauberde Kompostartige Substanz, die aus halb zersetzten Blättern gebildet wird.

Laubpflanzen Sommer- oder immergrüne Pflanzen mit flachen, breiten Blättern (im Gegensatz zu Nadeln).

Lehm Boden mit gleichen Anteilen an Ton, Sand und Schluff.

Mähen Das Gras eines Rasens auf gewünschte Höhe schneiden.

Mähstreifen Streifen aus Ziegeln oder Wegplatten rund um den Rand des Rasens zur Reduzierung von Pflegearbeiten.

Mehrjährige (Stauden) Alle Pflanzen, die einen Lebenszyklus von mehr als drei Jahren haben.

Mischkultur Der Anbau von Pflanzenkombinationen in dichtem Abstand, um Schädlinge und Krankheiten biologisch zu überwinden.

Mulch Lage aus Material, das zur Abdeckung des Bodens aufgebracht wird.

Nadelgehölze (Koniferen) Klassifizierung für Pflanzen mit nackten Samenanlagen, die oft in Zapfen stehen, sowie mit schmalen, nadelartigen Laubblättern.

Nährstoffe Die Mineralien (Düngemittel), die zur Ernährung der Pflanze verwendet werden.

Naturalisieren (ansiedeln, auswildern) Zwiebelgewächse oder andere Pflanzen in Gras pflanzen, so dass es scheint, als wüchsen sie dort natürlich.

Nicht winterhart Pflanzen, die durch niedrige Temperaturen (–10 °C) vernichtet oder beschädigt werden.

Organisch Materialien, die aus zersetzten tierischen oder pflanzlichen Rückständen entstanden sind.

Pflanzerde (Substrat) Material zum Eintopfen, das nach einer Standardformel hergestellt wird (auf Lehm- oder Torfbasis).

pH Maßeinheit für Säuren- und Basengehalt in einem Boden.

Pinzieren Das Entfernen des Vegetationspunktes eines Triebes, um die Entwicklung von Seitentrieben zu fördern.

Reihensystem Methode des Anbaus von Pflanzen in dichtem Abstand, um ihre Gesamthöhe zu regulieren (auch um Unkraut zu bekämpfen).

Reis Ein junger (einjähriger) okulierter oder gepfropfter Baum oder Strauch.

Rhizom (Wurzelstock) Spezialisierter unterirdischer Spross, der horizontal im Boden liegt.

Saft Das Blut einer Pflanze.

Schnitt Die Praxis des Beschneidens von Pflanzen, um ihr Wachstum zu fördern oder sie so zu erziehen, dass sie in bestimmter Weise wachsen.

Schwebender Mulch Bahn aus Kunststoff oder Gewebe, die dazu verwendet wird, die Pflanzen vor Frost zu schützen; diese Mulchart dehnt sich mit den Pflanzen aus, wenn sie wachsen.

Seitentrieb Spross, der aus einem Ast, Stamm oder Zweig austritt.

Steckling Abschnitt einer Pflanze, der für die Vermehrung verwendet wird.

Strauch Pflanze mit verholzten Stämmchen.

Sublateral Seitentrieb, der aus der Achselknospe eines Seitentriebes wächst.

Substratfrei Pflanzen, die ohne Erde an den Wurzeln zum Verkauf angeboten werden (gewöhnlich im Freiland gezogen und zum Verkaufen ausgegraben).

Teeröl Fungizid/Insektizid, das auf

ruhende Laub abwerfende Pflanzen aufgetragen wird.

Teilung Methode der Vermehrung, um die Anzahl der Pflanzen zu erhöhen, indem sie in kleinere Einheiten geteilt werden.

Terminalknospe Die höchste Knospe am Vegetationspunkt einer Sprossachse (auch Endknospe genannt).

Tiefbeet Methode des Pflanzenanbaus (normalerweise Gemüse) in einem tief bearbeiteten Beet, in das organische Substanz eingearbeitet wurde.

Torf Zersetztes Sphagnum (Torfmoos) oder Binsen und Seggen.

Trennschicht Schicht aus dünnwandigen Zellen, die die Stelle abtrennen, an der Blätter (und Früchte) an der Pflanze sitzen.

Trieb (Schoss) Ein Ast, Stamm/Spross oder Zweig.

Trockenlagerung Lagerungsmethode für essbare Pflanzen, die zum Verzehr bereit sind.

Überwintern Eine Pflanze über den Winter am Leben erhalten, für gewöhnlich durch Schutz vor Frost.

Uferpflanze Eine Pflanze, die bevorzugt in feuchten Bodenverhältnissen oder halb im Wasser wächst.

Unterboden Die Bodenschichten unter dem Mutterboden.

Unterholzschnitt (Stockschnitt) Starker Rückschnitt von Pflanzen bis auf 10–15 cm über dem Grund im jährlichen Abstand.

Veredeln Vermehrungsmethode, die die Verbindung von zwei oder mehr einzelnen Pflanzen einschließt.

Verfüllung Der Prozess des Wiederbefüllens eines Grabens oder Loches im Boden.

Vermehrung Techniken, die verwendet werden, um aus einer Pflanze mehrere Pflanzen zu machen.

Vermehrungsbeet Eine Konstruktion, in der Pflanzen vermehrt werden.

Verpflanzen Pflanzen von einem Pflanzbereich in einen anderen bringen, um ihnen mehr Raum zum Wachsen zu geben.

Vortreiben Pflanzen früher zum Wachstum anregen, als sie normalerweise wachsen würden.

Wasserpflanze Alle Pflanzen, die im Wasser wachsen (sie können entweder verankert sein oder frei schwimmen).

Windfrost Eine Kombination aus niedrigen Temperaturen und starkem Wind, die im Winter bei Pflanzen oft Gewebeschäden (kalte Austrocknung) verursacht.

Windwurf Das Lockern der Wurzeln einer Pflanze durch Wind.

Winteranstrich Das Auftragen eines Fungizids/Insektizids auf Sprossachse und Äste von ruhenden, Laub abwerfenden Pflanzen.

Winterhart Pflanze, die Temperaturen unter dem Gefrierpunkt ohne Schutz aushalten kann.

Winterruhe Periode mit reduziertem Wachstum während des Winters.

Wunde Schnitte oder beschädigte Stellen an einer Pflanze. Wundanstrich ist ein Anstrich oder eine Paste, die auf diese Stelle aufgetragen wird.

Wurzel Das unterirdische Stützsystem einer Pflanze.

Wurzelballen Das kombinierte Wurzelsystem einer Pflanze einschließlich dem umgebenden Boden/Kompost.

Wurzelknolle Zu einem Speicherorgan umgebildete Wurzel oder Spross.

Zimmerpflanze Nicht winterharte Pflanze, die zur Zierde in Innenräumen gezogen wird.

Zweijähriges Fruchttragen Für eine Pflanze, die die Gewohnheit annimmt, aller zwei Jahre Frucht auszubilden.

Zwiebel Speicherorgan, das aus dicken, fleischigen Blättern besteht, die an einem verdichteten Spross oder Zwiebelboden unter der Erdoberfläche sitzen.

Zwiebelboden Der zusammengedrückte Spross einer Zwiebel.

Index

Kursiv gedruckte Seitenzahlen verweisen auf Abbildungen.

Q

R

S

T

U

V

W

Y

Z

Danksagung und Bildquellen

Steven Bradley: „Im Zusammenhang mit der Arbeit an diesem Buch möchte ich meiner Frau Val Bradley für inhaltlichen Anmerkungen danken; Iain MacGregor dafür, dass er mich beauftragte, es überhaupt zu schreiben, und allen am Capel Manor College für ihre Unterstützung."

Marcus Harpur ist folgenden Gartenbesitzern sehr dankbar für die Erlaubnis, ihren Garten zu fotografieren:
Herrn & Frau Owen, Northamptonshire; Herrn & Frau Lucas, Essex; The University Botanic Garden, Cambridge; Beth Chatto, Elmstead Market, Essex; The Savill Garden, Windsor, Berkshire; Hanging Gardens Nursery, Writtle, Essex; Herrn & Frau Swetenham, Essex; Herrn & Frau Neate, Felsted, Essex; Herrn Chris Pegden, Fingringhoe, Essex; Writtle College, Essex; Jill Cowley, Park Farm, Chelmsford, Essex; Wyken Hall, Stanton, Suffolk; Jorn Langberg, Hillwatering, Stanton, Suffolk; Herrn & Frau Johnson, Saling Hall, Essex; The Gardens of Little Easton Lodge, Dunmow, Essex.

Der Herausgeber dankt:
Capel Manor College, Enfield, Middlesex; Wyevale Garden Centres Plc., King's Acre Road, Hereford für die leihweise Überlassung von Werkzeug und Ausrüstungsgegenständen.

Erstmals veröffentlicht 2000 unter dem Titel
Winter Gardening
von Murdoch Books (UK) Ltd.,
Ferry House, 51-57 Lacy Road,
Putney, London SW15 1PR,
England

Deutsche Erstausgabe

Projektfotografie: **Mark Winwood**

Lektorat: **Iain MacGregor, Rowena de Clermont-Tonnerre, Anna Nicholas**

Layout und Design: **Helen Taylor, Laura Jackson**

Illustrationen: **Carolyn Jenkins**

Planskizzen: **Julian Osbaldstone**

Koordination und Bearbeitung der deutschen Ausgabe:

Neumann & Nürnberger, Leipzig – Machern

Übertragung ins Deutsche: **Kerstin Braun, Leipzig**

Umschlaggestaltung: Studio Höpfner – Thoma, München

Gesamtherstellung: Toppan Printing, Hong Kong

Printed in China

ISBN 3-8289-1618-X